우리가 서로 사랑한다는 것

김수환 추기경의 명상록

우리가 서로 사랑한다는 것

김수환 글 | 신치구 엮음

도서
출판 사람과 사람

김수환(金壽煥) 추기경
—

1922년 대구에서 태어남.
동경 상지대학 문학부 철학과 수료. 가톨릭대학 신학부 졸업.
51년 사제 서품.
56년 독일 뮨스터대학 대학원에서 사회학 전공.
64년 귀국하여 가톨릭시보사 사장으로 재직 중
66년 주교 서품과 동시에 마산교구장으로 임명.
68년 서울대교구장 취임과 함께 대주교로 서임.
69년 한국 최초로 추기경에 서임.
98년 서울대교구장에서 물러나 현재 아름다운 노후를 보내고 있음.

나는 석양을 좋아합니다.
그 자체가 아름다워서 좋고, 무언지 모르게
내 마음은 아득히 먼 무엇인가로 향하게 하는 데서
석양은 마음의 고향처럼 다정하게 느껴집니다.
그렇게 나의 인생은
고향 길 가까이 와 있습니다.

김수환 추기경

차례

제1장 | '지나간 것'에 하고픈 이야기

나는 죄인 중의 죄인입니다 10

가장 힘들었던 순간들 16

가난한 이들과 살고 싶었는데 27

예수를 만나고 싶은 욕심 31

그래도 일선신부 시절이 그립다 36

대통령과의 대화 44

제2장 | 기억하고 싶은 얼굴들

데레사 수녀와 다이애나비 54

고통 속의 '웃는 예수'들 61

나의 형님 김동한 신부 68

안중근 의사의 참신앙 76

교황과의 인연 84

제3장 | 삶이 그대를 힘들게 할지라도

사랑을 지켜주는 조건 96

참을 수 없는 고통의 아름다움 104

다툼이 있는 곳에 용서를 114

삶과 죽음의 갈림길에서 121

행복 속으로 불행 밖으로 127

제4장 | 우리가 서야 할 자리

사람으로 살아간다는 것 132

법이냐 인간이냐 138

당신이 '신념있는 지성인'이라면 149

존재의 이유를 묻는 그대에게 158

왜 사느냐고 묻거든 165

'나'가 '너'를 사랑할 때 170

나눔이 머무는 그곳에 177

21세기의 길목에서 182

제5장 | 지혜를 위한 묵상

죽음 앞에 선 인간 188

신앙생활과 나라사랑 192

감각과 신앙의 차이 196

광대와 불타는 마을 199

자유를 위한 사색 203

화해에 필요한 용기 208

부 록 | 육필 신앙고백

주여, 마음의 문을 열게 하소서 214

사랑의 포로가 되기 위하여 276

이 책을 읽는 이들에게 300

'지나간 것'에 하고픈 이야기

"자네는 평생에 크게 두 번 실수를 했네.
주교 임명을 받았을 때와 서울대주교 임명을 받았을 때
그것을 덥석 받아들인 거야."
나에게 이 말을 가끔 생각해야 할 만큼
후회가 있었냐고 묻는다면….

나는 죄인 중의 죄인입니다

　사람들은 나보고 인중이 길어서 오래 살 것이라고 합니다만, 일흔 일곱이고 보니 해거름에 와 있는 것이 사실입니다. 하루에 비기면 석양입니다. 나는 석양을 좋아합니다. 그 자체가 아름다워서 좋고, 무언지 모르게 내 마음을 아득히 먼 무엇인가로 향하게 하는 데서 석양은 마음의 고향처럼 다정하게 느껴집니다.

　이제 나의 인생은 그렇게 고향 길 가까이 와 있습니다. 걸어온 과거를 돌이켜 보면, 사람들은 아마도 내게는 자랑할 것이 많으리라고 생각할지 모르겠습니다. 그러나 오히려 뉘우치고 통회해야 할 일들이 많습니다. 주교로 살아온 33년뿐 아니라 성직 생활 48년을 돌이켜 볼 때 후회되는 일이 너무나 많습니다. 그렇다고 다시 물릴 수도 없는 일입니다. 나는 사도 베드로가 주님을 세 번씩이나 배반하고 나서 수난하시는 주님과 눈이 마주쳤을 때, 주님이 "시몬아, 너는 나를 죽기까지 따르겠다고 장담하지만, 너는 오늘 새벽닭이 울기 전에 나를 세 번씩이나 배반하리라" 라고 하신 말씀이 떠오르면서 주님을 배반한 것이 너무 후회스러워 통절하게 울었다는 것을 생각하게 됩니다.

나도 주님을 거스려 지은 죄를 참으로 그렇게 울 수 있다면 얼마나 좋으랴 라고 생각해 본 일이 자주 있었습니다. 성령쇄신 기도회에서는 다른 은사(恩賜)보다도 '눈물의 은사'를 주십사 하고 기도한 일도 있었습니다. 그래서 그 은사를 조금 받은 것 같지만 아직 내 마음은 돌처럼 굳어 있습니다.

언젠가 어느 신부님이 강론에서, 사도 바오로가 교회를 위해서 당신의 모든 것을 바치고 일치를 위해 투쟁한 것, 사람들의 회개를 위해 눈물을 흘린 것, 주님을 위해 박해를 받고 온갖 고통을 참아 받은 것, 순교자 정신으로 산 것 등을 말씀하였을 때, 나는 나 자신이 너무나 부족하였다는 것을 마음속으로 고백하지 않을 수 없었습니다. 특히 "나는 이미 피를 부어서 희생 제물이 될 준비를 갖추었습니다. 내가 세상을 떠날 때가 왔습니다. 나는 훌륭하게 싸웠고, 달릴 길을 다 달렸으며 믿음을 지켰습니다. 이제는 정의의 월계관이 나를 기다리고 있을 뿐입니다"(2디모 4,7) 라는 말씀을 들었을 때, 나는 도저히 같은 말을 할 수 없다고 생각했습니다. 어쩌면 이렇게는 말씀드릴 수 있을지 모르겠습니다.

"저는 저의 힘으로는 도저히 할 수 없사오나, 우리 교회를 위해 또 우리 나라를 위해, 통일을 위해 희생의 제물이 될 수만 있다면, 즉 제가 희생이 되어서 통일이 되고, 우리 겨레가 주님의 구원의 은총을 입고, 우리 교회가 복음화 된다면 저를 바칠 마음의 뜻은 있습니다. 그러나 막상 그런 고통을 당하면 마음이 흔들릴지 모르오니, 제가 끝까지 항구하도록 주님이 잡아 주십시오!"

부끄럽지만, 나는 인생과 사제생활을 통틀어 보속(補贖)해야 할 일이 산적해 있는 것같이 느껴집니다. 사도 바오로가 어떤 의미로 당신 자신을 "나는 죄인들 중의 죄인이다"라고 했는지 모르지만, 이 말씀은 나에게는 그대로 맞는 말입니다.

10여 년 전, 강남 성모병원에 입원하고 계셨던 고 장병화 주교님에게 문병 갔을 때였습니다. 말씀을 못하시는 상태였으나 문병을 드리는 나에게 손가락으로 하늘을 가리켰습니다. 그것은 아마도 '내 병은 너무 중하여 이제 나는 세상을 더 살 수 없고 죽어 천당에 가야 해!' 라는 뜻이었을 것입니다.

내게는 하늘을 가리키며 이젠 천국에 갈 것이라고 하시는 그 모습이 참으로 인상적이었습니다. 동시에 내가 만일 이렇게 중병을 앓고 죽음을 맞이하였을 때, 주교님처럼 죽음을 순순히 받아들이고 하늘을 가리키며 천국을 바라볼 수 있겠는가 라는 생각을 하였습니다.

솔직히 그럴 자신이 없습니다. 죽음을 받아들이며 천국을 가리킬 수 있는 것은 오직 하느님의 뜻에 자기 자신을 온전히 내맡기고 살아온 사람, 사도 바오로처럼 훌륭하게 싸웠고 달릴 길을 다 달렸으며 믿음을 지켰다고 자부하면서 정의의 월계관을 기다리는 사람만이 할 수 있는 자세입니다.

나는 가끔 평화를 위해 일하였는가를 생각해 봅니다. 되돌아 보면, 별로 한 것이 없습니다. 평화를 위해서 일한다는 것은 사랑한다는 것입니다. 모든 사랑의 일은 평화를 위한 것입니다. 아씨시의 프란치스코의 '평화를 위한 기도'에서 보듯이 '미움이 있는 곳에 사랑을, 다툼이 있는 곳에 용서를, 분열이 있는 곳에 일치를, 슬픔이 있는 곳에 기쁨을, 어두움이 있는 곳에 빛을 가져오는 자 되게 하소서'는 모두 평화의 일이요, 곧 사랑의 일입니다.

우리 나라에는 경제발전에도 불구하고 가난하고 굶주리고 헐벗고 병들고 고독한 사람들이 있습니다. 그런데 나는 이들의 존재를 평소 의식하지 못하고 있습니다. 그들이 같은 하늘 아래 같은 공기를 마시며 살고 우리와 같은 핏줄을 나눈 사람들인데도 그 존재를 평소에는 의식조차 않고 있습니다. 더욱이 그들의 불행, 고통에 아픔을 느끼지 않습니다. 성서를 보면, 그리스도는 그들과 일체화되어 있는데도 말입니다.

왜 그렇습니까? 나는 사제입니다. 사제 중에서도 지위로 보아서 가장 그리스도적이어야 합니다. 그런데 그리스도와 같은 마음은 아니더라도 비슷한 마음쯤은 되어야 할 텐데 그렇지 못한 것은 웬일일까 하고 생각해 봤습니다.

서울대교구장으로 있을 때 가끔 이런 생각을 하였습니다. 나의 위치가 너무나 이 사람들과 멀다. 혹시 의무감이나 체면상 또는 우연한 기회나 공식 스케줄에 의해서 이런 사람들을 대하는 때가 간혹 있어도 결국은 너무 멀다고 말입니다. 물론 내가 좀더 노력하면 이 거리를 좁힐 수도 있을 것입니다. 그러나 '주교' 또는 '추기경' 하면 한 단체의 장이요 불가피하다 할지라도 이것은 제도의 문제이기도 합니다.

다음으로 나는 세상을 살아가는 고달픔을 이해하지 못합니다. 아주 기초적인 의식주 해결을 하기 위한 고통, 자녀들을 기르고 교육시키는 데서 오는 부모님들의 고통을 모릅니다. 이것도 제도에서 오는 문제, 즉 독신 생활을 하다 보니 일반 사람들의 생활고를 모르는 것이 아닌가도 생각해 본 일이 있었습니다. 하지만 독신 생활은 사람들에게 오히려 더 봉사할 수 있는 가장 좋은 것이 아닙니까? 그것은 진리와 정의와 사랑의 하느님 나라를 위해 있는 것입니다. 독신 생활이 문제라면, 그것은 내가 잘

'지나간 것'에 하고픈 이야기 | 13

못 살기 때문이지 제 뜻대로 올바로 살면 가난한 사람들과의 거리를 멀게 하는 것은 결코 아니라고 생각하였습니다. 오히려 더 가까이 해줄 수 있는 것이라고 보았습니다.

생각해 보면, 역시 가장 큰 이유는 복음적 가난과 사랑의 결핍이었을 것입니다. '동병상련(同病相憐)'이란 말도 있듯이, 가난한 사람만이 가난한 사람의 처지를 압니다. 나는 아무리 따져 보아도 가난하지 않습니다. 가난하지 않으니까 가난한 사람들의 고통을 모릅니다. 그들의 아픔을 모릅니다. 사람은 남의 아픔을 볼 때, 그리고 뼈저리게 그 아픔을 함께 느낄 수 있어야만 비로소 그 사람을 참으로 사랑할 줄 안다고 생각합니다. 고인이 된 마더 데레사 수녀는 "참된 사랑은 아픔을 느끼지 않을 수 없다"고 하였습니다. 아픔이 없으면 고통받는 사람을 보고도 그냥 지나쳐 버린다는 것입니다.

가난해야 한다는 또 하나의 이유는, 가난한 사람들이 필요로 하는 것은 우리들의 연민이나 값싼 동정, 자선이 아니라는 것입니다. 그들이 원하는 것은 같은 인간으로 인정받고 사랑받는 것입니다.

이런 나의 반성은 우리 교회도 같지 않은가 생각합니다. 우리들, 특히 성직자들은 가난하지 않습니다. 본시 대부분은 가난한 집안 출신들이었습니다. 그러나 사제가 된 이후에 가난을 차차 잊게 되었습니다. 가난하지 않은 데서 그들 속에 들어가 있지 않으니, 가난한 사람들의 처지를 모르고 그들의 고통에 대하여 아픔을 느끼지 못합니다. 아픔이 없으니 사랑도 없습니다. 결국 우리는 그들의 존재와 고통을 머리로는 인식하지만, 마음속으로는 그들을 받아들일 자리가 없는 것입니다.

한 지역 교회의 목자로 있는 사람으로서 추기경이면 다른 무엇보다도 그리스도의 마음으로 살아야 하는데 그렇지 못하였습니다. 하느님의 자비심을 본받아 남을 받아주고 용서하고 사랑하고 자신을 비우면서 주고 또 줄 줄 알아야 하는데, 나는 끊임없이 남을 심판하고 단죄하여 왔습니다. 외적으로 말은 하지 않는다고 해도 마음으로는 벌써 사람들에게 '이 사람은 성질이 어떻고, 저 사람은 경솔하고 교만하다'는 등 이런저런 레테르를 붙입니다.

인간의 마음은 참으로 간사하고 변덕스럽고 약합니다. 진정으로 한 인간을 어떤 처지에서도 사랑할 수 있는지 의문입니다. 언젠가 미사 중에 옆에서 고약한 냄새가 난 적이 있었습니다. 방귀 냄새인지, 몸에서 나는 것인지, 아주 견디기 힘든 냄새였습니다. 그때, 이런 생각을 하였습니다. 이 냄새를 풍기는 사람이 누구인지 모르지만, 내가 이 사람과 만일 한 방을 쓰고 함께 살아야 한다고 하면 견디어 낼 수 있을까? '없다'는 결론을 내렸습니다. 그러면 나라는 사람은 냄새 하나도 이겨내지 못하는 사람, 그만큼 인간에 대한 나의 사랑이란 보잘것없는 것이라고 생각하였습니다. 더욱이 나 자신이 이런 냄새의 주인공이 되지 않으리라고 무엇으로 장담할 수 있는가?

나도 지금보다 더 늙어서 볼품없이 될 날이 있을 것입니다. 또 나이가 들면 들수록 사람의 마음은 약하고 노여움을 타기 쉽습니다. 이런 심리가 이미 내 안에 시작되었다는 것을 가끔 느낄 때가 있습니다. 아직은 '추기경님! 추기경님!' 하며 거부보다는 사랑과 존경을 더 받는데도 말입니다.

가장 힘들었던 순간들

지난 30여 년 간의 격동기 속에서 한 인간으로서, 한 사제로서 어떻게 시대를 느끼고 처신하며 살아왔는지, 또 어떤 희로애락과 고뇌를 겪었는지에 대해 개인적인 마음을 고백하기는 쉽지 않습니다. 되돌아 보면, 긴 터널을 지나온 것 같기도 하고 공도 보람도 있었겠지만, 과오도 범하고 비판과 반대 앞에 홀로 서 있어야 하는 고독한 시간도 있었던 것 같습니다. 이 기간 동안, 1979년 1월에는 나름대로 주님의 사제로서 충실하게 살아보려고 성 이냐시오 영성(靈性)에 따른 한 달 피정도 해보고, 그리스도를 닮고자 노력도 했으나 차츰 식어져 오늘에 와서는 다시 도루묵이 된 것 같은 느낌도 듭니다.

1998년 서울대교구장에서 물러나고 지금은 하느님의 심판 앞에 나서야 할 시간을 기다리고 있습니다. 하느님 앞에서 어떤 심판을 받을지 두렵기도 합니다만, 이제 더욱 더 그리스도만이 '나의 길이요 진리요 생명'

임을 깊이 깨닫게도 됩니다.

참으로 어두웠던 그 시절

흔히 1961년 5·16 쿠데타부터 93년 문민정부가 들어서기까지 30여 년을 '군사정권 시대'라고 말합니다. '한강의 기적'이라고 일컫는 경제발전을 이룩한 시대였지만, 오늘까지도 많은 이의 기억 속에 아픔으로 남아 있을 만큼 독재정권의 압제가 격심했던 시대이기도 합니다.

어떤 이는 나라가 빈곤을 극복하고 경제발전을 이룩하기 위해 치뤄야 했던 부득이한 희생이었다고 말할 수도 있겠지만, 그것은 자유스러운 분위기 속에서 국민의 자발적인 참여로 인한 희생이 아니었습니다. 오히려 막강한 권력에 의한 통제된 분위기 속에 강요된 희생이었고, 많은 경우에 불필요할 뿐 아니라 부당하고 불법적이기까지 한 인권유린이었습니다. 그로 말미암아 국민의 참여 의욕은 오히려 감소되고, 특히 인권유린과 사회정의 부재는 너무나 많은 이의 삶을 고통 속에 좌절하게 했고 정경유착으로 말미암은 권력형 부정부패를 만연시켰습니다. 그 결과, 외화내빈(外華內貧)과 물신주의(物神主義)의 전도된 가치관으로 인간과 정치, 경제뿐 아니라 교육계, 종교계에 이르기까지 근본적으로 타락시키는 병균을 오늘까지도 지니고 살게 되었습니다.

인권과 사회정의 문제는 70년대부터 1987년 6·29선언까지 20여 년 동안이 가장 심각했다고 생각합니다. 70년대가 어떤 시대였는지는 시인 김지하의 시 '오적(五賊)'과 '비어(蜚語)'가 잘 말해 줍니다. '오적'은 1970년 「사상계」에 게재되어 많은 사람들의 공감을 얻었습니다. 그러나 김지하는 이로써 구속되었고 몇 달 후에 보석되긴 하였으나, 이 시를 실었던

「사상계」는 폐간되었습니다. '비어'는 가톨릭이 발간하는 월간지 「창조」 1972년 4월호에 실렸고, 이로써 김지하는 수배되었다가 다시 구속되고 「창조」는 얼마 후 휴간할 수밖에 없었습니다.

이렇게 당시는 언론자유가 극도로 제한되었고 언론계와 학원, 노동계와 종교계가 정보사찰의 대상이 되었으며 수없이 많은 사람들이 당국, 특히 중앙정보부에 의해 임의연행되어 감옥살이까지 하는 고초를 겪어야만 하였습니다. 1970년 10월에 있었던 노동자 전태일 군의 분신자살 사건은 이 시대 노동자들의 처우가 얼마나 열악하였는지, 노동 3권이 얼마나 침해되고 있었는지를 잘 말해 준다고 하겠습니다.

1972년 10월 17일 이른바 '10월 유신'이 선포되고, 1974년 1월부터는 대통령 긴급조치령의 발동으로 힘의 통치, 공포통치가 더욱 자행되기에 이르렀습니다. 이때의 상황은 무릎을 꿇고 순응하든지, 그렇지 않으면 꼿꼿이 서서 항거함으로써 퇴학, 퇴직, 또는 구속으로 옥살이 또는 죽음까지도 각오해야 하는 삶과 죽음 중 양자택일을 할 수밖에 없는 공포 분위기였습니다. 이런 가운데 수많은 인권유린 사건이 일어났고, 이에 저항하는 인권 수호와 사회정의를 외치는 소리가 대학, 언론계, 노동계와 재야정치인들 사이에서 일어났습니다.

교회도 그냥 방관자로만 있을 수는 없었습니다. 가톨릭교회는 대체로 전통을 존중하는 편이고 현실정치에의 참여는 극히 제한된 예외의 경우 외에는 피하는 보수적인 성향임에도 불구하고 인권과 사회정의 구현에 동참하게 되었습니다.

가톨릭교회가 예민한 사회문제에 대해 공식적으로 발언한 것은 1967년 강화도 심도(沈都)직물 사건 때였습니다. 이 사건은 전형적인 노동운동 탄압으로 야기된 것이었는데, 여기에는 가톨릭노동청년회(JOC)가 개입되어 있었습니다. 당시 마산교구 주교였던 나는 가톨릭노동청년회 지도주교도 겸하고 있었기 때문에 직접 현장에 가서 자세한 이야기를 들은 다음에, 억압받고 부당해고된 노동자들의 권익을 위해 교회도 무언가를 해야 한다는 생각에서 인천교구장 나길모 주교와 함께 주교회의에 건의했고, 주교회의는 1968년 2월 9일자로 공식성명을 발표했습니다. 이 성명서는 한국 천주교회가 사회정의와 노동자의 인권 신장, 권익 옹호를 위해 발표한 최초의 성명서로서, 한국 천주교회사에 기록될 만한 문서라고 말할 수 있을 것입니다.

사표 썼다가 찢기를 몇 번

1971년 10월에는 원주교구에서 교구장 지학순 주교를 비롯하여 교구 사제 전원이 여러 날에 걸친 현실 분석 끝에 부정부패를 규탄한다는 시위를 했는데, 이것 역시 한국 천주교회로서는 과거에 생각할 수 없던 초유의 일이었습니다.

그 해, 나는 성탄미사 강론을 통하여, 또 1972년 8월 15일에는 '현 시국에 부치는 메시지'를 발표하여 일인독재 체제를 굳혀 가고 있는 박정희 정권을 비판한 일이 있었는데, 이 때문에 가톨릭재단이 운영하는 성모병원이 세무사찰을 받기도 하였습니다.

또 '유신'이 선포되기 직전인 1972년 10월 14일, 로마회의 참석차 출국하는 나에게 중앙정보부는 출국을 확인하고 감시하기 위함인지 요원을 시켜 가방을 비행기 안까지 날라다 주는 등 필요 이상의 친절(?)을 베풀기도 하였습니다. 그후 로마나 기타 가는 곳마다 대사관 요원들이 친절하게 마중 나와 주기도 하였습니다.

가톨릭교회가 보다 적극적으로 인권과 사회정의 구현에 참여하게 된 것은 지학순 주교가 1974년 민청학련 사건에 연루되어 구속되면서부터입니다. 이 사건을 계기로 유신 시대와 그 후에도 사회정의 구현에 있어서 때로는 선도적 역할을 담당했다고도 볼 수 있는 정의구현사제단이 뜻있는 사제들에 의해 자발적으로 조직되었고, 많은 사건이나 문제에 사제단이 함께 하면서 이른바 '시국기도회'도 자주 개최되었습니다. 또 여러 경우에 내가 부득이 강론을 할 수밖에 없어서, 어떤 이들에게는 가톨릭교회가 인권과 정의구현, 우리 나라 민주화의 구심점처럼 비춰지게 되었습니다.

이 무렵, 가톨릭 농민운동도 농민의 권익 옹호를 위해 어려움 속에서도 활발히 전개되고 있었습니다. 전남 함평 고구마 사건에 이어, 1979년에는 오원춘 사건이 일어났습니다.

안동교구 영양군 춘기면의 가톨릭농민회 지부장이던 오원춘이란 농부가 당국에 의해 납치를 당한 사건이었는데, 그 납치의 진실 여부를 두고 교회와 정부와의 긴장관계가 심각한 상황에 이르러, 오원춘 사건이 일어난 천주교 안동교구장이었던 프랑스인 두봉 주교는 추방될 위험에 있었습니다. 또 전주교구의 김재덕 주교는 전주에서 있은 기도회 중에 '현 정권의 직무집행정지 가처분신청'을 주장하여 당국으로부터 즉시 입건되었고 구속될 위험에 놓이기까지 하였습니다.

두 경우 모두 당시 주교회의 의장인 광주교구 윤공희 대주교와 내가 관여할 수밖에 없었는데, 두봉 주교를 위해서는 교황 요한 바오로 2세로부터 불리움을 받아 소상히 설명을 드림으로써 해결을 보았습니다. 그때 로마는 우리 정부로부터 두봉 주교의 교구장직 해임 압력을 받고 있었습니다. 김재덕 주교의 경우에는 전주까지 가서 함께 상경하여 대책을 숙

의했는데, 우리는 김재덕 주교가 구속되었을 때 강력히 대처하겠다는 각오로 임하였습니다. 우리의 이런 자세를 알게 된 당국은 김재덕 주교를 구속할 경우, 명실공히 교회와의 정면대결을 면치 못할 것이고, 그것은 정부에 도움이 될 수 없다고 판단해서인지 구속 방침을 취소함으로써 해결되었습니다.

1987년 6·10 때는 정부 고위관리가 농성 중인 학생들을 구금 또는 해산시키기 위해 공권력 투입이 확정되었다는 것을 내게 전하려 왔을 때, 그렇게 한다면 맨 먼저 내가 거기 있을 것이고, 그 다음에는 신부님들이, 그 뒤에는 수녀님들이 있을 것이고, 그 뒤에 학생들이 있을 것이라고 말하였습니다. 이 말 때문에 공권력 투입이 철회되고 수일 후 학생들은 무사히 자진해산 귀가할 수 있었습니다.

이렇게 여러 사건과 사태를 겪는 와중에서 한 사제로서, 또 한 인간으로서 어떤 심경이었는지를 표현하기란 정말 힘듭니다. 참으로 단순하지 않았고, 어찌할 바 모를 암담한 때도 적지 않았습니다.

뜻있는 이들로부터의 격려와 위로와 기도의 도움도 없지 않았지만, 정부나 교회 밖으로부터의 압력은 물론, 교회 안에서도 적지 않은 반대와 비판의 화살 앞에 서 있어야만 하였습니다. '무엇 때문에 교회는 이렇게 깊이 정치 문제에 개입하느냐?' '이로써 교회가 입는 손해는 얼마나 크며, 정부 공직에 있는 가톨릭 신자들의 고충이 얼마나 큰지 아느냐?' '예수님과 복음을 빙자하여 말하지 마라!' 등 많은 논란이 있었습니다. 물론 이분들도 교회를 걱정한 데서 이런 비판을 한 것입니다.

그러나 나로서는 너무나 괴로웠고 두려움 속에 고독한 때가 많았습니다. 사실 내 고향이 대구인데, 대구는 'TK의 아성' 때문인지, 그곳에서 잘 알고 지내던 이들까지도 저를 보는 눈이 물론 곱지 않았고, 그 때문에

'지나간 것'에 하고픈 이야기 | 21

고향인 대구가 마음으로 멀어지는 것처럼 느껴질 때도 있었습니다.

지금은 그 모든 것을 다 잊고 원상으로 돌아갔습니다만, 당시에는 외람된 표현이지만 '어떤 예언자도 자기 고향에서 환영을 받지 못한다'는 예수님의 말씀을 가끔 생각하였습니다. 한때는 사표를 내려고 몇 번이고 교황님께 드리는 편지를 쓰다가는 찢어 버리기도 하였습니다.

5·18 때 혼자 항의성명 낼 생각도

지학순 주교가 구속되었을 때, 한국 교회로서 처음 당하는 충격적 사건이었기 때문에 초기에는 의견 차이 없이 모두 함께 대처하였습니다. 그러나 지 주교가 '양심선언'을 하고 다시 강경으로 선회하면서 정의구현사제단이 생기고 이분들이 거의 모든 시국사건에 개입될 수밖에 없었을 때, 그들에 대한 찬반 의견이 교회 밖에서도 적지 않았으나 내부에서도 상층부에서부터 심각하게 갈라졌습니다.

때로는 갈등이 심화되어 서로 마음을 아프게 하고 상처로까지 발전하였습니다. 그리고 참여에 반대하는 이들은 그 모든 일의 탓이 일차적으로 교회를 대표한다고 볼 수 있는 나에게 있다고 생각하여, 로마 교황청으로 나를 고발하는 편지를 많은 이들의 이름으로 보내기도 하였습니다. 정부 당국에서도 여러 차례 사람을 보내 나에 대한 견책, 또는 그 이상의 것을 상신한 것으로 알고 있습니다.

이런 사정들은 로마에서 내게 알려주었기 때문에 알게 된 것입니다. 당시 구국사제단, 평신도 공화당원으로 이루어진 '대건회'가 있었는데, 국제문화교류협력회라는 단체에서는 합스부르크 왕가의 왕자 되는 사람을 초대하여 그로 하여금 내가 '권력욕과 허영으로 교회를 위태롭게 하는 사람'이라는 글을 유럽 신문에 싣게 한 일도 있었습니다.

지학순 주교가 투옥될 때에는 참으로 괴로웠습니다. 내가 박정희 대통령과 면담하고 그날 저녁으로 풀려났는데, 며칠 후 당국이 다시 가택연금 아래 두었고, 이것이 이분을 자극하였습니다. 당시 어떤 젊은 변호사가 이분을 좀 부추겨서 군사재판을 거부하고 '양심선언'을 발표하여 정면 대결할 것을 강력히 권하고 있었습니다.

나는 지 주교로부터 이 문제를 상의 받고는 교회의 분열을 초래할 염려가 있기에 만류하였습니다. 그러나 그 변호사가 지 주교를 '민주화의 투사'로 내세워야겠다는 생각에서인지 정면대결을 강력히 권하는 바람에 지 주교는 더 기울어져 있었습니다. 나는 그것이 본인의 수감은 물론, 교회 안팎으로 엄청난 파문을 일으킬 것이 염려되어 자제하여 줄 것을 요청하다가(그럴 때, 중앙정보부에서 어떻게 나올지, 그들은 두뇌와 조직 모든 것을 동원하여 교회를 괴롭힐 텐데 우리는 가진 것이라고는 양심밖에 없는 것을 생각하다가) 결국 "양심대로 하십시오"라고 말씀드렸습니다.

이보다 더 괴로웠던 사건은 1980년 5·18 광주민주화운동 때입니다. 가장 괴로웠고 분노도 많이 느꼈습니다. 유혈을 막기 위해 전두환씨, 교황대사를 만나고, 주한 미대사, 위컴 사령관과의 접촉을 시도했으나 성공하지 못하였습니다.

내가 담배를 피우니까 교황대사도 더 이상 못 참겠다며 초조한 끝에 끊었던 담배를 피울 정도였고, 집에 오니까 12시가 넘었습니다. 그 이튿날도 계엄사령관 이희성씨를 비롯해서 글라이스틴씨도 만났습니다. 광주교구의 윤공희 대주교와도 서신을 왕래하였습니다.

그런데 사람들은 혹간 5·18 때 왜 강력히 대처하지 않았느냐 하는 비판의 소리를 합니다. 사실 그때는 굉장히 고민하였습니다. 처음에는 윤

'지나간 것'에 하고픈 이야기 | 23

보선 전 대통령, 허정, 함석헌, 천관우씨 등 사회 원로들과 함께 군부에 항의하는 성명서라도 내자고 뜻을 모아 보려 했으나 윤보선씨와는 어떤 일도 함께 할 수 없다는 허정씨의 동의를 얻지 못했고, 다른 이들도 되도록 군부를 직접 자극하는 것을 원치 않아서 뜻대로 되지 않았습니다. 마지막 합의를 보고 발표한 성명서는 되도록 국가적 파탄이 오지 않도록 쌍방의 자제를 촉구하는 내용이었던 것으로 기억되는데, 그나마 언론에서 거의 보도하지 않았습니다.

나 자신이 독자적으로 강경한 항의성명도 생각했었는데, 자칫 성난 젊은 학생, 노동자들을 충동하는 결과를 가져올 수 있고, 그것은 다시 돌이킬 수 없는 유혈사태까지도 유발할 위험이 있다고 판단되어 몇 번 기안하다가도 버렸습니다.

광주는 민주화운동이 강제진압 당하고 4~5일 후에야 겨우 가 볼 수 있었습니다. 2~3일간 머물면서 나름대로 사람들을 만났는데, 군과 관의 대표들은 스스로 찾아와서 각기 자신들의 입장을 설명하였지만 거의 설득력이 없었습니다. 일반 시민들은 찾아오거나 내가 찾아 나서서 만났습니다. 주로 교회 신자들이었지만 윤공희 대주교와 사제단, 수도자, 평신도 등 여러 층을 만났습니다.

이들이 들려준 이야기는 한마디로 지금도 나의 마음을 아프게 하는 한(恨), 바로 그것입니다. 그날 광주의 젊은이들이 외친 것이 있다면 오직 이 땅의 민주화와 인간다운 삶을 부르짖은 것뿐이었습니다. 그러나 그들은 당시 나라의 실권을 잡은 일부 군인들에 의해 무참히 짓밟히고 피를 흘리고 생명까지 빼앗겼으며 광주 시민 전부가 수일간 마치 적 치하에 점령된 듯 외부와 완전히 단절된 고립무원의 상태와 공포 아래 있었습니다. 이는 도저히 있어서는 안 될 일이었고, 따라서 잊을래야 잊을 수 없는 악몽이라 아니할 수 없습니다. 그러기에 우리는 이 날을 슬픔과 분노 없이는 기릴 수 없습니다. 절대로 이 날 아무 일도 없었던 것처럼 지나칠 수는 없습니다.

당시 누군가 말하기를, 광주의 아픔이 잊혀지기 위해서는 적어도 1세 기는 걸릴 것이라고 하였습니다. 광주는 참으로 우리 민족의 가슴에 너무나 깊게 패인 상처입니다. 진실의 빛 아래, 이 상처를 드러내지 않는 한 이 상처는 영원히 아물지 않을 것입니다.

기도로 지탱해 온 30년 세월

이처럼 격동의 30여 년 동안, 안팎으로 여러 가지 눈에 보이는 또 보이지 않는 압력과 비판 아래 한 인간으로서 내가 겪어야 했던 심적 고충은 지금 표현하기 힘듭니다. 대부분의 경우, 소수이지만 이해하는 이들도 있고 무엇보다도 궁극적으로는 모든 것을 아시는 하느님 앞에서 기도로 지탱하는 길밖에 없었습니다. 그래서 1979년 1월에는 한 달 피정을 하기도 하였습니다.

나 자신의 내면의 이야기입니다만, 사건이 있을 때마다 하느님에게 '이런 상황에서 무슨 말을 하여야 합니까?' 하는 기도를 자주 바치기도 했고, 이제 더 이상 정치적 문제 때문에 기도회나 강론을 하는 일이 없을 만큼 사회가 빨리 민주화되기를 갈망하는 마음도, 그래서 좀 쉬고 싶은 마음도 간절하였습니다.

어떤 이들은 내가 유난히 정치에 관심이 많아서 정치 문제에 개입하게 된 것이 아니었느냐 하는 의견을 가질 수도 있을 것입니다. 그러나 나 개인으로서는 참으로 70~80년대는 너무나 긴 터널이었습니다. 나뿐 아니

'지나간 것'에 하고픈 이야기 | 25

라 국민 다수에게도 생각하는 지성이라면 그것은 참으로 암울한 시대, 진리가 우리를 자유롭게 해주기를 고대할 수밖에 없는 억압 속에 묶인 시대였습니다. 이런 때에 사제가 착한 목자이신 그리스도의 대리자로서 침묵을 지킬 수 있습니까?

오늘에 와서 그 시대에 행한 나 자신의 말과 행동에 대해 길게 변명하고 싶지는 않습니다. 그러나 그때 자주 생각하는 것 중의 하나는 교회(사제)는 참으로 이런 시대에 어떻게 처신해야 하는가, 교회는 그리스도와 같이 자기를 위해 살지 않고 남을 위해서, 또 사람을 위해서 살아야 하지 않는가 하는 물음뿐이었습니다.

가난한 이들과 살고 싶었는데

18년 전인가, 메리놀 외방선교회 소속 신부님으로 51년 간 이 땅에서 일하다가 선종(善終)한 기후고 신부님을 병 문안했을 때였습니다. 신부님을 간호해 드리고 있었던 한 자매님이 옷장에서 신부님이 평소에 입고 있던 메리야스 내복 바지를 보여주었습니다. 그것은 도저히 입을 수 없을 만큼 낡은 것이었습니다. 구멍이 여러 군데 나 있었고, 신부님이 직접 했는지 엉성하게 꿰맨 것이었습니다.

나는 그 옷을 보고 깊은 감명을 받았습니다. 복음적 청빈이 살아 있는 표본을 직접 눈으로 보는 것 같았습니다. 알 수는 없지만, 오늘날 우리나라의 어느 신부님들도 그런 헐고 낡은 속옷을 입고 있지는 않을 것입니다. 신부님에게는 그것이 몸에 배인 가난인지 모르겠습니다만, 신부님이 돌아가신 후 남긴 재산이라고는 아무 것도 없었습니다.

나는 서울대교구장으로 있으면서 가끔 나의 신앙 스타일이 과연 복음적인가를 생각해 보았습니다. 결론은 복음적이 아닐 뿐 아니라 그것에서 아주 멀다고 생각합니다. 나는 자주 복음적 청빈을 설교합니다. 그것은 아마도 내가 가장 좋아하는 설교 주제의 하나일 것입니다. 그런데 실제로 나 자신은 그것에 살고 있지 않습니다. 스스로 바리사이임을 가끔 느낍니다.

나는 가난한 사람들을 돕는 자선은 때때로 합니다. 그들을 방문하는 것도 드물기는 하지만 있습니다. 그러나 그들과 같은 생활을 나누지는 않습니다. 나는 가끔 생각했습니다. 주교관을 떠나서 가난한 사람들 속에 들어가 살 수 없을까 하고 말입니다. 이 생각은 신부일 때 강하게 가졌던 생각인데, 오늘까지 실천에 옮기지 못하고 있습니다.

내가 가난한 동네에 들어가면 주교이기 때문에 혼자 살 수는 없고 누군가 함께 사는 사람, 적어도 비서 신부가 있어야 하고 식복사도 필요할 것이고, 연락을 위해 전화도 필요하고, 교구 내 여러 업무를 위해 사람이 필요할 것이고, 그러면 차도 필요하고 집도 커야 하고 그곳이 곧 주교관이 되고 맙니다. 결국 가난한 이들과 함께 살며 그들과 삶을 나눌 수는 없습니다. 다시 현재와 같은 추기경이 되고 맙니다.

나는 가끔 현실과 이상 사이에는 큰 차이, 더 나아가 패러독스가 있음을 느낍니다. 뿐더러 이것이 도대체 예수 그리스도를 대리하는 추기경의 모습인가 생각해 봅니다.

가난한 사람들과 함께 하고자 하는 마음은 평범한 신부 때 굉장히 강하게 가진 적이 있었습니다. 지금의 가톨릭신문 전신인 가톨릭시보 사장 신부로 있으면서 대구 희망원이란 곳에서 살고 싶은 열망을 아주 강하게 가진 적이 있었습니다. 이곳은 온갖 종류의 인생의 마지막에 속하는 사람들, 즉 육체적으로나 정신적으로 어려운 사람들, 행려자, 폐병 말기 환자, 맹인 등의 사람들을 대구시에서 모아 놓은 곳이었습니다. 이름은 '희망원'이었지만 그곳에 가보면 '절망원'입니다.

나는 한때 그곳을 드나들면서 그분들과 같이 살고 싶어 하였습니다. 그러나 현실적으로 과연 그곳에 가서, 그 나쁜 조건 속에서 내가 함께 살수 있겠는가를 누구한테 물어 보기도 했지만 결국 뜻을 이루지 못한 채마산교구 주교가 되어 버렸습니다. 주교가 되면 현실적인 삶에 있어서 가난한 이들과 함께 나누기 어려운 위치가 됩니다. 그러면서도 그 꿈은 갖고 있었습니다.

서울교구장으로 와서도 그 꿈은 간직하고 있었고, 서울에 있는 산동네 같은 데 가서 그들과 한번 살아볼 수 있을까 하는 꿈을 나름대로 갖고 있었습니다. 그런데 실행에 옮기지 못한 것은 여러 가지 여건도 있겠습니다만, 나 자신 안에 용기가 부족했기 때문입니다. 성탄의 의미에서, 하느님은 당신의 모든 것을 버리고 낮추어 사람이 되어 오시기까지 하였는데, 나는 나 자신의 모든 것을 버리지 못하고 그냥 마음만 때때로 가지고 오락가락한 것 같습니다.

몇 년 전부터는 그런 곳에 가보는 것도 아주 드물어졌습니다. 예수회의 어느 신부님이 경기도 시흥 신천리에 철거민들을 집단으로 이주시켜 복음자리를 짓고 내 방까지 마련하였습니다. 당시 나는 생각은 있으면서도 그곳에 가지 못한 것은 그곳에서 살 때 겪어야 하는 여러 가지 생활불편, 특히 화장실을 공동으로 써야 하는 문제 등을 생각해서 낮에는 여러 번 갔지만 한 번도 자고 오지는 못하였습니다.

몇 년 전, 평화시장에 있는 준본당을 사목방문한 일이 있었습니다. 청계천과 동대문운동장 근처에 있는 시장에서 장사하는 신자들을 사목하는 것이 이곳 신부의 사명인데, 신부님과 신자들이 나를 시장 안으로 인도하여 이리저리 어지럽게 안내하는 것이었습니다. 반 시간 남짓 끌고 다니는데, 내 나이에 정신이 어리둥절할 정도였습니다. 무엇보다도 좁은 공간에서 먹고 살기 위해 밤낮없이 일하는 분들, 그 안에서 사목하는 신부님의 고초도 짐작되었습니다. 공기는 탁하고 건강은 어떠할지 염려되고 화재의 위험도 아주 염려되었습니다. 내가 그 신부님이 살고 있는 방에서 생각한 것 중 하나는, 여기서 살아야 한다면 한 달 안에 병이 나서 죽을 것이라는 느낌이었습니다.

결국 나는 예수 그리스도를 본받는다 해도 말뿐이고 예수님처럼 자신을 비우고 낮추어 가난한 이들과 같이 되지 못한 것입니다. 그만큼 내게는 가난한 이들에 대한 사랑도 없고, 모든 것을 받아들일 마음의 여유도 인내도 없으며 겸손도 없는 것입니다. 그래서 사실 나는 행동보다 말이 앞서는 위선자에 불과하다고 생각합니다.

예수를 만나고 싶은 욕심

오래 전, 어떤 잡지에서 읽은 지옥에 관한 이야기입니다. 어떤 사람이 깊은 명상 속에 지옥에 가보게 되었습니다. 그랬더니, 거기 있는 사람들 모두가 어둡고 캄캄한 벽을 향해서 고민에 빠져 있더랍니다. 그래서 "왜 이렇게 고민에 빠져 있습니까?" 라고 물어 보았답니다.

그 중 한 사람이 답하기를,

"우리 모두 한 사람의 이름을 알지 못해서 이렇게 고민에 빠져 있습니다. 그 이름만 알면 우리가 여기서 해방될 터인데…."

"아니, 그 사람이 누구인데 그럽니까? 그 사람에 대해서 아는 것이 전혀 없습니까?"

"아닙니다. 그분은 약 2천년 전에 유대 나라 예루살렘 어느 언덕에서 두 강도와 함께 못 박혀 죽은 사람인데, 그 이름을 모릅니다. 세상에 살 때에는 이름을 알았는데…. 그 사람에 대해 별로 관심을 두지 않았고 누구인지 알려고도 하지 않았기 때문에 지금은 그 이름조차 기억이 나지를 않습니다."

지옥을 구경하게 된 사람은 이 말을 듣고, "아, 그 이름이야 쉽지 않습니까? 예수 그리스도 아닙니까?" 라고 했답니다. 그런데 지옥에 있는 사람은 "네? 네? 뭐라고요?" 하며 도무지 알아듣지 못하더랍니다. 귀가 좀 먹었나 해서 크게 "예수 그리스도!" 하고 소리를 쳤으나 그래도 못 알아듣는 것이었습니다. 다른 말은 다 알아듣는데 '예수 그리스도'라는 소리만 전혀 통하지 않더랍니다. 결국 그는 지옥에 있는 사람들은 '예수 그리스도를 모르는 사람들이구나' 하고 생각했을 때에 깊은 명상에서 깨어났다는 이야기입니다.

인생 공부의 가장 큰 문제가 무엇이겠습니까? 정말 사랑할 줄 아는 것입니다. 언젠가 어느 책을 보니, 그 첫머리에 "인생에 있어서 내가 배운 것은 오직 하나, 곧 사랑하는 것이다. 내가 당신들에게 바라는 것도 오직 하나, 곧 사랑할 줄 아는 것이다"라고 쓰여 있었습니다. 그런데 나는 아직 참으로 사랑할 줄 안다고 말할 수 없습니다. 다만 인생에 있어서 제일 중요하고 값지고 삶을 풍부하게 해주며 구원해 주는 것이 있다면 사랑이라는 말만 할 수 있을 뿐입니다.

가끔 이런 생각을 해봅니다. 어느 날 내가 살던 방을 떠난다고 할 때, 무엇인가 갖고 떠난다면 어느 것을 가지고 떠날 것인가? 깊이, 그리고 오래 생각해 본 것은 아니지만 한결같이 생각나는 것은 성경책 하나가 꼭 필요하다는 것입니다. 책, 옷, 전축, 텔레비전, 라디오, 심지어 패물이라면 패물이라고 할 수 있는 것도 있지만, 그런 것은 있어도 그만이고 없어도 그만입니다.

물론 이것을 가리켜 청빈(淸貧)이라고 말할 수는 없습니다. 내가 청빈해서라기보다도 오히려 애착을 느낄 만큼 무엇과도 친숙해지지 않아서일 것입니다. 이것은 물건에 대해서만이 아니고 사람에 대해서도 같을지 모르겠습니다. 청빈은 사랑하면서도 끊을 수 있을 때에 가장 잘 드러납니다. 물건 같으면 애착을 느끼면서도 깨끗이 버릴 수 있을 때 청빈이 증거될 것입니다. 그러나 나의 경우에는 오히려 애착이나 사랑이 없어서 오는 담담함입니다.

그럼 성경은 왜 가져가고 싶으냐? 성경에는 어떤 애착이 있습니다. 아직도 하느님과의 생생한 만남을 갖지 못했고, 그래서 그분의 말씀, 그분의 생명과 사랑이 담긴 성경은 버릴 수 없다, 그것을 읽음으로써 그분과 더 가까이 만날 수 있기를 희망하기 때문입니다. 하느님을 더 알고 싶고 예수 그리스도를 더 알고 싶습니다. 신학이란 학문으로가 아니라 생활한 체험으로써 말입니다. 그렇다고 무슨 기적 같은 것을 보고 싶은 것은 아닙니다. 마음속 깊이, 존재 속 깊이 주님의 현존을 체험하고 싶은 것입니다. 그렇게 되면 내 삶도 사랑으로 충만한 삶이 될 것이 아닌가 생각합니다. 왜냐하면, 하느님은 사랑이시기 때문입니다.

나는 주님이 내 안에 임하시기를 갈망합니다. 그런데 동시에 그분을 피합니다. 그분에게로 완전히 회두하는 것을 두려워합니다. 나 자신 안에도 모순이 있습니다.

20년 전에, 한 달간 피정을 할 때의 이야기입니다. 일본에서 온 예수회 신부님이 인사차 찾아왔는데, 이런저런 이야기를 하다가 피정 이야기가 나왔고, 그 신부님은 일본의 어느 주교님과 한 달 피정을 같이 했다면서 은근히 나한테 권하는 투였습니다. 그때 내가 느낀 것은 두려움이었습니다. 한 달이 길다는 두려움도 있었지만, 내심 깊이에는 주님을 곧바로 본다면 큰일날 것 같은 두려움이 있었습니다. 얼굴과 얼굴을 맞대듯이 그

'지나간 것'에 하고픈 이야기 | 33

렇게 보는 것은 아니지만…. 그 신부님 표현에 의하면, 한 달 간 피정을 하면 믿음을 잃는다고 합니다. 주님을 보다시피 체험하는 것이므로 믿는 다는 말이 적합치 않다는 뜻입니다.

나는 그런 주님과의 만남을 한편으로는 원하면서도, 한편으로는 피하고 싶었던 것입니다. 주님이 나의 생활과 존재에 너무 깊숙이 들어오시는 것이 두렵습니다. 예수님이 부활하기 전에 "생명의 말씀을 지닌 주님을 두고 우리가 어디로 가겠습니까?" "비록 모든 사람이 주님을 버릴지라도 저는 결코 주님을 버리지 않겠습니다" "주님과 함께 죽는 한이 있더라도 결코 주님을 모른다고는 하지 않겠습니다" 라고 장담하면서도 결국은 세 번씩이나 모른다고 배반한 사도 베드로와 흡사합니다. 결국 나는 사랑하면서도 막상 사랑의 증거가 필요할 때에는 저버리는 약함을 그대로 지니고 있습니다.

이렇게 주님을 사랑하지 않는데, 사람들에 대해서야 오죽하겠습니까? 사람들 중에서도 사랑하기 곤란한 사람들, 거지, 병신, 천덕꾸러기 등을 사랑한다는 것은 정말 문제입니다. 참으로 나는 마음에 드는 사람은 사랑하고, 그렇지 않은 사람은 말로써 또는 체면상, 형식상 사랑할 따름입니다. 이런 내가 사랑과 평화를 차별과 멸시와 미움, 다툼과 전쟁의 세상에 선포할 수 있습니까?

아무튼, 나는 그 다음 해인 1979년에 성 이냐시오의 영성 수련에 따른 한 달 피정을 하였습니다. 마침 성모회의 두 수녀님도 함께 했는데, 물론 지도는 각각 받았습니다. 수원 '말씀의 집'에서의 한 달 피정은 결과적으로 나에게 무척 좋았습니다. 한 달이 조금도 지루하지 않았습니다. 오히려 하루 4~5시간씩 기도 시간을 갖는 것이 미사나 신부님과의 면담, 개인묵상, 식사, 점심 후 한 시간 산책 등으로 쉽지 않게 느낄 정도였습니다. 처음에는 기도가 잘 안 되었습니다. 지루한 감도 있었습니다. 그러나 한 주일이 지나고 2주째가 되면서 자기 숨소리도 잘 안 들릴 만큼 기도 속에 빠져들어 가는 것 같았습니다.

피정하는 동안에 나한테 가장 큰 문제는 예수 그리스도를 아는 것이었습니다. 그래서 '너는 예수님을 보았느냐?' 라는 문제를 수없이 던져 보았습니다. '예수 그리스도를 아는 것'은 곧 영원한 생명이 달려 있기 때문에 대단히 중요하고 중대한 문제입니다. 이 문제 때문에 얼마나 고민했는지, 그렇지 않아도 검은 얼굴이 더욱 까매질 정도였습니다.

매일 점심식사 후면 한 시간씩 뒷산을 한바퀴 도는 산책길에 나서곤 하였는데, 하루는 때마침 눈이 내려 하얗게 덮인 길을 묵묵히 걸어갔습니다. 예수를 아는 문제를 골똘히 생각하면서 말입니다. 그런데 내가 혼자 산책하는 것을 보고 평소 잘 아는, 마치 딸이 아버지 대하는 마음으로 가까웠던 한 수녀가 뒤따라오는 것이었습니다. 처음에는 뒤따라오는 줄 몰랐다가 산중턱에서 누군가의 발소리를 듣고는 그 수녀인 줄 알았습니다. 나는 기도에 방해된다고 생각해서 "왜 따라오는 거야?" 하고 꾸중하였습니다. 그때 내 얼굴은 아마 '예수를 아느냐?' 하는 문제 때문에 까맣게 되어 있었던 것 같았습니다.

그 수녀는 내 말을 받아서 "그렇게 얼굴이 까매지도록 고민할 바에야 피정은 왜 하세요? 피정이 고민하는 것인가요?" 라고 약간 비아냥거리듯 말하는 것이었습니다. 나는 그 말에도 일리가 있다고 생각했습니다. '예수님을 알기 위해 반드시 고민할 것까지는 없지 않은가? 그보다는 예수님을 알 수 있도록 마음을 열고 은총을 기다리는 것이어야 한다'고 생각을 바꾸었습니다.

그래도 일선신부 시절이 그립다

이솝우화에 이런 이야기가 있습니다. 나귀 한 마리가 임금님을 모시고 가는데 사람들이 손을 흔들고 함성을 지르는 것을 보고는 자기를 크게 환영하는 것으로 착각해서 환호에 답한다고 앞발을 들어올리다가 그만 임금님을 떨어뜨려 하인으로부터 매를 맞았다는 이야기입니다.

자넨 평생 두 번 실수했네!

나도 그렇습니다. 어디를 가나 많은 사람들이 환영합니다. 그럴 때면 그 나귀처럼 내가 잘나서 그런 줄로 착각하는 때가 많습니다. 그러나 곰곰이 생각해 보면 그렇지 않습니다. 나를 환영하는 것은 궁극적으로는 그리스도의 사제이기 때문입니다. '김수환'에서 그리스도를 빼고 나면 '영(零)'입니다. 그리스도가 없으면 아무 것도 아닙니다. 만일 남는 것이 있다면 그것은 이익이 아니라 오히려 문제입니다. 그런데도 나에게는 늘 무엇이 남아 있습니다.

지난 48년간의 사제생활을 돌이켜 보고 성찰하여 볼 때 주님의 사제로서 일편단심 그리스도만을 따르면서 살아왔느냐고 묻는다면 '그렇다'고 자신 있게 답할 수 없습니다. 그동안 사제 된 것을 후회하거나 자신의 직분에 대해 회의감이 들었던 때가 없었는가 생각해 보면, 인간이므로 없었다고 할 수도 없을 것입니다. 그러나 그것 때문에 고민까지는 하지 않았습니다. 언젠가 한 친구 신부가 "자네는 평생에 크게 두 번 실수를 했네. 주교 임명을 받았을 때와 서울대주교 임명을 받았을 때 그것을 덥석 받아들인 거야!"라고 말했는데, 나는 이 말을 가끔 생각해야 할 만큼 후회가 있었냐고 묻는다면 '있었다'고 생각됩니다.

나는 지금까지 "왜 신부가 되었느냐?"라는 질문을 받을 때마다 본래 사제 되기를 스스로 원해서 신학교에 들어간 사람이 아니라 "너는 신부가 되어야 한다"는 어머니 말씀을 거역할 수 없어서 신학교에 갔다고 말하였습니다.

형(고 김동한 신부)과 내가 군위 보통학교에 다닐 때, 한 번은 어머니가 친정이 있는 대구에 다녀오셨습니다. 짐작컨대, 어머니는 거기 계시는 동안, 성당에서 사제서품의 장엄한 예식을 보고 오신 것 같습니다. 그때 어머니는 감명을 깊이 받으신 모양으로 돌아오자마자 형과 내게 '너희는 이 다음에 신부가 되라'고 이르셨습니다. 형은 그 이듬해에 대구에 있는 신학교 예비과(초등부 5~6학년)로 옮겼고, 2년 후 나도 가게 되었는데, 형은 기쁘게 갔으나 나는 그렇지 않았습니다. 어머니의 명을 따라 갔을 뿐입니다.

열세 살에 신학교로 가서 1951년 사제서품을 받을 때까지 18년 가까운

'지나간 것'에 하고픈 이야기 | 37

세월이 걸렸습니다. 이 세월 동안, 나는 사제 성소(聖召)에 대해 회의를 여러 번 느꼈고, 몇 차례 신학교를 떠나고 싶은 마음에서 규칙을 고의로 거스르기도 하고 꾀병을 내서 한 학기를 쉬기도 했었습니다. 또 사제 성소를 앞두고 상담도 몇 차례 하고 '9일 기도'도 바치는 등 참으로 사제로 서품되기까지 안팎으로 우여곡절이 많았습니다. 세 신부님에게 상의드 렸었는데, 세 분 모두 "너는 신부가 되어야 한다"는 답이었습니다.

학병(學兵)을 지원한 것도 내 뜻이 아니었습니다. 처음에는 개인적으로 어느 친구와 같이 피할 길을 여러모로 모색했었습니다. 그러나 고향에 계시는 어머니와 형제들이 지속적인 감시와 독촉을 받고 있고, 매일 형사로부터 시달림을 받은 교회의 장상(長上)으로부터 지원하라는 공문이 와서 할 수 없이 지원하였습니다.

당시 이 땅의 젊은이들이라면 그 누구나 민족의 적인 일본을 위해 목숨 바쳐 싸우고 싶은 생각을 갖고 있지 않았음은 물론입니다. 특히 전쟁 터에 가면 죽기 십상인데, 죽음의 의미를 찾지 못한 가운데 죽음 터에 가야 한다는 것은 참으로 괴로운 일이었습니다. 바로 그 때문에 모두가 고민했고, 나라 잃은 젊은이로서의 고뇌가 컸습니다.

학병으로 끌려간 젊은이들은 그 어느 때보다 '우리는 우리 민족의 자존과 독립을 찾아야겠다. 그러기 위해서는 비록 일본군에 몸을 담고 있지만 그들로부터 배운 군사훈련을 통해 그들과 맞서 싸워야 할 날에 대비하자. 중국에 보내진다면 탈출할 기회를 만들어 그곳에서 일본군에 대항하여 싸우는 독립군에 가담하자'는 생각을 많은 이들이 품고 있었다고 생각합니다. 실제로 고 장준하 선생 같은 이는 그렇게 하였습니다.

나는 중국으로 파견되지 않고 동경 아래에 있는 오가사하라(小笠原諸島) 라고 하는 곳에 가게 되어 본래 생각대로 되지는 않았습니다. 그러나 학병 친구 몇 사람과 같이 미군이 점령한 유황도(硫黃島)로 도망치려고 장기간 계획을 세우고, 한 번은 실천에 옮겨 배를 탔는데 갑자기 미국 비행기가 공습해 와서 뜻을 이루지 못하였습니다.

학병에서 돌아와서는 부산 범일동 보좌신부로 계신 형님에게 가서 여러 달 지냈습니다. 본당신부님이 경영하는 보육원과 관계되는 일, 미군들이 주는 구호물자 일로 신부님과 함께 미국 군종신부를 만나러 갈 때 통역을 해준다든지 하는 일들을 하였습니다.

사제 서품을 받을 때에는 대구 계산동성당 제대 앞에 엎드려 하느님에게 말씀드렸습니다. "주님, 저는 보통 사람들과 같은 인생 길을 가고 싶었습니다. 그런데 주님은 제게 그 길을 보여주시지 않고 사제의 길만을 보여주시니 주님의 부르심에 따라 부복하겠습니다" 라고 말입니다.

아직도 가슴에 남은 건 열정뿐

나는 일선신부 생활을 불과 2년 반밖에 하지 못했습니다. 그러나 돌이켜 보면 추억에 남는 것은 그 시절입니다. 인간관계에 있어서도 그 당시에 사귄 사람들과는 오늘까지 만나면 누구보다도 반가워할 만큼 다정스럽습니다.

독일에 유학 가서 공부하고, 가톨릭시보 사장으로 있은 것을 제외하면 대부분 주교로서의 생활인데, 마산에서 2년, 서울에서 30년의 생활을 통해 많은 사람을 만나고 가는 곳마다 꽃다발을 받고 환영도 받습니다만, 인간으로서나 사제로서 정다운 추억으로 남을 만한 것이 무엇이냐고 묻는다면 답하기 곤란합니다. 사실 서울에서 31년째 살지만 인간관계, 친분면에서 불모지대에 서 있는 것과 같습니다. 단 한 집이라도 내가 부담

감 없이 언제나 생각날 때 들릴 수 있는 집이 있느냐 하면, 한 군데도 없습니다. 정말 '머리 둘 곳도 없다'는 예수님의 말씀이 무엇을 뜻하는지 생각하게 됩니다. 그러기에 나는 사제로서 제일 좋은 삶은 일선 본당신부의 삶이 아닌가 생각합니다.

당시 젊기도 했지만 정말 몸과 마음을 다 바치다시피 신자들을 위해 미사를 봉헌하고 고해성사를 비롯한 성사, 예비자와 신자 교리교육에 헌신했었습니다. 고해성사나 병자성사는 언제 찾아오든지 거절한 적이 없었습니다. 그것이 원칙이었고 성사를 거행하면서 신경질은 절대로 안 내기로 했었습니다. 그러니까 그곳 사람들에게는 좋은 본당신부로서의 인상이 아직 남아 있는 것 같습니다.

1951년 신부가 되고서 그날로 공석중이던 안동(목성동)본당 주임신부로 임명되었습니다. 물론 나는 사제가 되었으니 착한 목자로서 주님을 위해, 교회를 위해, 신자들을 위해 봉사하는 삶을 살겠다고 다짐하였습니다. 그러나 6·25동란중이었고 안동은 다시 수복되었지만 전화(戰禍)로 말미암아 제대로 남은 집보다 불타버린 집이 더 많았습니다. 게다가 흉년이 심하여 안동 읍내에도 가난한 집의 생계는 곤란했고 시골 농촌은 명실공히 초근목피로 연명해 갔습니다.

그때, 나로서 무엇을 할 것인가를 생각하다가 부족한 영어 실력이지만 딱한 사정을 영문으로 써서 미국 주교회의 구호사업 한국지부장으로 계신 안 제오르지오 주교님을 찾아 부산으로 갔습니다. 주교님을 뵙지는 못했으나 마침 우리 나라를 방문한 주일 교황대사 필스텐벨그 대주교님을 뵙고 편지를 보이며 말씀드렸더니, 다음 날 안 주교님을 꼭 만나고 가라고 당부하시더군요. 그래서 시키는 대로 했더니, 안 주교님은 제게 2천만 원의 수표를 주시고 대구 최덕홍 주교님에게 보내는 편지도 함께 주셨습니다. 나는 돈과 편지를 최 주교님에게 드리고 주교님으로부터 다시 얻어 가져가는 것으로 해석하였습니다. 2천만 원은 너무 많아서 혼자 갖고 갈 생각은 엄두도 내지 못했고, 그 중에서 한 3백만 원 정도 주시면 얻어 갈 요량이었습니다.

그런데 뜻밖에도 주교님은 나한테 얼마를 가져갈 생각이냐고 되려 물으셨습니다. 주시는 대로 가져가겠다고 했더니 "1천만 원이면 되겠느냐?" 라고 하시는데, 기대했던 것보다 엄청나게 많은 액수라, 나는 기뻐서 어쩔 줄 모르고 "감사합니다! 감사합니다!"만을 되풀이하였습니다. 그리고 아래층에 계시던 당시 당가(當家) 신부였던 장병화 신부님에게 가서 이야기를 했더니 장 신부님 역시 교구에 돈이 없던 차에 내가 2천만 원을 얻어 와서 그 반을 가져가도 1천만 원은 교구에 남을 것이니 얼마나 좋은 일이냐 하면서 어쩔 줄 몰라 하셨습니다. 그런데 잠시 후 주교님이 들어와서 나에게 "김 신부, 원하면 그 돈을 다 가져가라"고 하시는 것이었습니다. 2천만 원을 다 가져가라는 것이었습니다.

나는 처음에는 그 말뜻을 못 알아들었습니다. 하지만 주교님이 장병화 신부님의 만류에도 불구하고 그 말씀을 거듭하시는 것을 보고는 '안 주교님이 최 주교님에게 쓴 편지 내용이 무엇일까? 아마도 돈을 전액 김 신부에게 주라고 하셨는가 보다. 주교님에게는 보고 겸 말씀드리라는 것이었나 보다' 라고 생각하게 되었습니다. 그러나 장 신부님의 완강한 반대도 있었지만, 교구 사정 또한 어렵다는 것을 알고 있었는지라 처음 말씀대로 반만 갖고 왔습니다.

돌아와서는 그 돈으로 안동 시내 교우들을 대상으로 본당에 필요한 수리나 기타 일을 시키고 품삯을 주었습니다. 시골 공소 교우들은 생활 형편이 더 어려웠기 때문에 교적에 적힌 식구들과 농사짓는 형편에 따라

'지나간 것'에 하고픈 이야기 | 41

서 분배에 관한 잡음이 나지 않게 하기 위해 고해소(告解所)에서 나누어주며 "누구에게도 돈을 받았다는 말을 해서는 안 된다"고 타일렀습니다. 그래서인지 공소의 거의 모든 교우들에게 돈을 나누어 주었지만 일체 잡음이 나지 않았습니다.

젊은 가정부 안 된다는 원칙

본당에는 전임 신부님이 떠나실 때 교우들과 마음이 상한 관계로 살림살이 일체를 가져가시어 아무 것도 없었습니다. 걸상도 책상도 없고, 식당에는 솥이나 그릇, 빗자루도 없었습니다. 집만 덩그러니 있었을 뿐 비품이라고는 하나도 없었습니다. 그러니 밥을 해먹을 도리가 없는지라, 처음 두 달 동안은 고아원에서 신세를 졌습니다. 그 고아원은 본래 제천에 있었는데, 대구로 피난가면서 제천 가까이 있기 위해 안동성당 건물을 빌려 쓰고 있었습니다.

물론 돈은 주었습니다. 그러나 두 달쯤 지나자 이젠 더 할 수 없다고 통고를 해와서, 부득이 그날 저녁부터 신자들 집에서 식기와 수저를 얻고 밥솥, 냄비는 사서 밥을 해먹었습니다. 동정녀 한 분이 있어서 며칠 해주셨는데, 그분도 오래 할 수 없는 처지인지라 결국 가정부를 구해야만 했습니다.

나는 신부가 되면서 마음속으로 가정부는 반드시 현지에 가서 그곳 신자들이 추천해 주는 사람을 쓰지, 결코 데리고 다니지 말자는 원칙을 세우고 있었습니다. 왜냐하면, 데리고 다니는 경우 신자들 사이에 잡음이 있는 것을 보았기 때문입니다. 또 하나는 어머니께서 늘 젊은 여자를 가정부로 두어서는 절대로 안 된다고 했기 때문에 연령이 45세 이상 되는

42

분으로 정하였습니다. 당시 엄 회장이라는 분이 본당 회장이었는데, 그분을 보고 이런 원칙을 말씀드리면서 가정부 한 분을 구해 달라고 청하였습니다. 그런데 엄 회장님이 고심 끝에 구해 온 분은 이제 겨우 25세 정도밖에 안 되는 젊은 여자였습니다. 마리아라는 이 여자는 피난민이었고 남편은 군에 가 있었습니다. 엄 회장님에게 젊은 여자는 안 된다고 그렇게 당부했는데도, 회장님은 "아무리 사람을 구해 보아도 마리아밖에 없습니다. 아무개 할머니는 스스로 원하지만 안 됩니다. 또 누구도 있지만 그분도 이런 저런 사정상 안 됩니다" 하며 마리아만이 가능하다는 것이었습니다. 내가 그렇게도 지키고 싶던 원칙이 처음부터 무너지는 것이었습니다. 지금 되돌아 보면, 참으로 별 것 아닌 고민이었지만, 그때로서는 참으로 곤혹스러웠던 일이었습니다.

일선신부 시절을 되돌아 보면서 또 하나 느껴지는 것은 다른 사람에게 복음을 전하는 그릇으로 준비하는 것은 기도하고 하느님이 함께 해주셔야 성과가 있다는 것입니다.

안동에 있을 때, 근처 예천본당에 신학교에서 같이 공부했던 신부님이 비슷한 시기에 부임하여 일하고 있었습니다. 나도, 그 신부님도 열심히 일했는데, 그 신부님이 나보다 훨씬 전교를 잘하였습니다. 영세자가 수적으로 나보다 더 많았고, 특히 그 지역의 유지들을 거의 다 영세시켰습니다. 가만히 생각해 보니까, 신학교에서는 그 신부님이 나보다 공부도 말도 못했는데, 결과로 나타나는 것은 그분이 더 나았습니다. 언변이 좋고 지식이 많다고 성과를 가져오는 것이 아니라는 것을 그때 아주 깊이 깨달았습니다.

'지나간 것'에 하고픈 이야기 | 43

대통령과의 대화

그 동안 여러 대통령과의 만남이 있었습니다만, 가장 뜻깊은 만남은 1974년 7월 지금은 고인이 된 지학순 주교가 민청학련 사건에 연루되어 중앙정보부에 의해 구금되었을 때였습니다. 이 사건을 해결하기 위해 당시 중앙정보부 차장이었던 고 김재규씨가 박정희 대통령과의 면담을 제의했는데, 나는 주교회의를 소집해서 주교님들과 상의하여 답하겠다고 했습니다. 그리고 주교회의에 물었더니 찬반이 꼭 반반이었습니다. 그래서 의장이었던 내가 면담 제의를 받아들이는 쪽으로 택하고 청와대에 가서 박 대통령과 마주 앉게 되었습니다.

박정희 대통령은 장기집권할 사람?

한 시간 반 정도 의견을 나누었는데, 박 대통령과의 몇 차례 만남에서 유일하게 대화다운 대화였던 것으로 기억합니다. 박 대통령과는 이보다 앞서 청와대 식사 초대로 한 번 만났고, 진해 해군사관학교 졸업식에 초대되어 기차로 진해까지 간 것이 두 번이었습니다. 물론 그 후에도 몇 차례 있었습니다만, 그 어느 때이고 대화다운 대화는 없었습니다.

1972년 봄, 진해에 갔을 때에는 기차 안과 진해 공관에서 함께 식사하는 등 무려 11시간 마주 앉아 있었지만, 내게 말할 기회를 거의 주지않고 혼자 이야기하는 것이었습니다. 그때 나는 기회를 주면 내 생각을 말씀드리겠다고 마음먹었던 것을 취소하고 '오늘은 듣자. 그리고 이분이 어떤 분인지, 성격과 통치이념이 무엇인지 들어보자'는 생각에서 듣는 쪽으로 마음을 바꾸었습니다. 그분의 말씀과 태도, 경제발전 구상, 그리고 그때 막 시작한 새마을운동, 4대강 개발계획 등에 대한 이야기를 들으면서, 나는 이분이 스스로 물러날 사람이 아니라는 것, 즉 장기집권하리라는 것을 나름대로 강하게 느낄 수 있었습니다.

마침 식목일 다음 날이었는데, 헐벗은 산에 대한 이분의 남다른 관심, 또 기차역을 지날 때마다 플라타너스 나무가 전지(剪枝)된 데 대한 강한 반응을 보고는, 좋게 말해서 우국지사이고 이 강산 구석구석 나무 한 그루, 풀 한 포기에까지 관심을 쏟는 그런 분이었습니다. 동시에 그 모든 것을 자신이 돌보고 가꾸어야 한다고 생각할 만큼 집착이 강한 분이라는 느낌이 들었습니다. 그래서 이분은 자신이 생각하는 나라를 이룩하기까지 물러날 분이 아니라는 판단을 하였습니다. 그 때문에 다음 날 나는 혼자 서울로 올라오면서 매우 우울하였습니다.

지학순 주교가 구속되었을 때의 만남은 박 대통령이 시국에 관해 나름대로의 생각을 이야기하고, 나는 내 생각을 이야기하면서 서로 경청하는 분위기 속에서 대화를 주고받았습니다. 이 자리에서 박 대통령이 문제로

'지나간 것'에 하고픈 이야기 | 45

삼은 것은 세 가지였습니다. 즉, 종교 또는 교회의 역할은 무엇이냐? 언론 자유와 노동 문제에 교회가 왜 관여하느냐 하는 것이었습니다. 그때 가톨릭교회에는 노동청년회가 있었고, 개신교에는 도시산업선교회가 있었는데, 통칭으로 '도산(都産)'이라고 하였습니다. 그래서 '도산'이 노동문제에 개입하면 그 기업은 도산(倒産)한다고 하여 도시산업 선교활동을 비난하는 여론이 많았습니다.

정치·경제 문제도 윤리도덕의 범주

박 대통령은 먼저 종교 또는 교회의 역할을 말하면서, 종교란 마음을 순화시키는 것이 목적이지 정치 문제에 개입하는 것은 아닌 것으로 안다는 뜻의 말씀을 하였습니다. 정치·경제 문제에 관여하는 것은 종교의 영역을 벗어난 것이고 정교분리 원칙에도 위배되는 것이 아니냐 하는 요지의 말이었습니다. 그분의 말은 사실 그 시대에 교회 안팎에서 계속적으로 제기된 근본 문제였습니다. 그때, 나는 이렇게 말했습니다.

"대통령이 종교의 역할을 그렇게 보는 것은 충분히 이해합니다. 왜냐하면, 우리 교회 안에서 신자들 중에는 물론이요 나와 같은 성직자들도 그렇게 생각하는 이들이 상당수 있는데, 신자가 아닌 대통령이 그렇게 보는 것은 이해할 뿐 아니라 당연하기까지 합니다.

그런데 한 번 달리 생각해 보십시오. 한 사회 안에서 사람들이 종교나 교회에 대해서 첫째로 기대하는 것이 무엇이겠습니까? 단지 개개인의 마음을 위로하는 것뿐이겠습니까? 종교나 교회는 그 사회에서 빛과 소금의 구실을 다해 줄 것을 바라고 있고 개개인의 마음뿐 아니라 사회 전체의 어둠도 밝혀 줌으로써 사회를 도덕과 윤리로 정화시켜 주기를 원하고 있지 않습니까? 만일 사회가 윤리도덕적으로 타락하고 부정부패로 썩어 가고 있는데도 교회가 아무 것도 하지 않고 방관만 하고 있다면 직무유기라고 말하지 않겠습니까?

교회는 한 사회의 윤리와 도덕의 파수꾼도 되어야 하고 그것의 향상을 위해 모든 노력을 다 기울여야 합니다. 그렇다면 정치·경제도 포함되지 않을 수 없습니다. 국민생활의 가장 큰 영향을 주는 정치와 경제가 윤리도덕의 범주 밖에 있다고는 말할 수 없지 않겠습니까?

나도 대통령이 지적한 정교분리의 원칙을 교회도 존중해야 한다고 봅니다. 교회가 정부의 인사나 경제정책 등에 직접 관여하는 것은 옳지 않습니다. 또 성직자가 정치활동을 직접 하거나 정부 정책과 인사에 직접 개입하는 것은 바람직하지 않습니다. 그러나 정치·경제·사회의 모든 문제에 있어서 그것이 인간의 기본권리를 유린한다든지 정의에 어긋난다든지 할 때에는 '그래서는 안 된다'는 말을 할 수 있고 또 하여야 한다고 생각합니다.

가톨릭교회에도 나름대로 복음정신에 입각한 인간관, 사회관, 국가관, 세계관이 있습니다. 이에 따르면, 인간은 하느님의 모상으로 창조된 존엄한 존재입니다. 이 존엄성은 국가의 권력도 침범할 수 없습니다. 뿐더러 나라의 정치는 이 인간이 개개인으로 또는 가정을 비롯한 여러 종류의 공동체로서 인간답게 살 수 있고 인간으로서 충분히 행복을 누리며 살 수 있도록 해주는 것이 정치의 원리입니다."

다음은 언론자유와 관련된 정부의 언론정책에 대해서였습니다. 그분은 당시 서울에서 인쇄되는 일간신문이 그날로 평양에 간다면서 남북 분단과 공산주의 혁명 침투의 위험 등에 비추어 볼 때 국가 안보의 절대적인 요청에 따라 현재의 언론정책은 불가피한 것이고, 여기에 비추어 언

'지나간 것'에 하고픈 이야기 | 47

론자유는 충분히 있다고 본다고 말했습니다. 나 역시 일간신문이 그날로 평양에 간다는 데는 놀라지 않을 수 없었고, 그런 일이 어떻게 가능한지 되묻기까지 하였습니다. 나는 대통령이 보는 국가 안보의 필요성에 동감하면서 이렇게 말했습니다.

"국가 안보를 위해서는 무엇보다도 강한 국력이 필요합니다. 그런데 강한 국력이란 무력에 의존된 것이 아니고 모든 국민이 나라를 사랑하는 애국심과 국민의 단결된 힘이라고 생각합니다. 이것이 없으면 아무리 좋은 무기가 있고 잘 훈련된 군대가 있어도 나라를 잘 지킬 수 없습니다. 국민이 자발적으로 나라를 사랑하고 힘을 하나로 모으기 위해서는 정부에 대한 신뢰가 있어야 합니다. 그 신뢰는 신문을 믿을 수 있을 때 가능하고, 그것은 언론자유가 있음으로써 가능합니다.

오늘날 국민은 모든 신문을, 시시비비를 잘 가릴 줄 아는 신문이라고 알려진 동아일보까지 서울신문과 같이 생각합니다. 이렇게 신문을 믿지 않는 것은 신문이 써야 할 것을 제대로 쓰지 못하고 있고, 그만큼 언론자유가 없기 때문입니다. 신문을 믿지 않는 것은 곧 정부에 대한 불신이 그만큼 크기 때문입니다. 국민이 정부를 믿지 않을 때, 국민의 자발적인 참여는 없고 국력은 그만큼 약화됩니다. 따라서 언론자유를 권력의 힘으로 제한하는 것은 오히려 국가안보를 해치는 결과를 초래한다고 봅니다. 대통령은 이것이 우리 나라 실정이라는 것을 아셔야 합니다."

노동자 편을 드십시오

다음은 노동문제였습니다. 대통령은 종교계가 왜 노동문제에 개입하느냐, '도산(都産)이 개입하면 도산(倒産)된다'고 기업에서 말하고 있는데,

사실 그렇다면서 여러 가지 사례를 들었습니다. 그분의 말씀을 듣고 난 다음에 이렇게 답했습니다.

"대통령이 걱정하는 것은 충분히 이해합니다. 나도 노동자들이 파업을 일삼는 것은 결코 찬성할 수 없습니다. 그런데 노사관계는 이해관계 때문에 서로 맞서기 쉽습니다. 한쪽은 되도록 헐한 임금이기를 바라고, 다른 한쪽은 적어도 최저생활을 할 수 있는 임금은 물론, 한푼이라도 더 받고 싶으니 이해관계가 상반되어 갈등을 일으키기 쉽습니다.

이런 상황에서 가장 바람직한 것은 문제를 대화로 푸는 노사화합입니다. 노사간은 서로의 이해관계가 깊은 만큼 서로가 서로를 필요로 합니다. 기업은 노동자 없이 안 되고, 노동자는 기업 없이 생계를 유지할 수 없다는 것을 알고 서로 존중해야 할 것입니다. 그런데 우리 나라는 아직 실업자가 많기 때문에 노동자들은 제대로 인간 대접을 받지 못하고 있습니다. 혹사를 당하고 사용주 임의로 해고될 수도 있는 등 전혀 보장이 되어 있지 않습니다.

'물질은 공장에 들어가면 좋은 상품이 되어 나오는데 사람이 공장에 들어가면 폐품이 되어 나온다'는 말이 있습니다. 이것이 오늘의 노동 현장의 현실이어서 노사간에는 잦은 갈등과 분규가 일어날 수밖에 없습니다. 이런 대립 상황에서는 힘이 센 편이 결국 이기기 마련인데, 그것은 언제나 사용주입니다. 왜냐하면, 사용주는 본래 개개인 노동자에 비하면 엄청나게 큰 강자인데, 거기다 중앙정보부, 경찰, 심지어 노동자를 위한다는 명분 아래 만들어진 노동청까지 기업주 편입니다. 노동자 편을 드는 사람은 아무도 없습니다.

대통령은 2년 전 나를 진해 여행에 초대하였을 때, 고향 구미를 지나면서 옛날 가난한 시절에 국민학교(초등학교)를 다닐 적에 고무신이 닳을까

봐 신지 않고 들고서 철도 길을 따라 통학했다는 회고담을 들려주었습니다. 그렇게 가난하게 자란 분이었기에 5·16 군사혁명을 일으켰을 때에는 이 땅에 가난을 없애겠다는 빈곤 퇴치의 결의가 있었다고 생각합니다. 그런 뜻을 지닌 대통령이 노사분규 현장에 나간다면 나는 반드시 노동자 편을 들고 그들의 고충을 들어주리라 생각합니다. 교회가 하는 것은 바로 대통령이 해야 할 그 일입니다."

대체로 우리는 이런 이야기를 서로 주고받으며 서로를 존중하는 분위기 속에서 대화하였습니다. 그밖에 지학순 주교를 그날 밤으로 석방시켜 줄 것과, 당시 보통군법회의에서 민청학련 사건으로 사형언도를 받은 이철씨를 비롯한 다섯 명의 학생들을 죽여서는 안 된다는 말을 하였습니다. 지학순 주교는 그날 저녁 석방되어 내가 직접 중앙정보부에 가서 모시고 왔고, 이철씨와 다른 학생들은 며칠 후 국방부장관 이름으로 사형에서 무기로 감형되었습니다.

이 만남은 그간 여러 대통령과의 만남 중에서 가장 뜻깊은 것이었고, 그분에게 드린 말씀은 나 자신의 생각일 뿐 아니라 당시 교회의 뜻있는 분들이 가지고 있었던 기본정신이었다고 볼 수 있습니다.

노태우 대표와의 워커힐 만남

또 하나 기억에 남는 만남은 노태우 대통령이 여당 대표로 있으면서 선언했던 '6·29선언'이 있기 한 해 전인 1986년 11월 14일이었습니다. 워커힐 사파이어라는 곳에서 2시간 가까이 단둘이서 식사하며 건강 이야기로부터 시작하여 시국 현안에 대한 대화를 나누었습니다.

이 자리에서, 노태우 대표는 학생들의 좌경화 또는 용공화 경향을 염려하고 엄히 다스려야 하는 것을 강조하는 뜻으로 일본, 싱가포르, 독일의 예를 들어 말했습니다. 싱가포르에서는 영국이 공산주의자들을 엄히 다스렸기에 공산주의의 위험을 극복할 수 있었는데, 미군정은 남한에서 공산주의를 허락했기에 그것이 남로당 조직이 되고 급기야 6·25남침을 가져오게 했다면서 장황하게 말하였습니다.

나는 우리 나라 학생들의 좌경화는 염려되는 일이지만 그것을 현재와 같이 강경 수단으로만 다룬다면 문제를 해결하기보다 더욱 악화시킬 수 있다고 말했습니다. 일본이나 서구의 여러 나라들이 공산주의를 지니고 있고 공산당도 있으면서 이를 극복할 수 있었던 것은 근본적으로 정치가 국민의 신뢰를 받을 수 있을 만큼 공정했고, 또 발전과 함께 빈부의 격차도 적어졌으며, 무엇보다도 개개인의 기본인권이 존중되고 언론자유 등 자유민주주의 체제를 계속 추구해 왔기 때문이라고 말했습니다.

그런데 우리 나라는 어떠한가?

제5공화국이 들어서고 정의사회 구현이라는 슬로건이 파출소마다 붙어 있고 그것을 크게 내세웠지만 그 때문에 정의가 더 구현되었다고 보는가? 심지어 대통령 주변에 대해서도 여러 가지 불미스러운 말들이 많이 나도는데 그것이 다 유언비어라고만 볼 수는 없지 않은가? 게다가 사회풍조는 부익부 빈익빈(富益富 貧益貧)의 현상을 빚어내고, 잘 사는 사람은 온갖 사치를 다하는 반면에 못 사는 사람은 상계동의 철거민 경우처럼 집도 절도 없는 사람이 있지 않은가? 그 동안 참으로 자유민주주의가 신장해 왔다고 보는가? 민주화의 의지조차 의심스러울 만큼 지금 모든 것이 위축되고 매일매일 구속, 단속, 엄단 등 무시무시한 분위기이지 않는가?

이런 상황에서 젊은이들이 정의감에 불타지 않으면 이상하다고 말했

'지나간 것'에 하고픈 이야기 | 51

습니다. 단, 그렇더라도 나 역시 그들이 용공으로 흐르는 데는 참으로 우려치 않을 수 없으나 그것을 치유하기 위해서는 근본적으로 정치는 공정하고 정의에 바탕을 두며 정치하는 이들이 참으로 사리사욕을 떠나야 하고, 조금이라도 이 나라가 자유민주주의로 나가고 있다는 희망을 주는 것이어야 한다고 말했습니다.

개헌 이야기도 나왔는데, 노 대표는 정부의 개헌 의지를 의심치 말도록 당부했지만, 나는 '그렇다면 의심치 않도록 민주화로 전진하는 모습을 보여 달라. 당신이 바로 민주화에 있어서 백지에서 출발한다고 말하지 않았는가? 그런데 어느 날 백지는커녕 어디서 만든 것인지도 모르는 내각책임제안이 나오지 않았나?' 라고 하였습니다.

대화 도중에 다시 좌경화 문제가 나왔는데, 이때 나는 학생들의 좌경화의 근원에는 사회경제의 부조리도 큰 원인이지만 군사정권이 들어선 것도 원인이라는 점을 지적해 주었습니다. 마지막으로 헤어지면서 국민의 마음이 지금 너무나 얼어붙어 있는데 이것을 녹여야 한다고 말했고, 참으로 사심 없는 정치와 민주화로 확실히 간다는 구체적인 모습을 보여 달라고 부탁까지 하였습니다.

기억하고 싶은 얼굴들

'이삭을 줍는 마음'은 소중합니다.
이삭은 버려진 것입니다.
그러나 이를 소중히 여기고 줍는 사랑의 손길은
그 이삭을 다시 생명을 담은 밀알로 살립니다.

데레사 수녀와 다이애나비

2년 전, 우리는 두 여성의 죽음의 비보를 듣고 매우 놀랐습니다. '20세기의 신데렐라'라 불리는 영국의 다이애나비와, '살아 있는 성녀'라 불리는 인도 캘커타의 마더 데레사 수녀의 죽음이 그것입니다.

화려했으나 행복하지 못한 다이애나비

다이애나비의 죽음은 많은 사람들에게 충격적인 것이었고 슬픔을 안겨 주었습니다. 나 자신은 그렇게까지 많은 사람들이 그녀의 죽음을 진심으로 애도하는 것을 보고 솔직히 놀랐습니다. 그리고 오늘 우리는 어떤 가치관에 사는가를 생각하였습니다.

다이애나비는 세상 사람들에게 무엇을 남기고 갔습니까? 장례식에서 영국 총리는 사랑을 노래한 '고린도전서 13장'을 읽었는데, 이것은 그녀에 대해 우리가 아는 것과 다른 면이 있었다는 것을 의미합니다. 우리는 다이애나비를 '정숙하지 못한 여자'로 생각하는 경향이 있었는데, 그것은 우리 언론의 보도에 문제가 있었다고 봅니다. 그녀에 대한 소식을 보도할 때에는 주로 스캔들을 다루었기 때문에 인식이 좋지 않았던 것이 아닌가 봅니다.

사실 그녀는 아름답고 매력적인 여성이었습니다. 가난한 이들에 대한 자선에 관심이 많았고, 인간에 대한 사랑을 위해서 노력했던 면이 많아서 데레사 수녀도 좋아하는 여성이었습니다. 수많은 영국인들이 다이애나비에게 애도를 표한 것은 그녀의 삶을 통해서 이루지 못한 자신들의 모습을 투영했기 때문이 아니었는가 생각합니다. 그리고 그것은 순수한 인간애였을 것입니다. 그러나 전체적으로 보아서 그녀의 생활은 탓이 누구에게 있든지, 세상의 눈으로 보아서는 화려했으나 행복한 것은 못되었던 것 같습니다.

이에 비해, 데레사 수녀는 참으로 세상을 밝히는 빛이었습니다. 그녀는 돈도 없고 귀족도 아니었고 박사도 아니었고 스스로 쓴 것으로는 단한 권의 책도 없습니다. 그런데도 그녀의 별세를 온 인류가 애도하고 신문마다 '사랑의 별 지다!' '가난한 자들의 어머니' '인류의 어머니 가시다!' '성녀였던 분이 가셨다!' 라고 칭송을 아끼지 않았습니다. 인도는 국장으로 장례를 치뤘습니다. 우리가 아는 한 지금까지 그 누구의 죽음도 이렇게 전 인류의 애도와 추모를 받은 적이 없었습니다.

모든 이 안에서 하느님 본다

키 1미터 50센티미터의 5척 단구에다 87세로 노쇠한 수녀의 죽음이 온 세상을 추모와 애도 속에 잠기게 한 이유는 무엇입니까? 인종이나 민족의 차별, 종교나 계층의 차별 없이 모두가 어머니를 잃은 것 같은 슬픔과 공백을 느끼게 하는 이유는 무엇입니까?

문자 그대로, 그녀는 모든 인간을 사랑하고 특히 가난한 이, 버림받은 이를 사랑하는데 자신의 모든 것을 바친 '사랑의 사람'이었기 때문입니다. 그녀에게는 민족과 종교, 계급의 차별 없이 모든 인간이 소중하였습니다. 모든 사람이 형제요 자매였습니다. 그래서 그녀는 "나는 모든 인간 안에 하느님을 봅니다"라고 말하였습니다.

데레사 수녀는 처음 입회한 로레토회에 있으면서도 수도자로서 무엇보다도 복음 말씀대로 살고 예수님을 충실히 따르고자 하였습니다. 특히 예수님이 당신 자신을 가장 가난한 자와 일치시키면서 "이 보잘것없는 형제 중 하나에게 한 것이 곧 내게 한 것이다"라는 말씀에 깊이 사로잡혔고, 그 말씀 속에서 주님이 당신을 가난한 이들에게 사랑의 봉사를 다해야 한다는 주님의 새로운 부르심을 깨달았습니다. 그것은 그녀가 말했듯이 1946년 9월 10일 인도의 다질링이란 곳으로 향하는 기차 안에서 기도중에 이 부르심의 소리를 들었다는 것입니다.

그때부터 그녀는 이 부르심에 따라 살기 위해 기도했고 1946년 8월 16일 교황님의 윤허를 받고 지금까지 몸담았던 로레토 수녀원을 떠나서 캘커타의 가난한 이들 속에 들어가 살게 되었습니다. 훗날 그녀는 주님의 부르심에 따르기 위해 로레토 수녀원을 떠나는 것은 고향집을 떠나는 것보다도 더 힘들었다고 술회하였습니다.

당시 그녀 손에는 동전 몇 닢밖에 없었습니다. 그러나 모든 것을 주님의 뜻에 맡기고 거리에서 버려진 아이들부터 모아서 글을 가르치고 몸을 씻기는 등 가난한 이들 중에서도 가장 가난한 이들을 위한 봉사생활을 시작했고, 별세하는 그 날까지 50여 년 동안 사랑의 봉사생활에 충실히 살았습니다.

그녀는 모든 가난한 이 안에 그들과 함께 계시는 하느님을 보았습니다. 버림받은 이 안에 '버림받은 그리스도', 고통받은 이 안에 '고통 중에 계신 그리스도'를 본 것입니다. 그리하여 가난하고 병들고 버림받은 이, 죽어 가는 이까지 하느님을 섬기듯 섬겼습니다. 마치 예수 그리스도가 우리를 구하기 위해 당신을 비우시고 낮추어 이 땅에 오셨듯이, 그녀는 가난한 이들을 찾아 달나라에라도 가겠다고 하였습니다. 그야말로 그리스도의 사랑으로 살아온 분이 데레사 수녀였습니다.

우리는 그녀의 삶에서, 또 그녀의 죽음을 깊이 애도하는 사람들의 마음에서 가장 소중한 것은 역시 사랑이라는 것을 더욱 깊이 깨닫게 됩니다. 인생에 있어서 가장 소중한 것은 권세나 부귀영화가 아니라 이웃에 대한 사랑입니다. 물질만능의 오늘의 세상도, 다이애나비와 같이 영화를 누리던 사람도 마음으로부터 존경하는 분은 참된 사랑을 살 줄 아는 데레사 수녀와 같은 분입니다. 우리 나라에서 이런 정신의 사람, 사랑의 사람이 나온다면 참으로 아름답고 기쁜 일이 아니겠습니까?

다만 사랑을 증거할 따름

'이삭을 줍는 마음'은 소중합니다. 이삭은 버려진 것입니다. 그러나 이를 소중히 여기고 줍는 사랑의 손길은 그 이삭을 다시 생명을 담은 밀알로 살립니다. 데레사 수녀는 이삭을 줍듯이 버려진 사람, 죽어 가는 사람까지 돌보았던 분입니다.

그분에 관한 책에 이런 이야기가 있습니다. 죽어 가는 사람들의 임종을 돕는 '죽음의 집'이 있는데, 거리에서 버려진 채 죽어 가는 사람들을 거두어서 존엄한 인간답게 죽음을 맞이하게 하기 위한 집입니다.

한 번은 이 집에 신사 한 분이 들렀습니다. 그때 한 수녀가 죽어 가는 불쌍한 늙은이의 손을 잡고 기도하며 임종을 돕고 있었는데, 이 광경을 한참동안 지켜본 그 신사는 그 자리를 떠나 돌아가는 길에 복도에서 데레사 수녀를 만나서 이렇게 말하였습니다.

"제가 이 집에 들어올 때에는 무신론자였습니다. 그러나 방금 죽어 가는 불쌍한 걸인의 손을 잡고 임종을 돕는 수녀님의 모습을 보고 하느님이 계시다는 것을 확신하게 되었습니다."

또 어느 신문기자가 마더 데레사 수녀가 운영하는 행려병자 수용소를 찾아왔습니다. 그곳에는 수백 명의 병자들이 간호를 받고 있었습니다. 그러나 수용소 밖의 거리에도 오갈 데 없는 환자들이 여기저기 쓰러져서 신음하고 있었습니다. 이 광경에 충격을 받은 기자는 마더 데레사 수녀에게 따지듯이 물었습니다.

"데레사 수녀님, 당신은 결코 성공할 수 없을 것입니다. 거리에 저렇게 많은 사람들이 쓰러져 있는데, 겨우 몇백 명을 도와준다고 무슨 일이 되겠습니까?"

마더 데레사는 조용히 돌아서며 이렇게 대답했습니다.

"우리는 성공하기 위해 여기에 있지 않습니다. 우리가 여기에 있는 것은 다만 사랑을 증거하기 위해서입니다."

결국 마더 데레사 수녀는 성공을 거두지 못하고 돌아가셨습니다. 지금도 그곳에는 수많은 이들이 속수무책으로 거리에서 신음하며 죽어 가고 있습니다. 그러나 데레사 수녀만큼 오늘의 시대에 빛과 희망을 던져 주었던 사람은 없었습니다. 그녀는 성공하기 위해 일하지 않았고 다만 증

58

거하기 위해 사랑의 삶을 살았기 때문입니다. 촛불은 자신을 불태움으로써 어둠을 밝힙니다. 우리도 우리 스스로를 이웃에 대한 사랑으로 불태울 때, 그만큼 자신을 비우고 바칠 때 세상의 빛이 될 수 있습니다.

사랑의 마음을 키워갈 때

10여 년 전, 미국 워싱턴에서 비행기 추락사고가 있었습니다. 그때 포토맥강 다리에 부딪혀 떨어진 비행기의 앞부분은 물에 빠졌고 뒤에 탔던 여섯 명 중 한 사람만이 구조되지 못했는데, 그 한 사람에 대한 감동적인 이야기가 있습니다.

비행기가 추락되자 근처에 있던 경찰 헬기가 즉시 구조에 나섰고 구원을 요청하는 이들에게 구명줄을 내려 주었는데, 50대쯤 되어 보이는 남자가 그 줄을 받아서 매번 옆 사람을 주었답니다. 그래서 다른 사람들은 구조되었고 마지막으로 이 50대 남자를 구하기 위해서 헬기가 다시 갔을 때에는 물 속으로 사라지고 없었다고 합니다. 헬기 조종사들은 자신들이 지금까지 극한상황 속에서 영웅적으로 남을 돕는 사람을 보았지만, 이 사람처럼 헌신적인 사람은 본 일이 없다고 말하면서 그를 구하지 못한 것을 못내 아쉬워하였습니다.

참으로 감동적인 이야기입니다. 그런데 나중에 이 남자는 발이 삐여서 부득이 구명줄을 남에게 줄 수밖에 없었다는 이야기도 들렸습니다. 이런 이야기를 듣고 나면 아름다운 감동이 감소될 것 같지만, 나는 그래도 이 남자의 아름다운 마음씨에는 변함이 없다고 생각합니다. 오히려 더 아름답게 보입니다. 설령 발이 묶여 할 수 없이 그렇게 되었다 해도 그가 보여준 자세만은 헌신적입니다.

기억하고 싶은 얼굴들 | 59

사람은 자신이 구원받지 못한다는 절망적인 상황 속에서 남을 생각해 주기는 힘듭니다. 내가 살 수 없을 바에야 남까지 살지 못했으면 하는 충동을 지니기 쉬운 게 인간입니다. 그런데 이 남자는 자신이 구조될 수 없다는 절망적 상황 속에서도 남이 살 수 있게끔 도왔습니다. 얼마나 아름다운 마음씨입니까?

그는 다른 사람들이 누구인지 몰랐습니다. 그의 이름을 모르는 것을 보면, 그들은 서로 모르는 사이였습니다. 그런데도 그는 생명의 줄을 남에게 건네주었습니다. 어쩌면 그는 자진해서 하지 않았을지도 모릅니다. 그러나 자신의 절망적 상태 속에서 남을 생각하는 마음은 참된 사랑의 마음입니다.

세상이 아무리 각박해도 인간 속에 이런 마음이 있어서 견디어 내는 것 같습니다. 이런 사랑의 마음은 우리에게도 있습니다. 우리가 이 사랑의 마음을 키워 갈 때, 세상은 빛과 희망을 얻습니다. 그리고 우리는 사랑할 때에만 그 사랑으로 사람을 깊이 알 수 있습니다.

참된 지식, 지혜는 참된 사랑을 얻습니다. 인간의 삶의 목적, 인간의 내재적 신비까지도 압니다. 또한 조건 없이 자신을 내줄 만큼 사랑할 줄 아는 사람이 가장 자유를 누리는 사람입니다.

고통 속의 '웃는 예수'들

20여 년 전, 명동 성모병원에서 김 데레사라는 수녀 한 분이 위암으로 죽었습니다. 이 수녀는 독일에 있는 재속수도회 소속이고 그곳에서 의학을 공부하여 의사가 된 사람입니다. 나는 이 수녀를 개인적으로도 잘 알기 때문에 죽기 전에 여러 번 병 문안을 하였습니다.

'그리스도의 향기'가 주는 감동

그런데 이상한 체험을 하였습니다. 병실에 들러 잠시 이야기를 나누고 방을 나서기만 하면 내 마음에 평화를 느끼는 것입니다. 거의 매번 같은 체험을 하게 되어, 나는 고통중에서도 하느님과 일치된 사람이 풍기는 향기라고 생각했습니다. 나중에 보니까, 이런 체험을 한 사람은 나만이 아니고 그녀의 어머니, 형제, 드나드는 방문객, 의사, 간호사들 중에서도

기억하고 싶은 얼굴들 | 61

여러 사람이 비슷한 경험을 한 것이었습니다. 당시 독일에서 이 수녀를 데리고 온 독일인 여의사가 있었는데, 이분 역시 같은 경험을 하였습니다. 한 번은 이 여의사가 "이것은 동양인의 미덕에서 오는 것입니까?" 하고 묻길래, 나는 "아닙니다. 이건 그 사람 고유의 것입니다" 라고 답하였습니다. 지금 생각해도 그때의 특이한 경험이야말로 성경에서 말하는 '그리스도의 향기'가 아닌가 생각합니다.

고 마더 데레사 수녀가 생전에 우리 나라를 다녀갔을 때, 그분과 함께 지낸 시간이 이래저래 꽤 있었는데, 그때도 김 데레사 수녀로부터 받은 것만큼 깊은 것은 아니었지만 평온한 느낌을 곁에서 느낄 수 있었습니다. 또 마더 데레사 수녀와 함께 '사랑의 선교회 남자수도회'를 창립한 앤드류 신부가 가끔 서울에 옵니다만, 그 역시 그런 평온과 친근감을 줍니다. 이 분은 외모까지도 예수님을 닮은 사람같이 보입니다.

뇌성마비 환자로서 『어느 불행한 탄생의 노래』라는 시집을 펴낸 서정슬 안젤라도 그렇습니다. 뇌성마비 때문에 얼굴 모습이 형편없는데, 그녀는 늘 '웃는 예수'라는 그림의 예수처럼 웃고 있습니다. 이것은 물론 보기 나름일 것입니다. 그녀는 자신이 펴낸 시집 후기에서 "한 조각 구름되어 푸른 하늘을 흘러가 봤으면… 한 마리 비둘기 되어 숲속을 날아 봤으면…"이라고 적고, 하느님의 돌보심을 다음과 같이 소상하게 말하고 있습니다.

"남들이 보기에는 너무나 불안스러워 보이고 약해 보이는 나일지도 모르나, 나를 가냘픔 속에서 꿋꿋하게, 눈물을 흘리면서도 작은 웃음을 잃지 않게, 말없이 흥얼거릴 수 있게 지켜 주신 하느님께서는 그 언제부터인가 나에게 당신을 확실히 알게 하셨습니다. 그리고 기도라는 것을 가르쳐 주셨습니다. 어렴풋이 신의 보호를 느끼면서도 하느님이 어디 계시느냐고 부르짖던, 슬픔의 억지를 쓰던 내가 이제는 감사의 기도를 할 줄 알게 되다니! 이 다행스러움을 어디다 비기겠습니까? 역시 어느 누구에게나 삶이란 깊은 의미가 있는 것이 아닌가 생각합니다. 하느님께서 사랑으로 어둠 속의 내게로 다가오셨을 때부터 나는 '야훼는 나의 목자'라는 노래를 즐겼습니다."

그녀가 만난 하느님은 분명히 철학적인 신이나 신학적인 신과 같이 추상적인 존재가 아닙니다. 그 하느님은 분명히 살아 계신 분이고, 안젤라와 깊이 사랑의 친교를 맺고 있으며, 그녀를 사랑으로 밝혀 주고 위로해 주고 힘을 주는 분이며 그녀의 인생을 가장 값지게 살게 하는 분입니다. 때문에 그녀는 신체장애자인데도 "역시 삶이란 어느 누구에게나 깊은 의미가 있는 것이 아닌가 생각합니다" 라고 말하고 있습니다.

그녀는 건강한 사람들이 자기와 같은 신체불구자들을 아무 것도 할 수 없는 쓸모 없는 존재로 판단해 버리는 것, 지체부자유자 자신들이 스스로 자포자기해 버리는 것을 개탄하면서 "이런 사람들을 주위에서 때때로 보아 오면서 나는 소리 없는 울분을 느끼곤 하였습니다. 그것은 하느님께서 주신 삶을 옆으로 제쳐놓아 버리는 것이 아니겠습니까? 왜 그런 슬픔을 스스로 만들어야 합니까?" 라고 말합니다.

그녀 자신도 한때 그러했다고 고백합니다. 보기에 따라서는 '쓸모 없는 존재' '병신'인 그녀가 불행한 자신의 삶을 하느님이 주신 귀한 선물로 값지게 받아들이는 것 자체가 굉장한 의미를 지닙니다.

절망에서 건진 삶의 아름다움

신문을 보면, 육체적으로 건강한 사람들이 정신적으로 병들어서 조그

마한 고통도 이겨내지 못하고 자살함으로써 하느님이 주신 삶을 옆으로 제쳐놓는 사람들이 많습니다. 그런 사람들과 안젤라가 삶을 대하는 태도와는 얼마나 큰 차이가 있습니까? 헬렌 켈러가 많은 이의 삶을 밝히는 빛이 되었듯이, 안젤라와 같은 사람도 분명히 지체장애자들뿐 아니라 건강한 우리까지 포함하여 많은 이를 밝혀 주는 빛의 구실을 하고 있다고 믿습니다.

1988년 서울 장애자올림픽에서 케니라는 캐나다 출신 젊은이가 있었습니다. 머리와 가슴만 남은 것 같은 장애자였는데, 세상에서 출세하여 부귀영화와 향락을 누릴 수 있는 모든 것을 박탈당했다 해도 과언이 아니었습니다. 하지만 그가 보여준 인생은 참으로 값진 것이었습니다. 그는 신체적으로 불행한 처지임에도 불구하고 남을 위해 기쁘게 봉사하였습니다. 그가 한국에 온 것은 금메달을 따기 위해서가 아니라 장애자들에게 희망과 용기를 불어넣어 주기 위해서였습니다.

이 얼마나 아름다운 마음씨입니까? 그의 인생은 비록 육신의 거의 모든 것을 잃어도 생명이 있고 의식이 있는 한 값지게 살 수 있는 무엇이 있다는 것을 극명하게 보여 주었습니다.

당시 많은 장애자들은 팔다리가 불구라든지 소경, 귀머거리, 앉은뱅이일지라도 또 뇌성마비가 되어도 인간으로서 살 수 있고 살아야 하는 존귀한 무엇이 있다는 것을 자신들의 삶 자체를 통해서 우리들에게 증명하여 주었습니다. 그때, 나는 장애자올림픽의 성화는 우리가 그들을 위해 밝힌 ‘사랑의 등불’이라기보다 장애자들이 우리를 위해서 인생의 참된 삶이 어디 있는지를 밝혀 주는 거룩한 ‘사랑의 횃불’이라 생각하고 그렇게 말한 일이 있었습니다.

두 다리가 없는 사람인데, 두 다리가 성한 나보다 더 바삐 전국을 돌아

다니면서 불우한 사람들에게 기쁜 소식을 전하는 우총평이란 사람도 그렇습니다. 나는 그의 모습을 볼 때마다 억압으로부터 해방을 알리던 선지자 이사야의 기쁨을 느낄 수 있는 듯합니다. 눈앞에 절망만이 기다리던 시절에 오히려 새로운 인생의 빛을 발한 그의 모습은 우리 교회가 바라는 '형제애의 모습'이라고 할 것입니다.

일곱 번에 걸친 대수술 끝에 잘려 버린 두 다리. 그와 함께 잘려 나간 청춘과 희망. 아무도 돌보아 주는 이가 없어서 혼자 거리를 헤매며 모진 비바람과 눈보라 속에서 노숙해야만 했던 극한의 육체적 고통, 그리고 불구라는 냉대 속에 가슴속으로 앓아야 했던 정신적 고뇌, 꺾여 버린 젊음의 꿈, 떠나 버린 사랑하던 사람, 얼굴 마주치기를 회피하던 옛 시절의 친구들….

이 모든 고통은 인간이 이겨내기에는 너무나 큰 것이었습니다.

주님은 그를 당신의 심부름에 응답할 수 있는 인내와 지고한 인간애를 갖춘 인간으로 단련시킨 듯 합니다. 아무도 돌보는 이가 없는 정신지체아, 불우노인만이 그의 이웃이 되었고 부모에게조차 버림받은 중복 장애아가 어느 날 그의 성을 따서 주민등록에 '우○○'로 기재되는 축복을 받았습니다.

두 다리가 없어서 자신은 아무리 추운 한겨울에도 다리가 시럽지 않고, 날이 궂어도 관절통이 없고, 한여름에는 무좀에 걸릴 일이 전혀 없다며 너스레를 떠는 그는 항시 얼굴에 웃음을 잃지 않고 살아가고 있습니다. "항시 주님을 곁에 모시고 싶습니다"라는 제자의 말에, 주님은 "네 이웃의 고통받고 버림받은 자가 바로 나로다" 하며 자신을 드러냈지만, 아직도 고통 속에 이웃을 외면하는 오늘의 우리들에게 그는 주님의 진정한 심부름꾼이라 하지 않을 수 없습니다. 참으로 감내할 수 없었던 고통의 심연 속에서 눈부신 아름다움을 발하는 그의 용기와 불굴의 정신은 우리들의 귀감, 바로 그 자체인 것입니다.

보잘것없는 존재를 사랑하면

이러한 예는 특이한 경우일지 모르겠습니다. 그러나 믿음 속에 자신의 삶이 불행하고 고통스러운 것일지라도 있는 그대로 받아들이고 살아가는 사람들, 즉 하느님과의 일치 또는 그리스도와의 일치 속에 사는 사람들의 아름다운 모습을 전하고 있음은 분명합니다.

그리스도와 일치된 삶은 흔히 성인전(聖人傳)에서 읽는 것과 같이 특정한 사람들에게만 가능한 것이 아니라 약한 자, 병자에게도 가능하고 우리 모두에게도 가능합니다. 뿐더러, 그리스도와의 일치만이 어떤 불행한 처지에 놓여 있든 인간을 참으로 인간답게, 아름답게, 빛나게 살 수 있게 해줍니다. 만일 하느님이 계시면 그 하느님은 쓰레기 같은 존재까지 다시 값지게 만드는 분이어야 합니다. 하느님 앞에서 쓸모 없고 가치 없는 존재는 아무도 없습니다.

왜 인간에게는 이러한 일치가 필요하게 되었습니까? 사람에게 있어서 가장 필요한 것은 역시 인정과 사랑입니다. 누구로부터 인정받고 사랑받는 것이 인간에게 가장 필요합니다. 만일 어느 누구로부터도 이것을 받지 못한다면, 인간은 그 고통을 도저히 이겨낼 수 없습니다. 삐뚤어지고 더 심하면 미치든지, 아니면 절망하여 자살까지도 불사하게 될 것입니다. 그런데 우리는 과연 이 인정과 사랑을 항상 기대할 수 있습니까? 보통 인간의 사랑이란 얄팍합니다. 우리는 흔히 자기 마음에 드는 사람을 사랑합니다. 인물이나 성품이 좋다든지, 자기에게 잘해 준다든지 할 때입니다. 그러나 인간은 늘 인물이 고울 수 없고 착한 성품일 수 없을 뿐더러, 건강한 이도 병들 수 있고 젊은 사람도 언젠가는 늙습니다.

우리말에 '3년 병에 효자 없다'는 말이 있습니다. 아무리 효자라도 3년씩이나 아버지 또는 어머니가 병을 앓게 되면 효성을 다할 수 없다는 말입니다. 이 말은 결국 병상의 부모를 소홀히 하기 쉽고 마음으로는 빨리 돌아가셨으면 하는 심리까지도 있다는 것을 뜻합니다.

이것은 이해할 만합니다. 누구도 그럴 것입니다. 그러나 병자 본인의 입장으로 볼 때에는 슬픈 일이 아닐 수 없습니다. 인간이 가장 사랑이 필요할 때는 바로 이럴 때입니다. 보잘것없는 존재, 쓸모 없는 존재가 되었을 때, 무엇보다도 사랑이 필요합니다. 하지만 인간의 사랑은 바로 그런 때에 물러서고 맙니다.

예수님이 "내가 굶주렸을 때에 먹을 것을 주었고, 내가 목말랐을 때에 마실 것을 주었으며, 내가 병들었을 때에 찾아 주었다"고 하면서 "가장 보잘것없는 형제 하나에게 해준 것이 곧 나에게 해준 것"이라고 한 말씀은 바로 이런 때를 두고 한 말씀같이 생각됩니다. 우리는 누구나 자신이 바로 그런 상태에 언젠가는 놓일 수 있다는 것을 알아야 합니다. 나는 사랑의 돌봄이 가장 필요한 그때, 곧 인간으로부터 사랑을 기대할 수 없는 상태에서 나를 버리지 않는 사랑은 반드시 있어야 한다고 믿습니다. 이런 경우의 사랑은 인간의 사랑이 아닙니다. 그것은 그리스도의 사랑이요 하느님의 사랑입니다.

나의 형님 김동한 신부

나는 신부님들 중에서 돌아가신 후 장례 때 많은 사람들이 우는 경우가 어느 때인가를 여러 번 보았습니다. 가장 많이 우는 경우는 아주 젊은 나이에 한참 일하다가 갑자기 죽었을 때이고, 그 외에는 아는 신자가 많을 때입니다. 그러나 은퇴사제인 경우에는 은퇴해서 신자들과 접촉이 많지 않았으면 별로 없습니다.

한 번은 풍운아처럼 세계를 두루 다니며 많은 풍랑을 겪으신 신부님이 귀국하여 돌아가셨는데, 그 장례식에서 우는 분들이 많았습니다. 수녀원을 창립하신 분이어서, 내가 좀 애조 섞인 말로 추모강론을 했더니 수녀님들이 그렇게 우는 것이었습니다. 그때부터 나는 신부로서 죽고 난 다음에 장례 때 울어 주는 사람이 많기 위해서는 '수녀원을 세워야 한다'고 농담을 한 일이 있습니다. 그러나 가장 확실한 것은 사랑의 일을 하는 것입니다. 많이 사랑할수록 많은 이들의 가슴속에 살아 있게 되고 결국 기리는 이들이 많을 것입니다. 나의 형님이 참 행복하다는 생각이 드는 것도 이런 이유에서입니다. 적어도 한국의 주교, 신부들 중에서 가시고 난 후에 해마다 그 기일을 기념하여 미사를 봉헌하는 일은 형님밖에 없습니다.

왜 그런가 생각해 보았는데, 여러 가지 이유가 있겠지만 가장 중요한 이유는 가난하고 병든 이들을 사랑하였다는 일 때문일 것입니다. 그래서 언젠가 복지사업에 종사하는 것이 제일 좋은 일이다. 노후에도 좋고 죽은 다음에도 좋다는 이야기를 한 적도 있습니다.

'아이고, 추기경님!' 소리에 당황한 형님

참으로 형님은 많은 이들을 위하여 이 사랑을 살다가 가신 분입니다. 그래서인지 이 세상에서 내 마음에 가장 큰 빈자리를 남겨 두고 가신 분이기도 합니다. 그만큼 형님은 나를 사랑했고 나는 형님의 부음을 듣고는 어찌할 바를 몰랐습니다.

16년 전인 1983년 9월 28일, 로마에서 열리는 세계주교대의원회의 참석차 서울을 떠나 로마에 도착하였습니다. 마중 나온 장익 신부와 함께 바티칸 근처에 있는 중국집에서 저녁 식사를 막 마쳤을 때입니다. 장 신부는 평소보다 더 어려워하는 자세로 머뭇거리더니 "말씀드리기 송구스럽습니다" 하고 말문을 무겁게 열었습니다. 그리고는 "오늘 서울에서 형님 신부님이 별세하셨다는 소식을 접했다"고 전하였습니다.

나는 그 전갈에 무슨 말로 어떻게 반응을 일으켰는지는 기억이 나지 않습니다. 확실한 것은 그 말을 듣는 순간, 가슴이 푹 파였다는 것입니다. 장 신부는 식사나 제대로 할 수 있도록 배려해 주었던 것 같은데, 식사

기억하고 싶은 얼굴들 | 69

전에 비행기에서 내리자마자 그 소식을 들었더라면 육신마저 허기질 뻔하였습니다.

형님과 나는 같은 성직의 길을 걸으면서도 평소 자주 만나는 편은 아니었습니다. 형님은 동생이지만 추기경인 나를 아끼는 마음에서 되도록 만나는 것을 피한 편이었습니다. 어떤 해에는 한두 번 스쳐 지나가듯이 만나면 잘 만난 셈이기도 하였습니다.

우리는 세 살 터울입니다. 그러나 형님이 초등학교 4학년을 마치고 신학교에 갈 때까지는 떨어져 본 일이 없다 싶을 만큼 형제요 동무였습니다. 나도 형님 따라 2년 후에 신학교에 갔는데, 학교에서는 먼발치에서 봤고 방학 때에는 언제나 함께 지냈습니다.

내가 일제 시대 때 일본 상지대학에 다니다가 학병에 끌려간 때에는 부산 부두에서 전쟁터에 가면 죽을 위험도 없지 않아서인지 형님은 내 손을 잡고 사나이 눈물을 줄줄 흘렸습니다. 나는 눈물로 일그러진 형님 얼굴을 볼 수 없어서 빨리 배에 올랐습니다. 그후, 전쟁이 끝나고 1946년 12월 늦게 귀국선을 타고 저녁 때 부산 부두에 내렸으나 누구도 아는 이가 없고 성당에 가면 그 동안 여러 날 굶은 처지에 무언가 도움을 받을 것 같아서 범일동 성당을 찾아갔더니 뜻밖에도 거기 보좌신부로 있는 형님을 만났습니다. 생사를 점칠 수 없는 처지에서 헤어진 지 3년여 만에 살아서 다시 만나는 기쁨을 우리는 둘이서 손을 마주잡고 표현할 줄을 몰랐었습니다.

그 뒤, 나는 신학교 시절 방학이 되면 대부분 형님이 신부로 있는 본당에서 지냈습니다. 형님은 내게는 이름 그대로 형이요, 모든 것을 아낌없이 주는 편이었습니다. 물론 내가 형님을 위하는 것보다 형님이 나를 더 사랑하였습니다.

이런 일도 있었습니다. 형님은 6·25사변 동안 해군 군종신부로 입대하여 5~6년 봉사하고 중령으로 제대한 후 미국에 가서 여러 해 교육학을 전공하였습니다. 학위를 얻고 귀국하면서 여행 때 가입한 생명보험증을 당시 독일에서 공부하고 있던 내게 보냈습니다. 나는 난데없이 형님의 생명보험증이 날아와서 잠시 영문을 몰라 하였습니다. 한참 만에 그것이 무엇인지를 알고 당신 신상에 어떤 변고가 생기면 내게 모든 것을 맡기고 싶은 형님의 심경을 느낄 수 있었습니다. 형님은 다행히도 아무 일 없이 무사히 귀국하였습니다.

인물은 역시 형님이 훨씬 잘났습니다. 그러나 형제는 형제이어서 어딘지 서로 닮은 데가 있었습니다. 사람들은 형님인 줄 알고 내게 인사하는 경우가 있었고 나인 줄 알고 형님에게 인사하는 사람들이 심심찮게 있었다고 합니다. "아이고, 추기경님!" 하고 거리에서나 기차 안에서나 인사하면 그 소리에 여러 사람의 시선도 모아져 있는지라 형님은 가끔 당황했다고 하였습니다.

얼굴은 닮았다고 하는데, 마음은 형님이 훨씬 착하였습니다. 무엇보다도 인정이 많았습니다. 모든 이에게 다정했고, 모든 이를 사랑하였습니다. 특히 가난한 이, 약한 이, 병든 이를 사랑하였습니다.

선한 '어리석음'이 약점?

형님이 대구 결핵요양원을 맡게 된 데에는 당신 자신이 당뇨병의 합병증으로 결핵을 앓아 얼마동안 마산 국립요양원에서 치료를 받는 등 고생한 사연도 있었지만, 어려운 처지에 있는 사람을 돕지 않고서는 배기지 못하는 타고난 선한 인정에서였습니다.

기억하고 싶은 얼굴들 | 71

특히 마산 요양원에 있을 때 가난한 환우(患友)들의 딱한 사정을 옆에서 지켜보면서 불우한 결핵환자들을 돕는 요양원을 하겠다는 결심을 굳게 했던 것 같습니다. 뿐더러 스스로 그들의 고통을 나누는 벗이 되고 형제 되고자 하였습니다. 그들을 위해서는 어떤 계산도 필요 없고, 앞뒤를 가리지 않고 열정적으로 뛰어들었습니다.

형님이 결핵요양원을 인수했을 때에는 교회 내에서 사회복지 분야에 대한 인식이 대단히 미미했을 때였습니다. 그것도 잘 되어 가는 시설이 아니라 경영 부실로 빚도 지고 기울어져 가는 시설이었습니다. 당시로서는 그런 요양원을 맡아 운영한다는 것 자체가 무모한 일처럼 생각되었습니다. 사실 형님은 이런 말을 교회 내 어른이나 친지 등 여러 사람으로부터 들었을 줄로 압니다. 뿐더러 어떤 이는 결국은 실패하여 교회에 짐으로만 남게 되지 않나 하는 염려도 하였습니다. 나 역시 그렇게 되지는 않아야 할 텐데 하는 염려를 하였습니다.

형님이 결핵요양원을 운영한다는 것은 물심양면으로 보통 힘든 일이 아니었습니다. 명실공히 고군분투였습니다. 그러나 형님은 그 모든 의구와 불신에도 불구하고 당신의 전 존재를 그 일에 내던지다시피 하였습니다. 오직 가난한 환자들을 병고에서 구하고 인간으로서 떳떳하게 사회 안에서 살 수 있게 하자는 일념에서였습니다.

언젠가, 나는 요양원에 들러 요양원 확장을 비롯하여 퇴원을 해도 오갈 데 없는 이들을 위한 정착지 마련 등 장래 계획을 들으면서 지병으로 고생하는데 너무 무모하게 일을 벌이는 것은 아닌지 걱정되어, 수용 환자의 숫자를 조절할 필요성에 대해 조언을 드린 일이 있었습니다. 그때 형님은 오갈 데 없을 뿐더러 그대로 두면 죽을 수밖에 없는 중환자가 문 앞에 찾아와서 받아 달라고 애걸하는데 어떻게 돌려보낼 수 있느냐고 하

72

였습니다. 환자 수가 늘어나는 것은 당신이 환자를 덮어놓고 받아서가 아니라 환자들이 여기밖에 갈 데가 없다고 찾아오기 때문이라는 것입니다. 형님의 마음씨로는 어려운 처지에 놓인 환자가 있다면 스스로 가서 데려오기도 하는 분이었습니다.

형님의 약점은 바로 이 마음 착함에 있었습니다. 마음이 착하다 보니 남의 사정을 다 들어주어야 하고, 그러다 보니 때로는 너무 믿어서 속기도 하였습니다. 요양원 사업에서도 꿈은 큰데 계획과정부터 차질을 가져오는 경우가 있었고, 바로 이런 선한 '어리석음' 때문에 교회 장상이나 주변 친지로부터 진짜 어리석은 사람으로 오해를 받고 소외당하는 시련을 겪기도 하였습니다.

참으로 형님이 도움의 손길이 필요할 때, 또 객관적으로 도움 없이는 성사될 수 없을 때, 형님은 주변의 무관심과 냉대 속에 소외되고 혼자 내버려져 있었던 때가 적지 않았습니다. 아마도 형님은 그럴 때마다 묵주알을 굴리며 홀로 성모님에게 의지하며 하느님 앞에 서 있었을 것입니다. 물론 형님의 일을 돕는 이들이 있었습니다. 음으로 양으로 돕는 아름다운 마음씨의 주인공들이 시작부터 있었고 날로 늘어났습니다. 이들은 작은 사람들이었습니다. 겨자씨처럼 눈에 뜨이지 않는, 그러나 하느님 나라를 위해 무언가 하고자 하는 사람들이었습니다. 후원 조직인 '밀알회'는 이런 분들로부터 탄생하게 된 것입니다.

형님은 환우들의 치유와 인간 구원에 헌신하면서 이를 돕는 밀알회 회원 모집을 위해 동분서주했는데, 이 때문에 지병인 당뇨병은 악화될 수밖에 없었습니다. 여러 가지 치료도 해보았으나 별로 효과가 없었습니다. 돌아가신 해에는 발과 다리의 상처가 낫지 않고 날로 악화되어 대구 가톨릭병원에 여러 달 입원해야 했고, 나중에는 내가 내려가서 직접 강

기억하고 싶은 얼굴들 | 73

남 성모병원에 입원시켰습니다. 정형외과 선생님은 이미 썩어 가는 부위
는 절단할 수밖에 다른 방법이 없다고 하였습니다.

나눌수록 많아지는 사랑의 밀알

서울로 모셔 온 지 1주일쯤 후, 나는 다음날 로마에 가야 하기 때문에
병원에 들러 다녀오겠다는 인사를 드렸습니다. 그러나 미련스럽게도 그
것이 이승에서 마지막 하직 인사가 되리라는 것에는 생각이 미치지 못하
였습니다. 단지 나 없는 동안에 다리 절단이라는 큰 수술을 받아야 하고,
또 들자니 당뇨인 경우에는 지혈이 잘 안 될 수 있고 그럴 때엔 절단 부
위도 다리 끝까지 높여야 한다는데, 참을성 많은 형님이지만 그것이 얼
마나 고통스러울까 하고 생각했었습니다. 하지만 그때 대구에서부터 형
님의 간병을 맡은 이들이 친아버지를 대하듯이 잘해 드리고 있어서 다소
안심이 되었습니다. 그들의 그때 모습은 내 눈에는 천사와 같이 비치었
습니다.

나는 로마에서 부음(訃音)을 듣고 난 다음, 한 달 동안 회의에 참석하고
있으면서도 마음의 공허를 메울 수 없었습니다. 그래서 주소를 아는 대
로 형님을 잘 아는 이들에게 긴 편지를 썼습니다. 형님 부음을 알리는 뜻
도 있었지만 내 마음을 달래기 위해서였습니다.

귀국하자 즉시 대구로 내려가 주교관 경내에 있는 묘소에 갔습니다.
소박한 분묘 앞에는 작은 나무 십자가가 꽂혀 있었고, '고 김동한 가롤로
신부 묘'라고 써 있었습니다. 처음으로 나는 형님의 죽음을 현실로 받아
들일 수밖에 없었습니다. 많은 분들이 성묘 시간을 알고 나와 주셨고 준
비도 되어 있었기 때문에 형님을 위한 미사를 봉헌하였습니다.

74

요양원에 들러 형님이 사시던 방, 내가 때때로 방문하면 형님이 내게 내놓으신 그 방에 들렀습니다. 방은 텅 비어 있었습니다. 내 마음의 빈자리도 더욱 깊이 파였습니다. 그날 밤, 나는 그 방에 머물면서 이제 이 세상에서는 아무리 불러도 형님을 다시 만날 수 없다는 것을 아프게 시인할 수밖에 없었습니다. 하지만 영적(靈的)으로는 오히려 더 가까이 함께 있다는 생각도 들었습니다.

형님은 당신 스스로 땅에 떨어져 썩으면 많은 열매를 맺는 그 밀알이 되었습니다. 나누면 나눌수록 많아지는 그 사랑의 밀알이 된 것입니다. 나는 형님이 "벗을 위하여 자기 목숨을 바치는 것보다 더 큰사랑은 없다" 라고 주님이 말씀하신 그 사랑을 살고자 노력하다 가신 분이라고 믿고 있습니다.

안중근 의사의 참신앙

안중근 의사를 떠올리면, 먼저 일제 치하의 당시 한국 교회를 대표하던 어른들이 안중근 의사의 의거에 대해 바른 판단을 내리지 못하고 그릇된 판단을 내림으로써 여러 가지 과오를 범한 데 대해, 나를 비롯한 우리 모두가 연대적 책임감을 느끼게 됩니다. 또한 일제 당시의 제도교회가 올바르게 하느님의 백성을 인도했다고 보기 힘든, 한국 사람으로서는 도저히 이해할 수 없는 친일적인 행위가 있었음을 한국 가톨릭교회를 대표하는 한 사람으로 마음 아파합니다.

이 모든 과오에 대해서 교회를 대표하는 한 사람으로서, 사과를 하라면 사과할 것이며 속죄를 해야 된다면 속죄로 해결하겠습니다. 그러나 이것만으로 문제 해결이 만족스럽다고 생각하지는 않습니다. 그리스도 신비체 안에서 모든 그리스도인은 과거나 현재나 한몸을 이루고 있습니다. 그분의 지체인 지역교회가 잘못한 것이 있다면 역사를 통해 그 과오를 분명히 밝혀야 합니다. 그리고 싫든 좋든, 지고 온 과거의 짐을 청산하는 자리가 앞으로 더 많이 주어져 우리 모두 흔쾌히 참회할 수 있는 시간이 있기를 기대합니다.

안중근 의사의 실천신앙

우리가 안중근 의사의 삶을 보면서 느끼는 것은 그리스도 신자로서 이 땅의 복음화와 하느님 나라의 임하심을 위해, 또한 우리 민족의 자존(自尊)과 국권 수호를 위해, 이웃사랑과 정의 실현, 동양의 평화, 나아가 세계평화를 위해 자신의 전 존재를 자신의 목숨까지 아낌없이 바친 분이라는 사실입니다. 그것은 애국애족심과 하느님에 대한 믿음, 이웃에 대한 사랑 때문이었습니다.

이분이 살았던 시대는 민족사에 있어서 격동의 시대였습니다. 나라의 운명은 외세 열강의 침략에 의해 풍전등화와 같았으며, 관리들의 부정부패는 민중의 생존권마저 위협하고 있었습니다. 또한 교회사적으로도 중요한 시대였습니다. 수많은 순교자들의 피로 점철되던 박해 시대가 끝나고 신앙과 선교활동의 자유를 획득하던 시기였으며, 지하에 숨어 있던 교회가 지상교회로 새롭게 건설되던 시대였습니다.

이런 상황에서, 이분은 나라를 위해, 교회를 위해 자신의 모든 것을 남김없이 바쳤습니다. 세례를 받은 직후부터 여러 지역을 순회하면서 전도강연을 하였는데, 정열적인 전교 활동과 논리정연한 교리 강론을 통해 다른 지역보다 늦게 복음이 전파되기 시작한 황해도 지역에 신앙의 불꽃이 일어나도록 하는 데 크게 기여했습니다. 그리하여 이분이 부친(안태훈)과 함께 개척한 청계동 공소는 황해도 내에서 두 번째의 본당으로 설정

기억하고 싶은 얼굴들 | 77

되었으며, 본당 설정 후 불과 2년 만에 25개 공소에 1천4백여 명의 신자라는 경이적인 전교 성과를 가져왔습니다.

민족복음화에 불타는 열정과 단 한 명의 영혼이라도 하느님의 품으로 이끌겠다는 애덕정신은 독립전쟁 중에도 그대로 계속되었습니다. 위기에 처했을 때에는 동료들에게 교리를 설명하고 세례를 베풀었으며, 순국하기 직전에는 자신의 변호를 맡았던 일본인 변호사에게 가톨릭 신앙을 가질 것을 유언으로 남기기까지 하였습니다.

정의구현 활동에도 적극적으로 투신하였습니다. 교리 강연을 할 때에는 인간의 존엄성을 가장 먼저 말씀할 정도로 인권과 사회정의에 대해 투철한 의식을 갖고 있었습니다. 또 부정부패와 불의에 대항하여 끝까지 투쟁했으며, 부당하게 인권을 침해당하는 억눌리고 소외된 사람들을 위해서는 수백 리 길을 멀다 하지 않고 뛰어 다니면서 그들의 권익을 되찾아 주고자 활동하였습니다.

이밖에 두 곳에 학교를 설립하여 민중을 교육하는 한편, 국채상환 운동과 식산진흥(殖産振興) 운동을 전개함으로써 애국애족 정신을 몸소 실천하였습니다. 이런 민권수호 활동과 애국계몽 운동은 물론 그리스도교적인 사랑과 정의에 바탕을 둔 것이었습니다.

평화의 실현을 위해서도 자신의 모든 것을 바쳤습니다. 의거 후, 심문 과정과 재판 과정을 통해 누누이 밝힌 바와 같이, 세계 열강들이 자기 나라의 이익을 위해 제국주의적인 팽창을 시도하는 국제질서 속에서 어떻게 하면 동양의 평화, 더 나아가 세계 평화를 이룰 수 있을 것인가를 고민하고 모색하였습니다. 그러한 고민과 노력은 비록 완성되지는 못했지만, 옥중에서 집필한 『동양평화론』으로 남아 있습니다.

한편, 이분은 인간에 대한 신뢰를 포기하지 않는 분이었습니다. 의병

독립군부대의 위치와 전력이 노출될 위험이 있음에도 불구하고 일본인 포로들을 무기까지 내주어 석방했으며, 여기에 반대하는 동료들에게 "우리가 싸우는 것은 우리 나라의 자주독립을 위해서이지, 결코 일본인을 모조리 죽이는 것은 아니다"라고 말했다 합니다.

또 자신의 마지막 유고(遺稿)인 『동양평화론』을 탈고할 때까지는 사형 집행을 연기하겠다는 일본의 약속을 믿고 공소권마저 포기하였습니다. 인간에 대한 그분의 신뢰는 이처럼 참으로 숭고한 것이었습니다.

총알에 십자가 새기고

무엇보다도 이분의 삶은 크리스찬 생활의 모범이었습니다. 하느님 백성으로서의 소명 실천에 투철하였을 뿐 아니라 기도 생활과 수덕 생활에도 철저했던 분이었습니다.

독립전쟁을 수행하면서도 하루도 빠짐없이 기도했고, 우리 나라와 민족의 존엄을 박탈한 적장 이등박문을 제거할 때에도 어디까지나 개인적인 미움이 아니고 나라와 민족의 유린된 존엄성과 자유를 위한 의거로서 행하였습니다. 그리하여 자신의 의거가 성공하도록 총알에 십자가를 새기고 기도할 정도로 삶 전체를 기도로 바친 분이었습니다.

또 장남을 성직자로 키워 달라는 유언을 가족에게 남겼으며, 성직자들에게는 민족복음화를 위한 배전의 노력을 당부했고, 일본 당국에 대해서는 기왕 자신을 처형코자 한다면 예수님이 수난하신 성 금요일에 처형해 달라고 부탁하였습니다. 그만큼 가톨릭 신앙은 이분의 인생관, 사회관, 국가관에 영향을 미쳤습니다.

참으로 이분은 자신의 생애를 그리스도의 생애와 일치시키고자 하였던 분이었습니다. 흔히 우리는 신자들의 생활에서 신앙과 현실 생활의 괴리를 많이 보게 됩니다. 신자로서 주일날 성당에 나올 때나 사업가로 서 또는 정치인으로서의 활동 사이에서 조화를 찾지 못하는 경우를 많이 봅니다. 특히 정치하는 분들이 정치나 경제에 대한 교회의 가르침, 인간 존엄성과 사회정의에 대한 가르침을 잘 알고 정치인으로서 실천에 옮기 려고 노력한다면 좋은 성과를 많이 얻을 수 있을 터인데, 그런 인식을 가 진 분을 보기가 대단히 힘듭니다.

안중근 의사는 애국계몽 운동과 국권회복 운동의 선구자였을 뿐만 아 니라 하느님 나라의 건설을 위해 투신했던 평신도 사도직 활동의 모범자 였습니다. 이분은 이 땅에 하느님의 사랑과 정의와 평화를 실현코자 했 고, 그러한 뜻과 열정이 민족복음화를 위한 전교 활동과 민권수호 활동, 애국계몽 운동과 국권회복 운동으로 나타났던 것입니다. 그러기에 우리 는 나라와 민족을 위한 이분의 활동에는 하느님 백성의 일원으로서의 투 철한 신앙이 밑받침되고 있었음을 믿고 있습니다.

그럼에도 불구하고 교회에서는 그 동안 이분의 신앙이나 영성에 관해 별로 관심을 갖지 않았던 것이 사실입니다. 따라서 신자들 사이에는 이 분이 가톨릭 신자였다는 사실마저 알지 못하는 경우가 많았습니다. 우리 교회가 이분을 올바르게 평가하지 못했던 것은 이분의 의거행위가 '살 인은 불가하다'는 가톨릭 교리와 상치된다고 생각했기 때문이었습니다. 때문에 일부에서는 그의 신앙과 민족운동이 서로 모순되는 것처럼 인식 하기도 했던 것입니다.

그러나 오늘날 국내외 학계에서는 안중근 의사의 의병운동을 독립전 쟁으로 규정하고 있는 것으로 알고 있습니다. 또한 이등박문을 저격한 것은 독립전쟁의 한 전략이었던 것으로 평가하는 것으로 알고 있습니다.

이분도 심문 과정과 재판 과정을 통해 분명하게 말씀한 바가 있습니다. 자신의 의거는 나라와 민족을 지켜야 할 '대한의군 참모중장'이란 군인의 신분으로 독립전쟁을 수행하는 과정에서 행한 전투행위였음을 논리적으로 설명했던 것입니다.

분리될 수 없는 신앙심과 조국애

제2차 바티칸 공의회 문헌에는 "국제관계에는 자연법과 함께 불변의 가치를 지닌 보편적 윤리가 있고, 그것은 전쟁시에도 존중되어야 한다"는 뜻의 말씀이 있습니다. 상대방의 주권을 존중하고 인간의 모든 기본권을 수호하는 것 등입니다. "따라서 이런 원리를 고의로 위반하는 행동과 그 행동을 종용하는 명령은 범죄행위가 아닐 수 없으며, 맹목적 복종이 이런 명령을 추종하는 사람들에게 변명이 될 수 없다"라고 하였습니다. 이어서, 이렇게 악랄한 행위 중에는 무엇보다도 먼저 "계획적으로 국민 전체가 국가나 소수의 이민족을 전멸하는 행위를 들어야 하며, 이것은 무서운 범죄행위로 철저히 규탄되어야 한다. 반대로 이런 범죄를 명령하는 사람들에게 드러나게 반항하기를 두려워하지 않는 사람들의 용기는 찬사를 받을 만합니다."

이 대목은 특히 2차대전중 나치가 자행한 여러 나라의 침범, 다른 나라의 통폐합, 유태인 대학살을 특별히 염두에 두고 있다고 생각합니다. 이런 경우에는 독일 군인일지라도 총통인 히틀러의 명령에 저항했을 때의 그 용기는 찬사를 받을 만하다는 뜻입니다. 결코 군인이기 때문에 명령에 복종할 수밖에 없었다는 변명은 성립되지 않는다는 것입니다.

이것은 교리적으로도 충분히 뒷받침됩니다. 당시 우리 나라는 일본의

기억하고 싶은 얼굴들 | 81

무력 침략 앞에 민족의 존엄을 상실하고 국권도 잃어 가고 있었습니다. 나라를 구하는 힘이 임금이나 정부에는 없었고 오히려 조정은 친일세력이 권력을 잡고 있으면서 나라를 팔아 넘길 위험 앞에 있었습니다. 이럴 때에 나라를 지키는 의무는 자연히 민족공동체 성원 모두에게 있는 것입니다. 이 땅의 국민이라면 누구나 목숨을 바쳐 이 의무를 다해야 하는 상황이었습니다.

당시의 상황에서 나라를 지키는 길로써 평화적 방법은 완전히 막혀 있었습니다. 1907년 헤이그에 밀사를 보내어 열강에게 조선의 독립을 호소하려 했으나 실패하였습니다. 나라 안에서 실권을 잡고 있는 일제는 「신문지법」「보안법」 등을 만들어 언론·출판에 대한 탄압을 가중시켰고 집회·결사의 자유를 억압하였습니다. 심지어 나라를 지키기 위한 대한제국 군대까지 해산시켰습니다.

이럴 때, 국민이 나라를 지키는 의무를 효율적으로 하기 위해서는 해외로 나가서 군대를 조직하여 일제와 맞설 수밖에 없었습니다. 안중근 의사가 간 길이 바로 이 길이었습니다. 그렇다면 대한제국 말기에 일제의 무력침략 앞에 풍전등화와 같았던 나라를 지키기 위해 이 땅의 국민들이 자구책으로 한 모든 행위는 '정당방위, 의거'로 보아야 합니다. 그러기에 나라와 민족을 위해 의병을 일으켜 일본군과 맞서 싸우고 일제 침략의 괴수인 이등박문의 제거를 국권회복을 위한 전쟁 수행에 있어서 필요한 전술전략으로 보고 이를 감행한 것 역시 타당했다고 보아야 할 것입니다.

신앙심과 조국애는 결코 분리될 수 없습니다. 때문에 교회는 국가가 위기에 처했을 때에는 국가 보위를 위해 투신할 것을 권장하고 있고, 국가 방위를 위한 전투중에 발생한 살상행위에 대해서는 단죄하지 않고 있습니다.

안중근 의사는 조국애를 실천한 독립운동의 선구자입니다. 우리가 이분의 신앙과 삶을 살피고 추모하는 것도 그 삶이 숭고했으며, 그 신앙과 민족운동이 우리에게 큰 귀감이 되고 있기 때문입니다.

우리는 이분이 가톨릭 신자였다는 사실을 강조하는 것만으로, 또한 의거가 가톨릭 신앙과 상치되지 않는다는 것을 말하는 것만으로 그쳐서는 안 될 것입니다. 이분이 갖고 있었던 불타는 신앙과 조국애를 본받기 위해, 그리고 하느님 나라의 건설을 위해 자신의 모든 것을 아낌없이 바친 숭고한 정신을 계승하기 위해 노력해야 합니다.

교황과의 인연

교황은 지상에서 그리스도의 대리자입니다. 따라서 그리스도를 닮아 최고의 목자로서 가장 높은 분이면서 또한 그 때문에 제일 낮은 자와 같이 양들을 위해 목숨까지 내놓는 분입니다. 인류 세계 안에서 가장 무거운 십자가를 지고 가는 분입니다. 바로 그 때문에 우리를 사랑하신 나머지 기막힌 고독 속에 당신 스스로는 죽어야 하는 분입니다.

나는 평소에도 이 점을 느끼고 있었지만, 특히 1978년 두 분의 교황 장례식과 선거에 참석함으로써 더욱 깊이 느꼈습니다.

교황 바오로 6세의 소박한 장례

1978년 8월 6일 교황 바오로 6세의 서거를 맞이하여 장례식에 참석하고, 계속해서 있은 새 교황 선거회의에 참석한 것은 처음 경험한 것이었습니다. 지금도 기억이 뚜렷합니다만, 그분의 장례식은 참으로 간소하고 가난한 인간의 장례와도 같이 소박하였습니다. 물론 그분의 유언에 따른 것이었습니다.

관은 송판으로 된 것이어서 소나무광이 보였고 아무런 장식도 없었습니다. 세계 각국에서 국가원수들이 조의를 표명하고 특사를 보냈지만 관 주변에는 한 송이 꽃도 없었습니다. 또 관은 아무런 받침대도 없이 그냥 땅 위에 놓여졌고, 그 옆에 부활을 상징하는 큰 촛불이 하나 밝혀져 있었습니다. 무덤도 땅 밑에 묻었습니다. 교황 요한 23세의 무덤은 대리석으로 땅 위에 세운 것이고 여전히 꽃도 많고 촛불이 밝혀져 있었지만, 이분의 무덤은 큰 대리석으로 덮고 다만 '교황 바오로 6세'라고만 쓰여져 있었습니다.

나는 그 자리에서 그분이 당신의 장례를 간소하게 해주도록 유언으로 당부하신 뜻이 어디에 있는가를 깊이 느꼈습니다. 그분은 우리의 현존, 우리의 삶, 우리가 가진 모든 것의 주인이신 하느님 앞에서 인간은 그 자체가 가난하다는 것을, 그리고 하느님의 자비와 사랑 없이, 하느님의 생명과 빛을 받지 않고서 인간은 그 자체가 '허무'나 다름없다는 것을 스스로 깊이 깨달은 것이 아닌가 생각하였습니다. 그분의 유언이 바로 운명하시기 전에 쓴 것이 아니라 이미 여러 해 전에 써둔 것으로 보아서 그분은 늘 자신을 하느님 앞에 가난한 한 인간으로 깊이 인식하면서 살았던 것 같습니다.

생각해 보면, 이것은 진리입니다. 사람이 이 진리를 깨달으면 더 정직하고 삶에 대해서도 더 성실할 수 있지 않을까 생각합니다. 인간은 알게 모르게 많은 가식에 쌓여 있고, 너무나 두꺼운 가면을 쓰고 있습니다. 이것을 깨닫고 자기 본연의 모습을 볼 수 있을 때, 우리는 그때부터 자기의 삶을 살 수 있고 진실된 삶을 살 수 있지 않는가 생각합니다. 오늘날 우리에게 필요한 것은 이런 인간의 순수성이 아닌가 싶습니다. 특히 물질의 고도성장 속에서 돈이나 권력이 모든 가치를 지배해 가고 인간성이 상실되어 가는 이 시대에 우리가 사람답게 살기 위해서는 인간성을 보다 순수하게 지켜야 하지 않겠는가 하고 생각하게 됩니다.

새 교황의 선출 과정에서도 이와 관련된 생각을 많이 했고 또 느꼈습니다. 당시 서구 신문들은 교황 선거에 대해 큰 관심을 나타냈습니다. 그래서 교황으로 물망에 오르고 있다는 사람들의 프로필을 신문마다 소개하고 영국 도박사들은 돈을 걸기까지 하였습니다.

마음이 가난한 사람을 찾았더니

그러나 교황은 이들 도박사들의 점치기나 언론이 내다본 유망주가 아닌, 전혀 예상 밖의 분이었습니다. 언론이나 일반 상식으로 볼 때에는 하나의 이변(異變)이었는지 모르겠습니다. 물론 요한 바오로 1세가 교황으로 선출된 것은 선거권자인 추기경들이 처음부터 그분을 점찍고 들어간 것이 아니면서도 추기경들에게는 결코 이변이 아니었습니다. 왜냐하면, 언론이나 일부 교회 안팎의 사람들이 생각하는 것과 다른 견해를 지니고 있었기 때문입니다.

언론은 교회의 특수성이나 인류 세계에 대한 정신적·종교적 비중을 감안하면서도 대개 추기경들 중에서 경력, 현 위치, 통치능력, 정치외교 경험, 지식, 현대어 구사능력 등을 갖고서 누구누구가 유력한 후보일 것이라고 봅니다. 그러나 추기경들은 '누가 예수 그리스도를 닮아서 사람을 사랑하는 마음을 더 가졌느냐? 그런 겸손과 자비심으로 인간, 특히 가난한 사람들, 소외된 사람들, 억압받고 있는 사람들에게 위로와 희망을 줄 수 있으며, 진리와 정의와 인간애로서 인간을 구하고 인류평화에 이바지할 수 있느냐?'에 관심을 갖습니다. 한마디로 가난하고 약한 사람들의 벗이 되고 그들의 고통을 알며 그들을 위해서 봉사할 수 있는, 스스로 마음의 가난과 겸손을 지닌 분을 찾았던 것입니다. 순수한 신앙인이면서 순수한 인간적 사랑과 마음의 주인공을 찾는 것입니다.

처음으로 교황 선거회의에 참석한 나 역시 '마음이 가난한 사람'을 찾았습니다. 복음정신에 푹 젖으신 분, 특히 마음으로 가난한 사람, 양들을 위해 목숨도 바칠 만큼 사랑을 가진 목자, 그리고 가난한 사람들의 사정을 잘 아는 분을 원하였습니다. 그러나 회의에 들어갈 때까지 뚜렷하게 인물이 떠오르지 않았습니다. 스스로 마음을 깨끗이 정리해야겠다고 하여 고해성사를 보고 기도했는데, 그때 한 분이 선명하게 떠올랐습니다. 이분이 당선되지는 않았습니다만, 교황 요한 바오로 1세도 한 분을 생각하고 있었는데, 바로 내가 생각했던 사람과 같은 분이었다는 것을 후에 신문에서 읽었습니다.

교황 선거에서는 입후보자도 없고 선거운동도 없습니다. 서로 사적으로 어떤 류(類)의 사람이 좋을 것 같다든지 정도의 이야기는 오갈 수 있지만, 그 이상으로 특정 인물을 지지하는 공적 운동은 금지되어 있습니다. 서로 아는 방법은 선거 하루 전날 배포되는 모든 추기경들의 사진과 이력서뿐입니다.

이처럼 선거회의에서 공개 토론을 한 것도 아닌데, 이심전심으로 서로의 마음이 통한 것은 신앙인의 입장에서 볼 때에는 참으로 하느님의 빛이 우리를 그렇게 밝혀 주었다고 생각합니다. 그래서 묵묵히 기도하면서 투표하는 동안에 새 교황으로 당선된 그분의 모습이 바로 우리들이 찾고

있는 모습임을 마음으로 깨닫게 되었고 거의 일체가 된 투표로써 우리는
그분을 교황으로 뽑았습니다.

바티칸에 쏟아지는 편지

교황 선거를 '콘클라베(conclave)'라고 하는데, 이는 '열쇠를 잠근다'는
'쿰 클라비스(cum clavis)'라는 말에서 비롯되었습니다. 선거가 이루어지
는 바티칸의 시스틴 성당만이 아니고 바티칸 건물 중심부를 외부와 차단
하고 추기경들이 묵는 방의 창문까지 밖으로 나 있는 것은 굳게 잠급니
다. 납도장을 찍은 쇠줄로 묶습니다. 방 배정은 환자와 몸이 불편한 분을
제외하고 제비로 뽑습니다.

먼저 오전에 베드로 대성당에 모여 미사를 추기경단이 공동집전하고
오후에 잠시 쉬었다가 4시경에 '오소서 창조주여!'라는 성가를 부르면
서 행렬을 지어 선거 장소인 시스틴 성당으로 입장하는데, 그 모습은 아
주 감동적입니다. 정말 성령께 빛을 간구하는 모습들이었습니다.

첫날에는 주로 교황선거법을 읽으면서 산책하고 하느님이 이 시대의
교회와 인류 세계를 위해서 적합하다고 생각되는 분을 교황으로 선출하
게 해 달라는 표시의 서약을 기도 드립니다.

그런데 우리들이 회의중일 때, 밖의 신문은 신문대로 교황 물망에 오
르는 이른바 '유망주'에 대해 계속 소개되지만, 여러 갈래의 사람들로부
터 편지도 옵니다. 다음 교황은 이러저러해야 한다고 주장하는 편지들인
데, 특색이 있다면 극우보수는 반공을 언제나 앞세우고 옛 전례의 복귀,
전통교리 고수, 신심 특히 성모신심을 강조하지만 좀 과격한 표현이 많
고 돌아가신 교황을 모독하는 표현도 있습니다. 반대로 진보는 교회가

계속 가톨릭 공의회의 정신과 시대의 표징에 따라 쇄신되어야 한다는 주장을 앞세웁니다. 어느 여자단체에서는 교황명은 '마리아 1세'로, 그리고 루시아 수녀를 추기경에 임명해야 한다고 요구하는 편지를 보내기도 했고, 결혼한 신부들을 사제로 복귀시켜 주도록 요구하기도 하였습니다. 미소를 잃지 않고 희망을 줄 수 있는 교황, 신학과 외교경력, 외국어 잘하는 것도 좋지만 인간미가 풍부한 교황이 더 필요하다는 편지도 있었습니다.

선거 방법은 독특하지 않습니다. 호명하는 대로 기도하면서 제대 앞으로 나아가 모두가 알아들을 수 있게 큰소리로 "나를 심판하실 주 예수 그리스도를 나의 중심으로 삼아 하느님의 판단에 따라 교황으로 선출될 분을 말합니다"라고 말하고, 제대 위에 올라가서 쟁반에 꽃을 놓은 다음에 그것을 그대로 큰 잔에 넣습니다. 선거 내용은 말할 수 없으나, 나는 이미 하느님이 누구를 원하시는지 쉽게 읽을 수 있었습니다.

개표할 때, 검표하는 추기경 중 한 분이 그분의 이름 "루치아니! 루치아니!"를 맑은 소리로 거듭 부를 때, 지금 저 소리가 본인에게는 어떻게 들릴까 상상해 보았습니다. 하느님 소리 같기도 하고 목자 잃은 양들이 가난한 사람들, 소외된 사람들이 그의 이름을 부르며 우리의 목자가 되어 달라고 외치는 소리같이 느껴질 것이라고 생각하였습니다.

재임 33일의 요한 바오로 1세

그런데 이분이 교황위(敎皇位)에 오른 지 불과 한 달 남짓밖에 되지 않았는데, 홀연히 떠나가 큰 충격을 주었습니다. 하느님이 교회에 큰 시련을 주는 것 같아 보였습니다. 그러나 나는 짧은 기간에 두 차례의 교황

기억하고 싶은 얼굴들 | 89

선거회의를 갖게 된 것 역시 하느님의 성령이 교회와 함께 계시고 임하신다고 믿었습니다.

요한 바오로 1세가 당선될 때에는 투표에서 이미 하느님이 누구를 교황으로 원하시는지 그 뜻을 쉽게 읽을 수 있었다고 말할 수 있습니다. 그래서 이분은 선거 당일에 당선되었고, 겸손과 사랑, 소박하고도 자애로운 미소로서 즉시 모든 이의 마음을 사로잡다시피 하였습니다. 비록 재임 기간이 33일밖에 되지 않지만 교황으로서의 사명을 하느님 뜻 속에 완수했다고도 말할 수 있습니다.

특히 교황에 등극할 때 전통적으로 쓰는 삼중관(三重冠)을 쓰지 않고 모든 주교와 전체 교회의 최고 목자를 상징하는 팔리움만을 받음으로써 군주적인 교황의 모습을 탈피하고 목자로서의 모습을 더욱 뚜렷이 부각시켜 주었습니다. 이와 함께 세상에서 그리스도의 교회로서 그리스도처럼 죽기까지 하느님의 뜻에 순종하면서 모든 사람들을 위해 형제적인 사랑으로 봉사하는 교회의 모습을 더욱 뚜렷이 드러냈습니다.

아마도 하느님은 이분으로 하여금 오늘과 내일의 교회상을 복음적인 모습으로 당신 몸으로 밝히는 데 족하다고 보셨는지 모르겠습니다. 그리고 후임자에게 이 정신을 계속 이어나가도록 길을 열어두는데 그 존재의 미가 충분하다고 보셨던 것 같습니다. 그래서인지 요한 바오로 1세는 미소를 지은 채 홀연히 우리 곁을 떠나갔습니다.

이분의 뒤를 이을 새 교황을 선거해야 하는 나는 마음이 무거웠습니다. 그러나 성령께 전적인 믿음을 가지고 다시 선거에 임했습니다. 당시 로마에서는 가신 분에 대한 존경과 사랑이 지극하여, 가신 분을 닮은 분이 선출되기를 원하는 분위기였습니다. 나 자신도 그렇게 생각했지만 대부분의 신자들도 새로 나실 분은 교황 칭호를 '요한 바오로 2세'로 하기

를 원한다는 뜻으로 "우리는 요한 바오로 2세 교황을 원한다!" 라고 바티
칸 근처 벽에 써 붙이기까지 했다고 합니다. 아무튼 우리 추기경들은 신
자들과 세계의 여망만이 아니라 우리 자신의 판단으로서도 누가 되든지,
교황은 요한 23세부터 시작되고 제2차 바티칸 공의회로서 더욱 선명해졌
으며, 바오로 6세가 헌신적으로 노력했고, 요한 바오로 1세가 이어받은
복음적 교회 쇄신의 노선을 무엇보다도 수행해 갈 분을 찾아야 한다고
생각하였습니다.

지금의 내 기억으로는 첫날 하느님과 숨바꼭질을 했던 것 같았습니다.
하느님의 뜻이 여기 있는가 해서 그리로 가보면 막혀 있고, 저기 있는가
해서 저리로 가보면 다시 막히곤 했습니다. 새 교황 선거를 통하여 특히
느낀 것은 우리가 아무리 선의(善意)이지만 인간적인 판단 기준만으로 누
구를 교황으로 선출한다는 것은 실패한다는 것이었습니다.

둘째 날에 개인적인 느낌이었지만, 하느님은 '나의 뜻이 여기 있다'고
암시하는 것 같은 것을 느낄 수 있었습니다. 뚜렷한 것은 아니었지만, 나
는 하느님이 주시는 신호라고 읽었습니다.

그날 저녁, 우리는 하느님이 뽑으시기를 원하는 분을 교황으로 선출했
고, 그분은 세상의 추측과는 전혀 달리 폴란드 출신의 보이티와 추기경
이었습니다. 대부분의 추기경들이 당초에는 크게 관심을 두지 않은 분이
었습니다. 밀라노의 어느 유력자는 17명의 후보자를 놓고 미리 편집을
해두었는데, 이 분은 포함되어 있지 않았다고 합니다.

뿐더러 우리 추기경들은 의도적으로 비(非)이탈리아인을 뽑자고 생각
한 것도 아닙니다. 만일 그것을 처음부터 의도하고 또 그분을 지목하며
나섰더라면, 결과는 오히려 반대였을지 모릅니다. 왜냐하면, 이분의 출
신 국가가 당시 공산치하에 있었고, 그것이 가져올 여러 가지 문제에 대

기억하고 싶은 얼굴들 | 91

한 답이 분명치 않았기 때문에 우리는 이분을 선출하는 데 주저했을지 모른다는 것입니다.

그러나 하느님은 비이탈리아인 보이티와 추기경을 베드로의 후계자로 원하였습니다. 이 점은 앞서 한 달 전에 선출된 교황과는 대조적입니다. 요한 바오로 1세를 선출할 당시에는 일반사회 여론에서 비이탈리아인이 교황이 될 가능성이 상당히 컸고, 우리 추기경들도 선거에 들어가기 전에 많은 분들이 그 가능성에 대해 생각했었습니다. 하지만 하느님은 그 선거에서 이탈리아인을 주셨습니다.

위에서 말한 대로 그분이 선출된 직후부터 목자로서 굉장한 환영을 받으셨고, 정말 당신도 온 마음을 다하여 사랑하고 사랑을 받고 가셨기에 그분이 남긴 빛이 강하였습니다. 때문에 이번에는 반대로 일반여론과 마찬가지로 우리 추기경들도 교황은 역시 아직은 이탈리아인 중에서 나오는 것이 좋다고 생각했고 또 그렇게들 관측하였습니다. 때문에 비이탈리아인이 교황으로 피선될 가능성은 아주 적었습니다. 하지만 하느님은 이번에는 반대로 비이탈리아인을 주셨습니다.

1522년 하드리만 5세 이래 이탈리아 출신만이 교황이 된 무려 4백50년이 넘는 전통을 깨고 비이탈리아인 교황이 당선 확정되고 이를 수락한 시간은 1978년 10월 17일 오후 6시 8분이었고 시스틴 성당에서 흰 연기를 내보낸 것은 6시 20분경이었습니다.

추기경들이 새 교황님에게 존경과 순명을 서약하는 예식 및 감사의 떼 데움 성가를 마친 뒤, 교황님이 전세계를 향해 강복을 주시는데 우리가 대성당 발코니에 나갔을 때에는 우뢰와 같은 박수소리와 함께 "교황 만세!" 소리가 참으로 충천하다시피 울렸습니다. 마침 음력 9월 보름달이 둥글게 떠올라 그 기쁨을 나누는 듯 대성당 정면에 서신 교황과 우리들을 함께 밝혀 주었습니다.

4백50여 년만에 탄생한 비이탈리아인 교황님을 모시는 그 시간의 신자들의 열광적인 함성, 우렁찬 목소리로 인사 말씀을 하신 교황님의 패기에 찬 모습은 영원히 잊을 수 없는 것입니다. 정말 가톨릭교회 역사에 새 장이 펼쳐지는 감격스러운 시간이었습니다.

※ 팔리움(pallium)은 가톨릭교회에서 교황과 대주교가 자신의 직무와 권한을 상징하기 위해 제의 위에 목과 어깨에 둘러 착용하는 좁은 고리 모양의 양털띠를 가리킨다.

삶이 그대를 힘들게 할지라도

사랑은 결코 감정이나 느낌이 아닙니다.
사랑은 의지에 속하는 것입니다.
참으로 사랑하겠다는 결심에서 출발하여
이 결심을 지키는 의지로써 지속되는 것입니다.

사랑을 지켜주는 조건

나는 아주 드물게 혼배성사(婚配聖事)를 주례할 때가 있습니다. 그때 혼인하는 젊은이들에게 두 사람이 맺는 혼인 서약의 말을 다음과 같이 상기시켜 줍니다. "나 아무개는 당신을 나의 아내로 또는 나의 남편으로 맞아들여 즐거울 때나 괴로울 때나, 성하거나 병들거나 일생 당신을 사랑하며 신의를 지키기로 약속합니다."

결혼생활이 독신보다 힘든 세상

생각해 보면, 당연하면서도 엄숙하고 의미 깊은 말입니다. 살아가면서 거듭 회상해 보고 깊이 묵상해 보아야 할 내용의 말입니다. 한마디로 이 서약은 부부가 서로 평생토록 어떤 환경에 놓이든지, 어떤 시련을 겪든지 변치 않는 사랑으로 서로 사랑하겠다는 약속입니다. 그러나 나는 이 말을 할 때마다, 뜻이 깊고 아름답지만 과연 가능한가 하는 생각을 해봅니다. 한 인간이 다른 인간을 하루 이틀도 아니고 10년, 20년, 30년, 40년, 아니 늙어서 죽는 그날까지 변함없는 마음으로 사랑할 수 있는가?

한평생을 살다 보면 산전수전 다 겪어야 하고, 아무리 금슬이 좋은 부부도 의견의 차, 성격의 차도 있을 수 있고, 매일매일 삶이 고달픈 데서 오는 피로감 또는 권태감 등 여러 가지가 있을 수 있는데, 그 모든 어려움을 다 이겨내고 한결같은 사랑으로 아내나 남편을 사랑할 수 있는가 하는 생각이 듭니다.

동시에 우리 자신의 인간적인 약점, 다시 말해서 약한 인간, 변덕스러운 인간, 성실하지 못한 인간인 우리 자신을 반성할 때, 거의 불가능에 가까운 엄청난 도전이라는 것을 깨닫게 됩니다. 게다가 인간 세상은 그 자체가 고해(苦海)입니다. 물질주의, 이기주의로 만연된 현대사회가 인생을 더욱 고달프게 합니다. 특히 오늘날에는 세속주의 물결과, 무엇이 옳고 그른지 판단 기준도 애매모호하리 만큼 전통적 가치관이 무너지면서 자유가 방종으로 흐르고 향락을 추구하면서 성윤리의 문란에서 오는 유혹이 큰 시대이기에 더욱 그러합니다.

이런 복잡하고 어려운 현대사회를 살다 보면 부부 사이에 크고 작은 갈등이 생기고 혼인과 부부관계에 대한 올바른 가치관마저 흔들리게 마련입니다. 그래서 나는 독신생활보다도 혼인생활이 훨씬 힘들지 않는가 하는 생각을 해봅니다.

물론 나는 혼자 사는 사람이고, 성직자로서 사랑에 대한 말을 많이 하면서도 누구를 깊이 사랑해 보지 못한 사람입니다. 뿐더러 부부 사이나 부모자식간에 좋을 때는 한없이 좋지만 긴장과 갈등이 있을 때는 그것이 견디기 힘들 만큼 클 수도 있고, 또 가정에 뜻하지 않게 여러 가지 어려

삶이 그대를 힘들게 할지라도 | 97

움이 밀어닥칠 때, 예를 들어 부부나 자녀 가운데 누가 병에 걸린다든지, 사업이 잘 안 되거나 실패하여 겪는 고통 등을 겪어야만 사랑이 무엇인지도 알 터인데, 그런 경험도 없는 처지에 무슨 말을 할 수 있는가 생각되기도 합니다. 그러나 인간이면 누구나 바라는 게 사랑입니다. 그리고 서로 사랑할 수 있는 사이가, 또 사랑해야 하는 사이가 인간관계 중에서도 부부관계입니다. 그야말로 모든 인간관계의 근본이요 모든 사랑의 근원입니다.

현대사회에서 혼인과 가정이 갖는 의미와 중요성은 개인과 사회의 윤리도덕적 차원을 넘어 인류의 구원과 미래가 달려 있습니다. 제2차 바티칸 공의회 문헌 중의 「현대세계의 사목헌장」 47항을 보면 "개인의 구원과, 일반사회와 그리스도교 사회의 구원은 부부공동체와 가정공동체의 행복한 상태에 직결되어 있다"고 선언하고 있습니다.

가정이 안정된 삶의 터와 든든한 울타리가 되어 주지 못하고 삶의 기쁨과 의미를 지탱해 주지 못할 때 가족 구성원들은 흩어지며, 특히 청소년들은 어둡고 추운 거리로 나와 스스로 원인과 처방을 알 수 없는 공허를 말초적 쾌락으로 채워 보려고 방황합니다. 이 과정에서 바르고 따뜻한 부모와 가정이 결여된 윤리와 규율의 강제는 별로 힘을 갖지 못하며, 이는 현재와 미래 사회의 문제로 직결됩니다.

비단 청소년뿐 아니라 인간이면 누구나 혼인이나 가정과 분리되어 존재할 수 없으며, 건전한 인간을 위해서는 반드시 건전한 가정이 전제되어야 합니다. 혼인의 근본적인 의미와 목적이 퇴색되면 사랑과 신뢰에 근거하는 인간 존재의 본모습과 원초적인 인간관계에 어두운 그늘을 드리우게 되기 때문입니다.

현재 우리 나라에서 피폐해 가는 윤리와 그로 인해 상처 입은 가정이 빚어내는 혼란상은 매우 심각합니다. 몇 해 전의 통계에 의하면, 서울가정법원을 통해 합의이혼으로 헤어지는 부부가 매일 30쌍이 된다고 합니다. 하루에 30쌍이면 일 년에 1만 쌍이 넘습니다. 그밖에 재판에 의해 헤어지는 경우도 많습니다. 또 우리 교회법원에도 신자로서 부부간 불화가 극에 달하여 혼인무효소송을 제기하는 건수가 날로 늘어가고 있습니다. 참으로 놀라운 일이 아닐 수 없습니다.

우리 나라 사람은 무엇이나 서두르고 빨리빨리 해치우는 단점이 있습니다. 이런 성격 때문인지 '결혼도 빨리, 이혼도 빨리' 하는 세계 기록을 만들고 있습니다. 이와 관련해서 낙태와 영아 유기가 늘어나고 부랑아와 청소년 문제가 생기며 사회가 병들어 갑니다. 요즘은 미혼모가 넉넉한 가정의 딸들 중에서 나오는 예가 적지 않답니다.

사랑은 '느낌' 아닌 '결심'

우리는 사랑하지 않으면 불행해진다는 것을 잘 압니다. 만일 부부가 사랑하지 않으면 그것은 부부로서의 도리에 어긋나고 서로가 서로를 가장 괴롭히는 것이며, 누구보다도 자기 자신을 불행하게 만드는 것임을 잘 압니다.

부부간에 사랑해야 한다는 것은 성경 말씀대로 하늘에서 가져와야 알 수 있는 것도 아니요 바다 건너 저쪽에 있는 것도 아닙니다. 그것은 아주 가까운 곳, 우리 마음속에 삭여져 있는 것입니다. 마음으로는 '나는 남편을 아내로서 사랑해야 한다' '나는 아내를 남편으로서 사랑해야 한다'고 말합니다. 또 사랑할 때 부부가, 가정이 행복해진다는 것을 잘 압니다. 뿐더러 우리 인간은 누구나 다른 이에 대해서도 이 사랑을 실천해야 한다

삶이 그대를 힘들게 할지라도 | 99

는 것을 잘 압니다. 그러나 한 인간이 한 인간을, 부부 사이라 할지라도 변함없는 사랑으로 사랑한다는 것은 참으로 힘들고 거의 불가능해 보이기까지 합니다.

불가능해 보인다고 해서 만일 어떤 조건을 붙여서 이러저러한 조건하에서만 사랑하겠다고 한다면 그것은 참사랑일 수 없습니다. 또 기분 따라 살아도 좋다, 미울 때는 싸워도 좋고 바람을 피워도 좋고, 맞지 않으면 헤어져도 좋다고 할 수도 없습니다.

오늘날 많은 사람들이 혼인할 당시 서약한 대로 사랑하지 못하고 쉽게 헤어져 이혼율이 늘어나고 있는데, 이것은 결코 부부 사이의 문제를 해결하는 길도 아니요, 본인들의 행복을 포함해서 가정의 평화를 유지하는 길도 아닙니다. 비록 서약에 따라 불변의 사랑을 하는 것이 힘들고 인간적으로는 불가능해 보이기까지 하더라도 우리는 이 길을 꾸준히 인내 속에 나가야 합니다.

어떤 선(善)이나 덕(德)도 어려움 없이, 고통 없이 되지 않습니다. 어떤 인생 길에도 십자가는 있습니다. 시련과 고통이 없는 인생은 없습니다. 또 하느님은 당신이 사랑하는 사람일수록 반드시 매를 드신다고 성경은 말합니다. 시련을 통하여 그를 더욱 튼튼하게 만들기 위해서입니다. 그러면 이렇게 절대적인 사랑과 우리 자신의 취약한 인간성의 간격을 무엇으로 메울 수 있겠습니까?

무엇보다도 '사랑은 약속'이라는 것을 거듭 깨닫고 이를 지킨다는 다짐을 기도 속에 해야 합니다. 나는 모든 인간관계의 근본이요 모든 인간의 사랑의 근원이 되는 부부 사이에서 금이 가는 것은 근본적으로 사랑이 무엇인지, 또 사랑이 얼마나 인간생활과 가정을 위해 소중한 지를 이해하고 있지 못하기 때문이라고 생각합니다. 사랑은 결코 감정이나 느낌이 아닙니다. 감정에서 시작되고 감정이 식으면서 끝나는 것이 아닙니다. 사랑은 의지에 속하는 것입니다. 참으로 사랑하겠다는 결심에서 출발하여 이 결심을 지키는 의지로써 지속되는 것입니다.

유명한 신학자이자 독일 복음교회 목사이며 나치에 저항하다가 순교한 본 회퍼는 "혼인에 있어서 사랑이 서약을 지켜 주기보다도 혼인의 서약이 혼인의 사랑을 지켜 준다"고 하였습니다. 이 말은 서로간에 사랑이 느껴지지 못할 때일수록 부부는 서로 사랑하기로 서약했다는 것을 잊지 않고 이를 지키려고 노력하면 자연히 식어 가던 사랑도 되살아난다는 뜻입니다.

부부는 자유의사로써 사랑하기로 결심했고 약속하였습니다. 그렇다면 그 약속을 지키는 것이 도리입니다. 이것이 사랑입니다. 물론 사랑은 느낌이요 감정적이기 쉽습니다. 때에 따라 세월 따라 달라질 수 있고, 심지어 기분에 따라 달라질 수도 있습니다. 변덕스러운 것이 인간의 사랑입니다. 이런 사랑은 눈이 오나 비가 오나 한결같아야 할 혼인의 약속을 지켜 주기 힘듭니다.

그러나 두 사람이 하느님과 어른들 앞에서 엄숙히 나눈 혼인의 약속을 잊지 않는다면, 또 그 약속이 각자 자기 의사로 자유로운 선택 판단에 의해 결심함으로써 나온 결론임을 잊지 않는다면, 이 약속은 두 사람의 부부 사랑을 죽는 그날까지, 아니 영원히 지켜 줄 것입니다.

약속을 지키는 것이 사랑입니다. 그것이 인간입니다. 얼마큼 사랑할 것인가? 즐거울 때나 괴로울 때, 성할 때나 병들 때나 죽을 때까지 사랑한다고 약속하였습니다. 전적이고 조건 없는 사랑입니다. 결코 내 마음이 내킬 때에만 사랑하겠다, 기분이 좋을 때에만 사랑하겠다는 식이 아닙니다.

삶이 그대를 힘들게 할지라도 | 101

귀한 보석일수록 다루기 까다롭다

두 사람 사이에 있을 수 있는 마음의 갈등, 의견 차이, 보이지 않던 단점이 보인다든지 하여 마음이 흔들릴 때, 나는 이 사람을 언제나 사랑하기로 약속하였다는 것을 잊지 마십시오. 그러므로 기도하십시오. 약할 때 힘이 되어 주고, 어두울 때 빛이 되어 줄 것입니다. 사랑이 메말라 갈 때, 두 사람의 마음에 하느님의 사랑을 부어 주실 것입니다.

우리는 서로 불완전한 인간이라는 것을 깊이 인식해야 합니다. 성경을 보면, 사도 바오로는 "여러분은 하느님께서 뽑아 주신 사람들이고, 하느님의 성도들이며 하느님의 사랑을 받는 백성입니다. 그러니 따뜻한 동정심과 친절한 마음과 겸손과 온유와 인내로 마음을 새롭게 하여 서로 도와주고 피차에 불평할 일이 있더라도 서로 용서해 주십시오. 주님께서 여러분을 용서하신 것처럼 여러분도 서로 용서해야 합니다. 그 뿐만 아니라 사랑을 실천하십시오. 사랑은 모든 것을 하나로 묶어 완전하게 합니다"(골로 3,12-13) 라고 하였습니다.

이 말씀은 모든 믿는 이들에게, 그 중에서도 부부들에게 참으로 적절한 말입니다. 우리는 피차 불평할 일이 있을 수 있다는 것, 서로 참아 주고 이해해 주어야 할 일이 있다는 것을 알아야 합니다.

그런데 우리는 가끔 이것을 잊어 버립니다. 자기 자신의 약점과 부족은 알면서, 그리하여 남이 나의 부족과 약점을 이해해 주기를 바라면서 상대방에게도 그런 약점과 부족이 있을 수 있다는 것을 잊고 이상적인 남편, 이상적인 아내이기만을 바랍니다. 특히 믿는 이들이 더 깊이 깨달아야 하는 것은 '주님께서 우리를 용서하신 것처럼 우리도 서로 용서해야 한다'는 것입니다. 이것은 참으로 중요한 믿음의 도리입니다.

있을 제 함께 늙고 죽어서도 한데 간다는 것이 부부입니다. 어찌 하찮은 일로 눈을 흘기고 미워할 수 있겠습니까? 배우자에게 다정한 미소로 무언의 대화를 주기만 해도 서운했던 감정은 봄눈 녹듯이 풀릴 것입니다. 지금 당장 배우자의 손을 잡아 주고 화해의 기쁨을 누리십시오. 우리가 서로 용서하기 힘들게 느껴질 때, 주님은 죄 많은 나를 용서하셨다는 것을 상기하십시오. 주님이 나를 용서하셨듯이 나도 배우자를 용서해야 한다는 정신을 늘 간직하시기 바랍니다.

귀중한 보석일수록 다루기 까다로운 것처럼 훌륭한 배우자일수록 소중하게 여겨서 상처주지 말아야 하고 자주 사랑의 마음으로 정성되이 손질해서 윤이 나도록 보살펴 주어야 합니다. 부부가 사랑으로 일치하면 부부 사이에 활력을 주는 것은 물론이고 가족과 이웃에까지 생명과 사랑을 넘치게 합니다.

마더 데레사 수녀는 생전에 이렇게 말씀하였습니다.

"가정은 모든 사랑의 출발점입니다. 가정 안에 사랑이 없다면 어떻게 이웃을 사랑할 수 있겠습니까?"

참을 수 없는 고통의 아름다움

언젠가 이런 이야기가 보도된 일이 있었습니다. 남편을 여읜 어느 여자가 세 자녀를 데리고 서울에 와서 막노동, 공장의 허드렛일, 파출부 등 온갖 고생을 다했는데, 어머니로서 세 자녀를 키우는 재미로 모든 것을 이겨내 왔습니다. 아이들도 자라고, 이제 큰 아이는 고등학교에 갈 수 있게 되었습니다. 그런데 어느 날 어머니가 이른 새벽에 일하러 나가고 아이들이 잠자고 있을 때 누전으로 불이 나서 그만 세 아이가 다 죽고 말았습니다. 어머니의 비통! 누가 무슨 말로 위로할 수 있겠습니까?

시련과 고통은 '하느님의 은혜'

참으로 하느님도 무심하다는 말이 안 나올 수 없고, 하느님은 과연 계시냐 라고 그 부인이 묻는다 해도 우리는 쉽게 답하지 못할 것입니다. 그래서 어떤 이들은 이 때문에 무신론자가 되기도 합니다. 프랑스의 극작가 카뮈가 그랬습니다만, 나 역시 그런 경우에 뭐라고 말하면 좋을지 모릅니다.

몇 년 전, 삼풍백화점 붕괴사고에서 수많은 희생자들의 이야기를 우리는 기억하고 있습니다. 어떤 사람은 내내 밖에 있다가 바로 무너지는 그 시간에 무엇을 사러 갔다가 변을 당한 사람도 있고, 어떤 사람은 내내 그곳에 있다가 무너지기 직전에 나와서 무사한 사람도 있습니다. 어느 신부는 그곳에서 식사하고 무너지기 직전에 나왔다고 합니다. 무사한 사람들은 하느님에게 감사하겠지만, 부부가 하필이면 그날 그 시간에 거기 갔다가 변을 당함으로써 어린 남매를 고아로 남긴 경우에는 "왜? 왜?" 하며 주님을 원망하고 싶은 경우가 적지 않을 것입니다.

우리는 이 모든 경우를 일일이 설명할 수가 없습니다. 슬픔에 잠긴 분들에게 드릴 수 있는 위로의 말도 찾을 길이 없습니다. 그 마음의 고통을 덜어 드릴 방도도 알 수 없습니다. 우리가 할 수 있는 일은 그런 가운데 이 모든 분들을 위해 기도하는 것뿐입니다.

그러나 보다 깊이 생각해 보면 이 세상의 모든 불행과 고통의 책임이 마치 하느님에게 있는 양 생각하는 것은 인간의 짧은 소견입니다. 만일 인간이 일으켰다든지, 천재지변같이 자연이 일으킨 재난까지 하느님이 일일이 다 막아야 한다면, 그것은 좋을 것 같이 보이지만 결국 하느님 스스로 자연의 질서를 파괴하고 인간으로부터는 자유를 빼앗고, 인간을 단순히 로봇과 같은 기계로 만드는 것과 같습니다. 이는 결국에 가서는 자연과 인간의 파괴입니다.

그런 일은 모든 존재와 생명의 주이신 하느님이기 때문에 하지 않습니다. 또 고통이 왜 있는지, 왜 하필이면 죄 없는 사람이 고통과 시련을 겪

삶이 그대를 힘들게 할지라도 | 105

어야 하고 죽어야 하는지 등에 대한 문제를 풀지 못한다 하여 '하느님은 없다'고 부인해 버리면 그야말로 그 고통과 그것을 지닌 인생은 무의미하게 되어 버립니다. 인생 자체가 아무 것도 아닙니다.

그러나 비록 고통에 대해 설명이 안되더라도 하느님이 있으면 왜 그런 고통을 허락하셨느냐 라고 넋두리라도 할 수 있고 불평, 불만, 항의라도 할 수 있습니다. 뿐 아니라 우리는 많은 경우에 직접 체험도 하고 목격하듯이 사람은 고통을 통해서 하느님을 알게 되고 믿게 되며, 인생을 보다 깊이 살게 됩니다.

인간에게 있어서 모든 선은 고통과 수고를 통해서 이룩됩니다. 고통 없는 인생! 아주 좋을 것 같지만 생각해 보십시오. 그런 인생이 깊이가 있을 수 있습니까? 경우에 따라 다를 수도 있으나 고통을 모르면서 자란 사람들은 남의 사정, 남의 고통을 이해할 줄 모릅니다. 이에 비해 많은 고통을 겪은 사람은, 특히 신앙 속에서 겪은 사람은 인생을 깊이 살 줄 알고, 사람을 사랑할 줄 압니다. 많은 이들이 '고통은 하느님의 은혜'라는 것을 체험으로 깨닫습니다. 고통 속에서 하느님의 현존, 하느님의 사랑을 더 깊이 체험합니다.

그럼에도 불구하고 우리는 고통과 시련의 그 순간에 하느님은 어디 계셨는가 라고 묻게 됩니다. 그때 하느님은 바로 그 비극의 한가운데 계셨습니다. 죽음의 고통에 젖은 이들의 그 고통을 참으로 깊이 나누며 하느님은 거기 계셨습니다.

죽음이 인생의 끝이라면…

2차대전 때 독일 아우슈비츠의 강제수용소에서 살아 나온 유대 작가 엘리 비젤이라는 분이 쓴 『흑야(黑夜)』라는 책에는 이런 이야기가 적혀 있습니다.

한번은 나치들이 유태인들의 저항심을 꺾기 위해 수용소 내 모든 재소자들을 모아 놓고 그 중에 젊은 세 사람을 골라서 교수형에 처하였습니다. 모두가 지켜보는 앞에서 오랏줄에 매달려 죽어 가는 세 사람의 고통스러운 모습 앞에 모두가 슬픔과 분노, 고통을 감당할 수가 없었습니다. 그때 누군가가 "하느님은 어디 있느냐?" 라고 외쳤습니다. 그러자 어떤 이가 "하느님은 저기 매달려 죽어 가고 있다!" 라고 답했다고 합니다. 하느님은 죽어 가는 그들과 함께 하고 계시다는 뜻입니다.

여기서 우리는 고통이나 죽음이 인생에 있어서 끝이고 전부이냐 하는 것을 묻게 됩니다. 만일 그것이 끝이고 전부라면 아무도 그런 불행에 대하여 설명할 길이 없습니다. 병원 중환자실에서 죽어 가는 암 환자에게, 앞에서 이야기한 부인과 같이 졸지에 자식을 잃음으로써 삶의 의미 자체를 잃어 버린 분에게, 이제 남은 것이라곤 처형의 날을 기다리는 것밖에 없는 사형수에게, 또 불의의 교통사고로 평생을 누워서 지내야 하는 전신마비의 젊은이에게 현세만이 인생의 전부인 경우, 우리는 할 말이 아무 것도 없습니다. 위로할래야 위로할 수가 없습니다.

현세가 전부이고 끝이면, 불행과 고통이 많은 세상을 만든 하느님, 그런 인생밖에 살 수 없게 한 하느님은 결코 선한 존재라고 할 수 없을 것입니다. 뿐 아니라 인생 자체가 모순이요 부조리입니다. 무엇 때문에 양심을 지켜야 하는지, 선을 추구하고 악을 피해야 하는지를 설명할 수 없습니다.

그러나 현세가 전부요 죽음이 끝은 결코 아닙니다. 하느님이 계시하는 말씀을 통하여 볼 때, 그것은 새로운 삶의 시작입니다. 이럴 때, 우리 모

삶이 그대를 힘들게 할지라도 | 107

두가 맞이해야 할 죽음은 참으로 신비스럽습니다. 살아 있는 사람인 우리 중의 누구도 완전한 의미로 죽음을 체험한 사람은 없습니다. 그것은 진실로 미지의 세계입니다. 분명한 것은 하느님이 당신의 계시와 진리를 통해서 약속하신 새로운 생명, 그리스도와 함께 누리는 부활생명이 죽음 뒤에 있다는 것입니다. 그럴 때 죽음은 참으로 우리에게 부활의 새 생명의 세계를 열어 주는 문입니다.

성경을 보면, "눈으로 본 적이 없고 귀로 들은 적이 없으며 아무도 상상조차 하지 못한 일을 하느님께서는 당신을 사랑하는 사람들을 위하여 마련해 주셨다"(1고린 2,9) 라는 말씀이 있습니다. 하느님이 사랑하는 사람을 위해 마련해 둔 것은 우리의 모든 상상과 지식을 초월하는, 말할 수 없이 좋고 아름답고 복된 것입니다. 그것은 곧 하느님 자신의 영원한 생명에 우리를 참여시키는 선물입니다. 그렇다면 죽음은 바로 그 선물을 받는 순간과 같고, 아름답고 포장된 그 선물보따리를 푸는 순간과 같습니다. 『도시의 광야』를 쓴 가를로 까레또 신부는 "우리의 현재는 우리가 새로운 생명으로 다시 나기 위하여 그것을 향해 자라는 과정, 곧 태중(胎中)과 같다"고 하였습니다.

이렇게 볼 때, 죽음은 '모든 인간은 반드시 죽는다' 는 철칙, 우리에게 불안과 공포만을 주는 불행하고 절망적인 운명이 아니라 오히려 우리를 '현세의 고통에서 말세의 고통도 슬픔도 없는 빛나는 생명, 기쁨과 행복으로 가득한 생명으로 옮겨 주는 다리'라고 말하지 않을 수 없습니다. 그럼에도 우리는 그것을 믿을 뿐, 현재 고통당하는 사람에게 이것이다 하고 보여줄 수 없기 때문에 그런 사람을 대할 때 여전히 할 말을 찾기 힘듭니다. 고통을 겪는 사람에게 그가 깊은 신앙을 가진 사람이 아닐 때 "여보게, 천국 복락이 크니까, 잘 참게!" 라고 말하기란 힘듭니다.

아름다운 모습으로 떠난 사람들

고통과 시련은 참으로 신비스럽습니다. 그것으로 무신론자가 된 사람이 없지 않으나 그것 때문에 신앙을 가지게 된 사람이 훨씬 더 많습니다.

언젠가 잡지에서 어느 가정주부가 쓴 글을 읽고 참으로 감명받았습니다. 이 주부는 아홉 살 난 딸아이를 잃었습니다. 딸아이는 1년 전에 재생불량성 빈혈이라는 불치병에 걸려 목포 골롬반병원, 그 뒤에 서울 현대중앙병원에서 치료를 받다가 죽었습니다. 그런데 이 아이를 통해 어머니와 아버지, 가까운 일가친척들, 그리고 치료하던 의사가 믿음을 갖게되었고, 그 아이를 간호하던 간호사 한 사람은 냉담중이었는데 회개하였습니다.

어떻게 이런 일이 가능합니까? 아홉 살의 천진무구한 아이가 9개월간이나 병상에서 고통을 겪다가 낫기를 바라고 온갖 정성을 다 쏟으며 간병한 어머니와 아버지, 이웃 사람들의 수고에도 불구하고 죽었는데, 어떻게 그 고통과 죽음이 오히려 하느님을 모르는 사람들에게 하느님을 알게하고 믿음을 가져왔습니까? 특히 그 어머니는 그 뒤 모든 아픔과 슬픔을 감사하는 마음으로 받아들이고 교리공부를 하여 세례성사를 받았습니다. 내가 보기에, 그것은 이 아이가 병원에 입원하면서부터 신자인 외할머니가 준 묵주기도를 바쳤고, 예수님과 성모님이 지켜 줄 것이라는 자원봉사자들과 수녀님들의 말씀을 믿고 따랐으며, 그 스스로 엘리사벳이란 본명으로 대세를 받고 더욱 더 예수님과 성모님이 지켜 주신다고 믿었기 때문입니다.

글을 보면, 딸아이는 병고 속에서도 주님에게 마음을 향하고 있었고, 그분에게 가는 길은 기차나 배를 타고 고향길 가는 것처럼 생각하고 있

삶이 그대를 힘들게 할지라도 | 109

었습니다. '구원열차'라는 노래가 그것입니다.

"나는 구원열차 올라타고서 하늘나라 가지요. 죄와 벌을 벗어나 달려 가다가 다시 내리지 않죠. 차표 필요 없어요. 주님 차장 되시니 나는 염려 없어요. 나는 구원열차 타고서 하늘나라 가지요."

딸아이의 청에 따라 그 어머니가 30분쯤 노래를 불러 주었더니, 아이가 갑자기 기분 좋은 목소리로 "엄마! 나 구원방주 타고 가. 한 손에 예수님 손잡고 또 한 손에 성모님 손잡고. 내 또래 아이들과 깊은 바다 지나서 가는데, 구원방주는 너무너무 좋아. 금으로 된 빌로드로 되어 있고 전혀 모르는 아이들이야"라고 말했답니다.

한번은 또 엄마 보고 자기를 빨리 데려가 주도록 기도해 달라고 해서 "엄마는 그런 기도할 줄 몰라"하니까 "평화와 안식을 달라고 하면 되잖아" 했답니다. 아이는 죽는 날, 자기 몸을 깨끗이 씻어 달라고 해서 어머니가 씻겨 주자 기도를 하면서 "예수님, 성모님, 이제야 길을 찾았어요" 하고는 동생에게 "누나가 아프니까 기도해 줘, 뽀뽀해 줘"라는 말을 남기고 조용히 숨을 거두었다고 합니다.

내가 이 이야기를 소개하는 것은 너무나 아름답고 감동적이기 때문입니다. 동시에 우리에게 고통이 참으로 큰 은총이 될 수 있음을 보여주고 있기 때문입니다. 나는 이야기를 읽고 이 아이는 참으로 성녀이다, 하느님은 이 아이의 병고와 죽음을 통하여 엄청난 일을 하셨다. 그 어머니가 어린 딸을 잃고 하느님을 원망해도 우리는 그것을 이해할 것입니다. 그런데 그 어머니는 지금 감사로 받아들이고 있습니다.

나는 죽음을 앞둔 사형수들이 바로 그 때문에 회개하여 영세한 것을 자주 봅니다. 뿐더러 참으로 새 사람이 되고 평화 속에 살고 있는 이들이 많습니다. 그런 사람들의 얼굴 표정이 드러내 보이는 평화를 바깥 세상

110

에 사는 사람들은 보기 힘듭니다.

꽤 오래 전의 이야기입니다만, 얼굴이 잘 생긴 한 젊은 사형수의 사형 집행에 입회한 일이 있었습니다. 그는 본시 개신교 신자였는데, 천주교로 개종하고 그 준비를 하고 있었습니다. 그때 나는 부활의 깊은 신앙 속에 죽음을 태연히, 기쁘게 웃으며 맞이하는 그 청년으로부터 깊은 감명을 받았습니다. 그 모습은 지금도 눈에 선합니다.

그날 처음 사형을 집행할 때 사형대가 부러져서 고장이 났습니다. 형무소장은 사형수가 보는 앞에서 사형대를 수리시키고는 집행을 계속하려 하였습니다. 사람을 두 번씩이나 죽이는 것 같아 나쁠 뿐 아니라 입회한 모든 이들의 마음이 무척 괴롭고 우울했습니다.

그러나 곧 그 형틀에 죽어야 할 사형수 자신은 마치 아름다운 나라로 여행을 떠나는 사람처럼 밝은 표정이었고, 그의 손을 잡고 있는 나와 주위 사람들을 오히려 위로하면서 "부활을 믿으면 여러분도 지금이 제게 가장 기쁜 시간임을 이해할 것입니다"라고 했습니다. 나에게는 시간을 물으면서 "앞으로 반 시간 후에는 제가 천당에 가 있겠지요. 그러면 주교님을 위해 기도 드리겠습니다"라고 말하였습니다. 두 번째로 사형대에 올라갈 때도 첫 번째와 같이 역시 태연했습니다.

세상 하직할 때 쓰고 싶은 인사장

고통이 없는 인생을 한번 생각해 보십시오. 사람은 고통을 겪고 고통에 짓눌려도 비인간화될 위험이 없지 않으나, 반대로 인생에 고통이 없다면, 고통이 무엇인지 상상도 할 수 없을 만큼 아픔도, 시련도, 수고도, 슬픔도 그 어떤 어려움도 없다면 그런 인생은 어떤 인생이겠습니까? 인간의 깊이도 없는, 인간의 모습을 지녔음에도 인간의 정과 마음이 없는 비인간일 것입니다. 우리 주위에는 고통이 없는 인간이 없기 때문에 상상해 볼 뿐입니다.

고통은 우리에게 있어서 견디기 힘들 만큼 싫은 것이고, 피하고 싶은 것이고, 고통에서 구하여 주시도록 기도하고 싶은 것입니다. 인간의 고통 앞에서는 예수님조차 눈물을 흘리셨습니다. 그러면서 동시에 우리를 더욱 깊이 있는 인간, 더욱 신앙적인 인간으로 만들어 하느님에게 향하게 하고, 참된 삶을 살게 합니다.

프랑스의 여류작가 시몬느 베이유는 "그리스도교가 월등하게 위대함은 고통을 없애 주는 약을 주기 때문이 아니라, 고통을 올바르게 볼 수 있도록 해주기 때문이다"라고 말했습니다. 물론 내가 아직 큰 고통을 겪지 않아서 이렇게 생각하는지 모르겠습니다. 나 역시 큰 고통을 겪으면 하느님을 되려 원망할지도 모릅니다.

그러나 인간은 병고나 고통을 통해서 정화되고 마음이 하느님을 떠났다가도 결정적으로 다시 하느님에게로 돌리도록 해주니, 역시 하느님의 은혜이기도 하다고 생각합니다. 사람이 나이도 먹지 않고 병고도 없으면 하느님 생각을 추호도 하지 않을 것입니다.

3년 전, 나는 그 해 한 달 전에 암으로 별세하여 우리 나라 신문에도 보도된 미국 시카고교구의 베르나르딘 추기경으로부터 성탄카드를 받았습니다. 이분은 암으로 죽게 될 자신의 여생이 얼마 남지 않았다는 것을 알고 마지막으로 카드를 손수 써서 친지들에게 보낸 것입니다. 그 카드의 인사말을 옮기면 이렇습니다.

"나의 사랑하는 벗이여. 성탄을 맞이하여 진심으로 축하인사를 보냅니다. 이번 성탄은 내게 특별한 성탄입니다. 왜냐하면, 아마도 이 지상에서의 마지막 성탄일 테니까요. 이런 현실 때문에 어쩔 수 없이 일종의 슬픔을 느끼게 되는 것도 사실입니다. 그러나 기쁨도 있습니다. 다가올 세상, 곧 천국에서 주님과 보다 깊이 친밀하게 하나 되는 희망을 미리 맛보는 기쁨이 있습니다. 우리가 기리는 주님의 육화(肉化)와 하느님이 사람이 되어 오심은 우리의 현세의 신앙과 희망의 바탕입니다. 제가 이제 하늘 고향을 향하여 나의 마지막 여행을 떠나게 될 때, 내 마음은 당신들을 기억할 것입니다. 나에게 베풀어준 우정과 친절, 특히 협조와 기도에 깊이 감사 드립니다."

우리가 이 인사말에서 느낄 수 있는 것은 죽음의 고통 한가운데서 그리스도에 대한 믿음을 깊이 간직하고 있었으며, 죽음을 슬퍼하면서도 오히려 그것을 통해 주님과 가장 깊이 친밀하게 하나 되는 것을 간절히 바라고 있었다는 것입니다. 나도 언젠가 세상을 하직할 때 이런 인사장을 보낼 수 있었으면 합니다.

다툼이 있는 곳에 용서를

김대중의 신앙고백

"사랑하는데 있어서 어려운 것은 자기가 원치 않는 사람, 심지어 나를 증오한 자를 용서하고 사랑해야 한다는 것이다. 감정이 용납하지 않는 사람을 사랑한다는 것은 인간으로서 불가능한 일일 것이다. 오직 하느님에게 의존해서 하느님의 도우심을 간구할 때에 가능하다고 믿는다. 그러나 인간적으로 생각하더라도 몇 가지 가능의 길이 있다고 본다.

첫째는 나 자신도 죄인이라는 것이다. 만일 내가 일생에 남몰래 저지른 나쁜 일과 마음에 품었던 악한 생각을 하느님 앞에 혹은 군중 앞에 영사막에 비치듯이 비친다면, 과연 나는 얼굴을 들고 남을 볼 수 있으며 그러고도 남을 용서할 수 있다고 할 수 있을까? 둘째는 남을 용서하지 않고 미워한다는 것은 자기 자신의 마음을 증오와 사악으로 괴롭히는 자기가해(自己加害)의 어리석은 행동이라는 점이다. 셋째는 용서와 사랑을 거부해 가지고는 인간사회의 진정한 평화와 화해를 성취할 수 없다. 마음 놓고 살 수도 없고 진정한 행복도 없다. 나치즘이나 공산사회를 생각해 보면 알 일이다. 넷째로 용서와 사랑은 진실로 너그러운 강자만이 할 수 있다. 꾸준히 노력하며 하느님께 자기가 원수를 용서하고 사랑하는 힘까지 가질 수 있도록 도와주시기를 언제나 기구하자. 그리하여 너와 내가 다같이 사랑의 승자가 되자."

좀 길게 인용하였습니다만, 이 글은 분명히 그리스도교적 깊은 신앙과 사랑을 사는 사람의 말씀입니다. 『김대중 옥중서신』을 읽어보신 분은 다 아시겠습니다만, 김대중 선생이 1980년 11월 24일 이른바 5·17 신군부에 의해 내란음모죄와 공산주의자로 몰려 사형언도를 받은 상태의 옥중에서 둘째 아들 홍업군에게 쓴 편지입니다.

우리 나라 정치인 중에 가장 많은 고통과 위험을 겪은 사람이 있다면 곧 김대중씨라는 것에 대해서 누구도 이의가 없을 것입니다. 이분이 당신을 박해한 자들, 가해자들에게 미움과 증오를 가졌다 해도 우리는 이해할 수 있고, 더구나 그들을 법의 심판 앞에 고발하여 끝내 시비를 가린다 해도 그것은 당연하다고 볼 수 있을 것입니다.

그런 김대중씨가 불의와 부정의 손에 잡혀 사형언도를 받은 그 고통 속에서 원수까지도 용서하는 사랑으로 뜻깊은 화해와 평화의 진리를 설파하였습니다. 이것은 십자가상에 못 박혀 죽음의 쓴잔을 맛보면서도 하느님에게 당신을 십자가에 못 박는 원수들의 죄를 용서하여 달라고 하신 예수님의 그 자비, 지극히 아름다운 마음을 반영하고 있다 해도 과언이 아닙니다. 예수님이 가장 강한 승자이듯이, 그분을 본받고 용서를 살 줄

삶이 그대를 힘들게 할지라도 | 115

아는 사람인 김대중 형제도 참으로 강한 사랑의 승자입니다. 때문에 이
분은 그 다음 해인 1981년 1월 17일 부인 이희호 여사에게 쓴 편지에서
다시금 신앙고백을 하면서 "크리스찬이 된 행복은 무어라 해도 남을 미
워하지 않고 사랑할 수 있다는 것이며, 이웃 특히 고난받는 사람들에게
사랑의 마음과 봉사를 주님의 뜻으로 행하는 기쁨일 것이다"라고 적고
있습니다.

김대중씨도 한 인간으로서 우리 모두와 같이 늘 강하기만 한 것이 아
니고 약한 때도 많이 있었을 것이고, 단점도 있고 허물도 있을 것입니다.
그리고 박해와 시련을 겪을 때, 또한 몇 번이나 마주 해야 했던 죽음의 위
험 앞에서는 고뇌와 실망과 좌절에 빠지기도 했을 것입니다. 그러나 이
분은 그 모든 시련과 고통을 믿음으로 사랑으로 이겨냈습니다.

먼저 화해를 청한 사람들

또 하나 예를 들면, 신부님들의 일 가운데 나에게 늘 감명 깊게 기억되
는 일로서 이문근 신부님이 돌아가시기 얼마 전의 이야기입니다. 성모병
원이 명동에 있을 때, 이분은 지병인 간의 이상 때문에 입원하고 계셨습
니다. 어느 날 병 문안을 갔더니, 이분은 그날 저녁 이상스럽게, 나에게
마음을 열고 이야기하는 것이었습니다. 전에는 나를 만나기도 싫어하던
때가 있었습니다.

이분의 성격은 아는 분들은 잘 알 것입니다. 음악가이고 개성이 강하
기 때문에 좋아하면 무척 좋아하고 싫으면 서로 얼굴을 맞대기도 싫어하
는 분이었습니다. 그런데 그날 저녁에는 내게 "이제 누구도 미워하는 마
음이 없어졌다"라고 말씀하는 것이었습니다. 그러면서 바로 옆방에 양

116

기섭 신부님이 입원하고 계셨는데, 그분을 방문하러 갔었다는 것도 말씀하였습니다.

두 사람 사이는 아는 분들은 알겠지만, 서로 얼굴을 대하기도 싫어할 만큼 보지도 않고 말도 안 하는 사이였습니다. 언젠가 이문근 신부님이 내가 듣는데, 양기섭 신부님에 대해 욕을 하길래 "그래서 천당은 어떻게 가겠습니까?"라고 하니까, "그놈의 새끼, 천당 문 앞에서 만나면 따귀를 한 대 딱 때리고 천당으로 홱 들어가지…" 하는 것이었습니다. 그만큼 이문근 신부님은 양기섭 신부님을 인간적으로 싫어했습니다. 양 신부님도 아마 마찬가지였을 겁니다.

이처럼 얼굴조차 마주 대하기를 꺼려하시던 이문근 신부님이 "오늘 옆방에 양 신부님을 병 문안하려고 가 보았더니 계시지 않아서 못 뵈었다"고 하는 것이었습니다.

나는 그 이야기를 듣고 참으로 감명 깊었습니다. 지금까지 그렇게도 싫어하고 미워하던 분을 병 문안하러 갔다는 것, 어떻게 되어서 그 마음에서 모든 미움, 분노 일체가 사라졌는가 하는 생각과 함께 용서와 화해의 참된 모습을 보는 것 같았습니다. 그후 이문근 신부님은 다시 양기섭 신부님 방으로 병 문안을 가서 만났다고 내게 말씀하였습니다.

내가 이 이야기를 하는 것은 우리가 잘 아는 사람 안에 하느님이 계시는 사랑과 구원의 역사가 얼마나 큰지를 앎으로써 그 하느님이 우리 자신 안에서도 똑같이 역사한다는 것을 깨닫기 위해서입니다.

한 분을 더 말씀 드리면, 서울교구 소속 사제였던 이용선 신부님의 경우입니다. 이분은 우리 주교들과의 관계에 있어서 아주 깊은 상처, 응어리를 품었던 분이었습니다. 그러다가 암에 걸려서 성모병원에 입원했습니다. 그런데 당시 교구청 총대리였던 경갑룡 주교가 이분의 마음을 풀

삶이 그대를 힘들게 할지라도 | 117

어 주고자 병 문안을 갔었는데 쳐다보지도 않더라는 것입니다. 그후 병원 원목신부의 노력으로 이분은 고해성사를 보고 병자성사를 받고 난 후부터는 아주 달라졌습니다. 우리가 방문해도 기쁘게 맞이하고 마음을 열고 이야기도 즐겁게 하였습니다.

나는 병원이 가까이 있었기 때문에 거의 매일 병 문안을 갔었는데, 이분을 만나는 것이 오히려 내 생활에 위로가 되기까지 하였습니다. 이분이 임종하기 여러 날 전, 나는 외국으로 떠나게 되어 하직 인사를 하러 갔더니, 아주 밝고 평화스러운 표정으로 "걱정하지 마시오. 기쁘게 살다 갑니다"라고 인사하는 것이었습니다. 그리고 얼마 후, 자신의 말대로 기쁘게 평안히 주님 안에 잠들었습니다.

내가 이 이야기를 하는 것 역시 우리에게도 이런 은혜가 필요하기 때문입니다. 하느님과의 화해, 또 이웃과의 화해는 우리도 필요로 하는 것이며, 그런 은혜를 얻도록 기도할 필요가 있습니다.

용서할 줄 모르면 만날 수 없다

안토니 블룸이 쓴 책 『기도의 체험』에 보면 이런 이야기가 있습니다. 그가 신부일 때, 어떤 사람이 찾아와서 하느님을 보여달라고 청했습니다. 이에 대해 블룸 신부는 이렇게 답했습니다.

"나는 당신에게 하느님을 보여줄 수 없습니다. 뿐더러 하느님을 만난다는 것은 그 자체가 당신에게 엄청난 위기를 뜻합니다. 왜냐하면, 하느님이 당신 앞에 나타나시면 진리 자체, 정의 자체이신 그분 앞에 당신의 모든 것이 환히 밝혀지고 그것이 곧 당신의 전 생애에 대한 심판이 될 것이기 때문입니다. 그래도 당신이 하느님을 뵙고 싶으면, 하느님과 마음이 통하는 것이 있어야 하는데, 당신의 마음이 하느님의 마음에 닮은 데가 있는지 모르겠습니다. 당신은 성경을 읽은 일이 있습니까?"

"네, 있습니다."

"읽은 것 가운데 특별히 감동을 받은 대목이 있었습니까?"

"네, 있습니다."

"그럼, 그것은 무엇입니까?"

"요한복음 8장에 나오는 간음한 여인에 관한 이야기입니다."

"좋습니다. 그 이야기는 확실히 감동을 주는 대목입니다. 그럼 잠시 여기 앉아서 생각해 보십시오. 당신은 그 이야기에 나오는 여러 인물 중에 누구입니까? 예수입니까? 예수처럼 그 깊은 사랑과 연민의 정으로 간음한 여인을 보고 있습니까? 비록 간음한 여인이지만 하느님의 자비로 용서를 받으면 다시 깨끗해지고, 아름답고 결백한 영혼으로 다시 태어날 수 있다는 믿음의 눈으로 보는 그 예수입니까? 아니면 당신은 간음한 여인입니까? 지은 죄 때문에 너무나 부끄럽고 마음이 떨려 고개도 들 수 없을 뿐 아니라, 곧 돌에 맞아 죽을지도 모르는 공포 앞에 전전긍긍하면서 지은 죄를 마음속 깊이 뉘우치고 하느님의 자비만을 구하고 있는 그 여인입니까? 그만큼 당신에게 스스로를 뉘우치고 낮추는 겸손이 있습니까? 그것도 아니면 당신은 스스로를 의로운 사람이라 자부하고 그녀에게 돌을 던져야 한다고 말한 율법학자나 바리사이파 사람입니까? 당신은 누구입니까?"

그 사람은 한참 후에 답하기를 "저는 아마도 그 자리에 맨 마지막까지 남아 있다가 그 여인에게 기어이 돌을 던졌을 가장 젊은 바리사이파 사람이었을 것입니다."

성서에 그런 남자는 없습니다. 복음을 보면, 예수님은 바리사이파들에

삶이 그대를 힘들게 할지라도 | 119

게 "너희 중에 죄 없는 사람이 있으면 이 여인을 돌로 쳐라" 하고는 몸을 굽혀 땅에 무언가 글씨를 쓰고 있었습니다. 유태인들은 이 말씀을 듣고 나이 많은 사람부터 하나 둘씩 그 자리를 떠났고, 예수님이 다시 일어섰을 때에는 여자만이 남아 있었습니다.

그러나 이 사람은 끝까지 남아서 기어이 돌을 던졌을 것이라고 답했습니다. 그만큼 그는 끝까지 엄격한 법 집행을 요구하는 철두철미한 정의파라고도 할 수 있고, 동시에 그만큼 용서의 마음이 추호도 없는 냉혹한 사람이라고도 할 수 있습니다. 이 말을 들은 블룸 신부는 이렇게 말하였습니다.

"당신은 솔직해서 좋습니다. 그러나 그렇게 끝까지 용서해줄 줄 모르면 하느님을 뵈올 수 없습니다. 그리고 하느님을 뵙는다는 것은 이미 말씀 드린 대로 참으로 누구에게나 위기입니다. 왜냐하면, 그것은 곧 심판이기 때문입니다. 하느님이 누가 당신을 보고 싶다고 한다고 보여주시지 않으시는 것은 이런 우리를 위해서입니다."

내가 보기에, 블룸 신부를 찾아간 이 사람은 어쩌면 우리 자신일지 모릅니다. 왜냐하면, 우리는 평소 살아가면서 늘 누군가를 마음으로 단죄하고 제쳐놓는 수가 많기 때문입니다.

삶과 죽음의 갈림길에서

80년대 말, 일본에 잠시 들렀을 때 고등학교를 경영하는 신부로부터 이런 이야기를 들었습니다. 어느 날, 젊은 남자 한 사람이 아내와 꼬마아이를 데리고 와서 인사하며 "신부님, 저를 모르시겠습니까? 그날 밤의 저를 모르시겠습니까?" 라고 하였습니다. 신부는 그 젊은이의 얼굴을 눈여겨보면서 "그날 밤, 그날 밤…" 하며 기억을 더듬다가 "아, 알겠습니다! 알고 말고요. 그날 밤의 일을 지금도 생생하게 기억하고 있습니다" 라고 답했습니다.

그날 밤의 사연은 이렇습니다. 밤늦게까지 신부님이 학교 내의 기숙사에서 일하고 있는데, 누군가가 전화를 걸어왔습니다. 전화를 건 이는 매우 다급한 목소리로 "저 아무개입니다. 신부님께 저녁 늦게 죄송합니다만 꼭 드리고 싶은 말씀이 있는데 시간을 내주시겠습니까?" 하고 물어 왔습니다. 신부는 전화를 건 사람이 자기학교 학생이라는 것을 알아차리

삶이 그대를 힘들게 할지라도 | 121

고, 또 무언지 심상치 않은 느낌이 들어서 밤 12시까지 기다리고 있을 테니 오라고 했습니다. 얼마 후에 그 학생이 나타나서 들려주는 이야기는 놀랍게도, 자기는 이제 세상에 더 살 가치가 없는 존재이므로 자살하겠다는 것이었습니다.

그 학생이 자살을 결심하게 된 사연은 이러했습니다.

외아들로 태어난 그 학생은 부모로부터 일류 대학에 들어가야 한다는 기대와 독촉에 시달리며 자라왔습니다. 그러나 학교 성적이 별로 좋은 편이 아니어서 고민하고 있었고, '그날 밤'에도 여전히 책상 앞에 앉아 공부하고 있었습니다. 그런데 밖에서 늦게 돌아온 아버지와 어머니가 나누는 이야기를 우연히 엿듣게 되었습니다.

먼저 어머니가 아버지를 보고 "저 애는 성적이 좋지 않아서 암만해도 우리가 원하는 그 대학에는 갈 수가 없을 것 같은데 어쩌면 좋지요?" 하며 걱정스럽게 말을 걸었습니다. 그 말을 받아서 아버지라는 사람이 하는 말이 "이 바보야, 그게 다 당신 탓인 줄 알아! 내 말대로 그때 떼버렸으면 오늘 이런 걱정은 없지!" 하는 것이었습니다. 이 말을 듣는 순간, 학생은 천지가 무너지듯 눈앞이 캄캄해지는 걸 느꼈습니다.

'나는 부모님이 태어나기를 원한 존재가 아니었구나…. 그렇다면 내가 살아서 무얼 해! 나는 죽어야 돼….'

이렇게 생각하다가 부모에 대한 보복으로라도 죽어야 한다고 작심하였습니다. 그리고 평소 존경하던 은사인 신부의 얼굴이 떠올라 마지막으로 그분에게 이 사실을 알리고 죽겠다는 생각으로 그날 밤에 전화로 면담 신청을 한 것이었습니다.

이야기를 다 듣고 난 다음, 신부도 한참 동안 할 말을 잃었습니다. 그러나 곧 정신을 차리고 학생에게 이렇게 타일렀습니다.

"지금 자네의 괴로운 심정과 차라리 죽고 말겠다는 생각을 나도 깊이 이해할 수 있네. 그러나 자네가 죽는다고 해서 자신이나 부모님이나 이 사회에 대해 어떤 긍정적인 의미를 주는 것은 결코 아닐세. 자네는 죽음으로써 귀한 생명과 삶을 잃을 것이고, 부모님은 그것으로 한없이 자책의 고통을 겪을 것일세. 자네는 죽겠다는 것이 부모님에 대한 하나의 보복으로 생각하는 모양인데, 그렇게 부모님을 괴롭혀서 자네라고 기쁘겠는가? 냉정히 생각을 다시 해보게. 오히려 이 불행을 극복함으로써 행복을 창조하는 용감한 젊은이가 되어 주게. 자네는 부모님에게 전혀 내색을 하지 말고 여전히 아들로서 효성을 다하고 또 그럴수록 공부를 열심히 하게. 그리고 대학 졸업 후 결혼하여 절대로 태아일지라도 소중한 자식의 생명을 끊는 아버지가 되지 말게. 오히려 아끼고 사랑함으로써 참으로 아버지다운 아버지가 되어 주게. 그게 자네를 위해서나 이 사회를 위해서나, 우리 모두를 위해서 참된 삶의 길일세."

그 학생은 신부의 간곡한 타이름을 받아들이고, 그 자리를 떠날 때에는 밝은 앞날을 반드시 개척하겠다는 마음다짐을 굳게 하고 일어설 수 있었습니다. 그리고 그날의 결심대로 훌륭히 대학을 마치고 결혼했고, 또 가톨릭에 입교하여 행복하게 살아 갈 수 있었습니다. 이 기쁨을 알리기 위하여 그 젊은이는 신부님을 그날 찾아 온 것입니다.

삶과 죽음의 갈림길에서 그 학생은 죽음의 길을 택할 수도 있었습니다. 그러나 거기서 얻어지는 것은 아무 것도 없고 오히려 파괴뿐입니다. 생명의 파괴, 가정의 파괴, 그리고 그것이 던지는 검은 그림자는 많은 이를 어둡게 만들었을 것입니다.

이에 반하여 그 학생은 신부의 권고를 받아들여 생각을 바꾸고 생명의 길을 택하였습니다. 거기에는 자신의 고뇌와 슬픔, 실망과 좌절, 그리고

삶이 그대를 힘들게 할지라도 | 123

부모에 대한 미움의 극복이라는 의지와 자기투쟁의 노력이 필요하였습니다. 그러나 그 결과로써, 참으로 아름답고 빛나는 삶이 창조되었습니다. 그 자신을 위해서만이 아니라, 이 이야기를 듣는 모든 이에게 감동과 더불어 인생의 참된 가치를 보여주게 되었습니다.

우리 사회에는 신체적 장애 때문에 또는 그밖의 병고나 가난 때문에 혹은 어떤 정신적·육체적 불행 때문에 고통을 겪고 있는 이가 많습니다. 그들 중 어떤 이는 삶을 포기하고 싶어하거나 무의미하게 살고 있는 이도 없지 않을 것입니다. 이런 때에 우리에게는 언제나 두 가지의 가능성이 있습니다. 자포자기가 그 하나이고, 다른 하나는 그것을 오히려 값진 도전으로 받아들여 적극적으로 대처하는 것입니다.

인생을 값지고 빛나게 만들고, 더 나아가 어두운 세상에 사는 많은 사람들에게 빛이 되게 하는 이는 누구나 시련과 고통을 극복한 사람들입니다. 고통은 사람을 속일지라도 불행은 속이지 않습니다. 오히려 보다 진실 되게 합니다. 특히 물질적 윤택이 주는 행복은 거의 우리를 속일 뿐 아니라 인간의 참된 내적 성장을 방해하기 쉽습니다.

그러나 어떤 불행이든지, 때로는 감당하기 힘들 만큼 큰 시련일지라도 마음을 바로 굳게 먹고 받아들일 때, 힘차게 대결해 나갈 때, 우리의 마음은 굳세어질 뿐 아니라 인간적 성숙을 얻습니다. 더욱이 그것이 진선미를 추구하는 데서 얻는 시련일 때에는 정말 인간을 고귀하게 성장시켜 줍니다.

인류를 빛내는 위대한 인물들, 위대한 어머니는 모두 이같은 상황에서 출현하였습니다. 모두 칠흑 같은 절망의 어두움을 이겨낸 분들입니다. 우리는 먼저 자기 자신이 얼마나 귀한 존재인지, 얼마나 하느님의 사랑을 담뿍 받고 있는지를 깨닫고 참으로 자기를 사랑하는 사람이 되어야 하겠습니다.

어떤 외국 사람이 '자존심(自尊心)'에 대하여 글을 쓰면서, 한국 사람은 자기를 사랑하는 마음이 없어서 '심(心)'자가 없고, 존경하는 마음이 없어서 '존(尊)'자도 없고 '자(自)'자만 남았다고 했습니다.

그렇습니다. 사랑하지도 존경하지도 않는 자기 자신이라면 속이 '빈 자기' '가치 없는 자기'입니다. 이런 '자기'를 안고 사는 것은 참으로 힘든 일입니다. 삶이 건조하고 무의미합니다. 우리 모두 자기를 사랑하는 사람이 되어야 합니다. 이기적인 자애(自愛)가 아닙니다. 하느님이 나를 사랑하기 때문에 내가 나를 사랑하는 자애심입니다. 어떤 때를 보면, 우리는 너무 자기를 미워합니다. 자기를 싫어하고 자기 못생긴 것을 한탄하고 있습니다.

안토니 블룸이 쓴 『기도의 체험』에 이런 이야기가 있습니다. 블룸 자신이 어릴 때 아버지로부터 받은 교훈입니다.

그가 젊었을 때의 어느 휴일 날, 피치 못할 사정이 생겨서 집에 연락하지 못하고 외박한 일이 있었습니다. 다음날 아침, 아버지는 "네 걱정을 많이 했다"고 말씀하였습니다. 그 말에 블룸은 불쑥 "교통사고라도 생긴 줄 아셨습니까?" 라고 퉁명스럽게 답했습니다. 그러자 아버지는 "그런 것쯤이야 괜찮다! 네가 죽었다고 치더라도 그것은 그리 걱정할 큰 문제가 아니다. 나는 혹시 네가 너의 결백을 잃지 않았는지 걱정한 것이다" 라고 했습니다.

그의 아버지는 사람의 가치가 어디 있는지를 잘 알고 있는 분입니다. 이 아버지는 또 한번은 "네가 살아 있든지 죽든지 그건 그리 중대한 문제가 아니다. 참으로 중요한 건 네가 무엇을 위해 살며, 무엇을 위해 죽을 준비가 되어 있는가 하는 것이다" 라고 하였습니다. 이 말은 참으로 우리

삶이 그대를 힘들게 할지라도 | 125

에게도 많은 생각을 주는 의미심장한 말입니다. 사실 살아 있든지 죽든지, 그것은 큰 문제가 아닙니다. 더 중요한 것, 더 근본적인 문제는 우리가 무엇을 위해 살며, 무엇을 위해 죽을 준비가 되어 있는가 하는 것입니다. 우리가 진리, 정의, 사랑을 위해 살고 죽을 준비가 되어 있다면, 이것이야말로 가장 값지고 보람된 삶입니다.

'아침이면 태양을 볼 수 있고 저녁이면 별을 볼 수 있는 나는 행복합니다. 잠이 들면 다음날 아침 깨어날 수 있는 나는 행복합니다. 꽃이랑 보고 싶은 사람을 볼 수 있는 눈, 아기의 옹알거림과 자연의 모든 소리를 들을 수 있는 귀, 사랑하는 말을 할 수 있는 입, 기쁨과 슬픔과 사랑을 느낄 수 있고 남의 아픔을 같이 아파해 줄 수 있는 가슴을 가진 나는 행복합니다.'

이 글은 서울의 성모병원 복도에 붙어 있는 것으로 환자들, 또는 그 가족이나 방문객을 위한 것입니다. 생각해 보면, 우리는 성한 눈, 귀, 입, 손발 그 어느 하나도 감사하지 않은 것이 없습니다. 더 깊이 생각하면, 지금 숨을 쉬고 있다는 것도 은혜입니다. 이 모든 것은 하느님이 우리에게 주신 은혜입니다.

우리는 결코 실의와 좌절에 빠져서는 안 됩니다. 실의와 좌절은 결코 문제 해결이 아니고 사람을 더 불행하게 만들 뿐입니다. 우리는 이럴 때일수록 뜻을 굳게 갖고 실의와 좌절을 딛고 일어서야 합니다. 많은 이에게 시련과 고통은 오히려 재기와 회생의 계기가 되고 새로운 도약의 발판이 될 수 있습니다. 이것이 현재에 부딪힌 시련을 이기는 길이요 우리의 불행을 행복으로 바꾸는 길입니다.

행복 속으로 불행 밖으로

우리가 바라는 참된 행복이란 무엇입니까? 성서를 보면, 예수님은 마음으로 가난한 사람은 행복하다고 하였고, 이어서 슬퍼하는 사람, 온유한 사람, 옳은 일에 주리고 목마른 사람, 자비를 베푸는 사람, 마음이 깨끗한 사람, 평화를 위하여 일하는 사람, 옳은 일을 하다가 박해를 받는 사람은 행복하다고 하였습니다. 이것이 참된 행복, 이른바 진복팔단(眞福八端)입니다.

이 여덟 가지의 참 행복에는 우리들이 흔히 행복으로 생각하는 건강이나 부귀영화는 들어 있지 않습니다. 우리는 오복(五福)이라고 하여, 장수(壽), 부귀영화(富), 건강하고 평안한 마음(康寧), 도덕 지키기를 낙으로 삼는 것(攸好德), 제 명대로 살다가 편안하게 죽는 것(考終命) 등 다섯 가지를 최고의 복으로 여기고 그것을 누리기 위해 빌기도 하는데, 이런 행복은 성서에서 말하는 여덟 가지 행복에는 들어 있지 않습니다. 오히려 그것

삶이 그대를 힘들게 할지라도 | 127

과는 거리가 멉니다. 한마디로 성서의 행복에 대한 가치관과 우리가 갖고 있는 행복에 대한 가치관에는 엄청난 차이가 있습니다. 어떤 의미로는 정반대라고 해도 과언이 아닙니다. 성서에는 아주 노골적으로 이렇게 말씀하고 있습니다.

가난한 사람들아, 너희는 행복하다.
하느님 나라가 너희의 것이다.
지금 굶주린 사람들아, 너희는 행복하다.
너희가 배부르게 될 것이다.
지금 우는 사람들아, 너희는 행복하다.
너희는 웃게 될 것이다.
사람의 아들 때문에 사람들에게 미움을 사고 내어쫓기고
욕을 먹고 누명을 쓰면 너희는 행복하다.
그럴 때에 너희는 기뻐하고 즐거워하라.
하늘에서 너희가 받을 상이 클 것이다.
그들의 조상들도 예언자들을 그렇게 대하였다.
그러나 부요한 사람들아, 너희는 불행하다.
너희는 이미 받을 위로를 다 받았다.
지금 배불리 먹고 지내는 사람들아, 너희는 불행하다.
너희가 굶주릴 날이 올 것이다.
지금 웃고 지내는 사람들아, 너희는 불행하다.
너희가 슬퍼하며 울 날이 올 것이다.
모든 사람에게 칭찬을 받는 사람들아, 너희는 불행하다.
그들의 조상들도 거짓 예언자들을 그렇게 대하였다. (루가 6,20-26)

여기에는 인간적인 견지에서 불행이라고 볼 수밖에 없는 가난, 슬픔, 모욕, 박해가 들어가 있습니다. 참으로 우리의 생각으로는 이해하기가 힘듭니다. 예수님이 아닌 다른 사람이 이렇게 말했다면 아마 미쳤다고 할 것입니다. 실제로 성서를 보면, 예수님은 한때 '미쳤다'는 소문이 난 적도 있었습니다. 성모 마리아는 당신의 아들 예수가 미쳤다는 소문을 듣고 찾아 나선 일도 있습니다. 예수님의 말씀을 당시의 사람들이 도무지 알아들을 수 없었기 때문입니다.

왜 이렇게 주님은 우리와 정반대입니까? 그것은 주님의 가치관, 인생관이 우리의 그것과 다르기 때문입니다. 인생을 현세의 시각으로 보느냐, 아니면 영세의 시각으로 보느냐 하는 차이입니다. 주님은 하느님을 가치관의 근본으로 하여 보고, 우리는 물질적인 척도로서 봅니다.

주님이 보는 인간은 결코 유물론이나 진화론적인 지성을 갖춘 고등동물에 불과한 것이 아닙니다. 인간은 아무리 못난 존재라 할지라도 하느님의 모습에 따라 창조된 존엄한 인간이고, 그것은 죽어 썩고 말 운명의 것이 아니고 하느님과 같이 영원히 살아야 하는 고귀한 부르심을 받고 있습니다.

인간의 눈으로 볼 때, 건강하고 돈 많고 지위 높고 잘 먹고 잘 살면 그것이 제일 가는 행복입니다. 그러나 그것은 누구에게나 가능한 것이 아닙니다. 불과 소수 사람만이 그런 행복을 누릴 수 있습니다. 뿐더러 그런 행복은 오래 가지 않습니다. 인간을 교만하게 만들고 타락시키기도 쉽습니다. 그리고 끝내는 허무만 남습니다. 아무리 호의호식하며 잘 살아도 끝내는 늙고 병들고 죽고 맙니다. 무엇보다도 그 행복 속에는 영원하신 하느님이 계시지 않습니다. 소유로 인하여 인간이 인간성을 잃고 비인간화된다는 지적은 에리히 프롬을 위시하여 오늘날 뜻있는 철학자, 사회학

삶이 그대를 힘들게 할지라도 | 129

자들이 지적하는 바입니다. 돈이나 권력은 분명 필요하고 그만큼 유익하지만 그것을 최고의 가치로 믿고 그것에만 매이고 집착할 때에는 바로 그 돈, 권세 때문에 망하고 맙니다. 그것에 눈이 어두우면 인간의 마음은 닫히고 남을 생각할 줄 모르는 이기주의자, 구두쇠로 타락합니다.

주님이 볼 때, 인간은 하느님과 함께 있을 때에만 행복할 수 있습니다. 하느님을 떠나면 세상의 모든 것을 다 얻는다 해도 소용이 없습니다. 왜냐하면, 하느님은 모든 존재의 원천이요 하느님 없이 우리는 존재할 수 없고 살 수도 없기 때문입니다. 그리고 하느님은 당신 모습을 닮은 아주 존엄한 인간을 지으셨습니다. 그래서 우리가 마음속으로부터 바라는 행복도 결코 죽고 썩고 말 현세의 인생에 국한된 것이 아닙니다. 우리는 영원한 것, 무한한 것, 불멸의 생명과 사랑을 바랍니다. 이것은 곧 하느님 생명과 사랑 자체이신 하느님입니다.

여기서 우리는 왜 그리스도가 가난하고 약한 자로 세상에 오셨는지, 왜 자신을 희생하는 십자가로 세상을 구하는지 조금은 이해할 수 있습니다. 세상과 인간을 구하는 것은 돈도 권세도 아닙니다. 남을 위하여 자기를 희생하는 사람입니다. 자기를 비우고 바치는 전적인 사랑만이 우리를 구할 수 있습니다. 모든 죄와 욕망과 타락과 억압에서 해방시킬 수 있습니다. 그런데 그 하느님을 얻는 데 있어서 제일 중요한 것은 마음의 가난입니다. '마음으로 가난한 이'라는 것은 마음이 정신적 가치, 종교적 가치에 있어서 텅 비어 있는 것을 말하는 것이 아닙니다. 오직 하느님만을 믿고 하느님에게 모든 것을 의탁하고 그 하느님의 뜻 앞에 자신을 완전히 비우는 것을 뜻합니다.

우리가 서야 할 자리

영국의 유명한 문필가요 사상가인 버나드 쇼와
어느 정신박약자가 같은 배를 타고 대서양을 건너다가 풍랑을 만나
배는 파선하여 침몰하고 두 사람만이
바다에 던져졌는데 구명대는 1인용 하나뿐이었다.
이때 두 사람 중 한 사람만이 살 수 있다면
과연 누가 살아남아야 합니까?

사람으로 살아간다는 것

영국의 유명한 문필가요 사상가인 버나드 쇼와 어느 정신박약자가 같은 배를 타고 대서양을 건너다가 풍랑을 만나, 배는 파선하여 침몰하고 두 사람만이 바다에 던져졌는데 구명대는 1인용 하나뿐이었습니다. 이때 두 사람 중 한 사람만이 살 수 있다면, 과연 누가 살아남아야 합니까?

어떤 책에서 읽은 적이 있는 이야기입니다. 여러분이 당사자라면 누가 살아남아야 하겠습니까? 판단은 버나드 쇼가 합니다. 내가 이런 질문을 던지는 것은 대답이 어느 편이냐에 따라서 가치관이 정반대로 달라지기 때문입니다.

답은 물론 두 가지가 있을 수 있습니다. '버나드 쇼가 살아남아야 한다'와 '정신박약자가 살아남아야 한다'입니다. 먼저 버나드 쇼가 살아야 한다는 입장이라면, 정신박약자는 무용지물이지만 버나드 쇼는 더 많은 작품으로 인류 문명에 더 공헌할 수 있다고 주장할 것입니다. 이와는 반

132

대로 버나드 쇼가 스스로 희생되고 정신박약자를 살려야 한다는 입장이라면, 그럼으로써 보여준 그 인간애는 버나드 쇼의 과거, 현재의 작품, 미래에 쓸 그 어떤 작품보다도 인류에 더 공헌할 수 있고 그 살신성인(殺身成仁)의 정신은 오늘의 이기적인 인간사회에 불멸의 빛이 되기 때문이라고 주장할 것입니다.

이 두 가지 가치관 중에서 우리는 어느 편에 서 있습니까?

버나드 쇼가 살아야 한다는 견해에도 일리가 있습니다. 일종의 엘리트 사회관입니다. 그러나 약자의 생명을 짓밟고 살아난 버나드 쇼의 인생관은 무엇이겠습니까? 만일 그가 자신이 살기 위해 정신박약자를 밀어내고 구명대를 차지한다면 그의 인품은 무엇입니까? 그가 글로써 밝힌 인간애, 인본주의 같은 것은 무슨 의미를 지닙니까? 정신적으로나 육체적으로 약한 자, 사회 발전에 구체적으로 이바지할 수 없는 쓸모 없는 존재는 도태되어야 한다는 것이 아니겠습니까? 그것을 더 연장할 때, 한 나라가 선진국으로 발전하기 위해서는 병약자, 불구자, 노약자, 나병환자, 폐병환자 등 모든 약자는 제거되고 건강한 자, 두뇌가 우수한 자, 예컨대 국위 선양을 할 수 있는 실력 있는 운동선수, 과학자, 기술자, 저명한 학자, 경제가, 재벌, 힘센 자 등 한마디로 권력자와 금력자만이 살아남아야 한다는 것이 아니겠습니까?

이런 사회는 곧 약자는 도태되어 죽고 강자만 살아남는 치열한 경쟁사회, 즉 약육강식의 극도로 이기주의적인 사회가 됩니다. 그리고 그런 사회가 추구하는 문명이란 물질문명입니다. 인간을 짓밟고 인권을 유린해도 관계없는 유물론적 문명입니다. 인간다움이 없습니다. 탁월한 두뇌, 지성은 있어도 인간다운 정신은 없습니다. 성애(性愛)는 있어도 인간다운 사랑은 없습니다. 결국 혼이 타락한 사회, 마음이 메마른 사회로 떨어지고 말 것입니다. 거기에는 가난한 자, 불구자, 노약자 등 사랑과 위로와 도움이 필요한 인간이 설 땅이 없을 것입니다. 이런 사람들은 사회발전을 위해서는 무용지물이요 잉여 존재이기에 폐물로 도태되어야 마땅합니다. 그리고 모든 인간은 오로지 권력과 금력을 추구한 나머지 그 권력과 금력의 도구와 노예로 전락하고 말 것입니다.

이런 가치관이 실제로 한 사회를 지배한 역사가 20세기에도 있었습니다. 독일 히틀러의 나치즘이 그 대표적 예입니다. 아리안족, 그 중에서도 우생학적 입장에서 우수한 사람만이 살아남아야 한다는 입장에서, 나치는 비아리안족인 유태인들을 6백만 명이나 살해하였습니다. 그 외 여러 다른 민족과 정신병자, 유전성 병자, 정신박약자, 불구자까지도 무수히 집단적으로 가스실로 보내든지, 아니면 다른 수단으로 살해하여 제거해 버렸습니다. 이른바 홀로코스트가 그것입니다.

오늘날 우리 중의 아무도 나치즘을 지지할 사람은 없을 것입니다. 그러나 여러분은 우수한 사람들을 만들어 내자는 우생학에는 반대하지 않을 것입니다. 사실 가능한 대로 정신적으로나 육체적으로 우수한 사람들을 만들어 내자는 데 누가 반대하겠습니까?

그런데 문제는 거기서 끝나지 않습니다. 인간에 대한 가치 판단을 생물학적 우열 또는 물질적 척도로 재고 능력 위주에 두는 데 문제가 있습니다. 육체적으로 우수한 것이 인간의 참다운 가치라고 볼 때, 그렇지 못한 인간에 대한 경시 관념, 즉 저능아, 병약자를 멸시하고 인간 대접조차 제대로 하지 않는 데 문제가 있습니다.

우리 사회는 어떻습니까? 우리 사회는 아직도 지체장애자들을 잘 받아주지 못하고 있습니다. 이런 사회를 인간적인 사회, 가치관이 바로 선 건전한 사회라고 할 수 있습니까? 지금 이 순간에도 그들은 사회적으로나 인간적으로 충분한 배려와 인정을 받고 있다고 할 수 없습니다. 장애자들은 우리의 동정을 바라지 않습니다. 그들도 우리처럼 다른 이와 다를 바 없는 인간으로서의 인권과 대우를 바랄 뿐입니다. 이런 약자 경시는 인간 경시의 풍조를 불러일으킬 것이고, 급기야는 그런 약자가 될 위험이 있어 보이는 존재는 진작부터 제거해 버리자는 관념, 아니 주장이 나올 수 있습니다.

오늘날 세계 도처에서 이런 주장이 현실화되고 있고, 여러 나라에서 이것을 위한 법 규정이 장려되고 있으며 그 추세가 세계적인 지지를 받고 있습니다. 이른바 임신중절법, 낙태법이 그것입니다. 이 법은 우생학적 입장뿐 아니라 태아가 장래 우수한 인물이 될 수 있는지 없는지 상관없이 그 부모나 사회가 원치 않을 때 살해해도 좋다는 입장입니다. 경우에 따라서는 그렇게 해야 한다는 것입니다.

나는 이 문제에 대해 우리 나라 국민들이 어떤 견해를 갖고 있는지, 그 구체적인 데이터는 모릅니다. 그러나 짐작컨대 상당수가, 어쩌면 놀라울 만한 절대 다수가 동조하든지, 아니면 침묵하든지 또는 적극적인 반대 입장에 서 있지 않을 것이라고 생각됩니다.

나는 자연법에 입각하여 윤리적 타당성을 지닌 합법적인 산아조절까지 반대하는 것은 아닙니다. 그러나 태아도 분명 인간 생명이고, 임신 후 3개월이 되면 인체 구조를 다 갖추어 이를 낙태 수술하려면 그 머리를 깨고 수족을 메스로 자르고 갈기갈기 찢어야 합니다. 이같이 참혹한 짓을 감행하면서까지 나의 빵, 때로는 나의 편함, 혹은 체면을 지켜야 하겠다는 어머니, 아버지 또는 그래야만 경제가 발전하고 문명사회가 된다고 믿는 인간사회가 정말 인간다운 사회인지, 어버이 사랑을 가진 어머니요 아버지인지 대단히 의심스럽습니다.

우리가 서야 할 자리 | 135

오늘날 우리 나라에서만 연간 1백50만의 태아가 죽어 간다고 합니다. 세계적으로는 1천만이 훨씬 넘는다고 합니다. 그 수는 나치에 의해 희생된 6백만 유태인 수를 훨씬 넘습니다. 나치의 만행에는 온 세계가 분노하였습니다. 그러나 귀여운 어린 생명들의 학살에는 세계가 분노는커녕 동조하고 있으니, 참으로 비극이 아닐 수 없습니다.

산에 있는 나무 한 그루가 죽으면 우리 모두 마음 아파할 것입니다. 그런데 그 나무의 생명보다 더 소중한 인간 생명이 낙태로써 수없이 죽고, 교통사고나 기타 인재(人災)로써 엄청나게 죽어가고 있는데 우리 마음은 그렇게 아파하지 않습니다.

성경을 보면 인간 생명은 세상의 모든 가치 중에서 가장 존귀합니다. "사람이 세상 모든 것을 다 얻는다 해도 자기 생명을 잃으면 무슨 소용이냐" 라고 예수님은 말씀하였습니다. 참으로 인간 생명보다 더 앞서는 가치는 이 세상에 없습니다.

인간 생명은 들의 백합보다 더 존귀합니다. 하늘의 별보다 더 존귀합니다. '들의 백합이 너무 많다, 하늘의 별이 너무 많다'고 생각할 사람이 있겠습니까? 그것은 아름다움이 너무 많다는 것과 같을 것입니다. 우리는 '저 별은 나의 별, 저 별은 너의 별, 별빛이 흐르는 밤같이…' 라는 노래를 좋아합니다. 우리는 그렇게 별 하나에 대한 아득한 동경을 노래로 부릅니다. 그런데 별보다 더 귀하고 때묻지 않은 어린이들은 얼마나 아름답습니까? 인간 중에 가장 아름다운 존재들이 어린이들입니다. 귀여운 아기들이 너무 많다고 지금 세상은 온통 아우성입니다. 물질 위주의 현대인에게는 당연한 귀결이라고 봅니다.

정신박약자를 죽이고 버나드 쇼가 살아야 한다는 가치관은 인간의 마음에서 사랑을 깡그리 앗아갈 것입니다. 미래를 창조할 힘을 지닌 아기들을 없애도 좋다고 생각한다면, 그것을 당연시할 수 있다면 장래성이라고는 전혀 보이지 않는 불치병자, 불구자, 노약자들을 없애는 것이 더 합리적이 아니겠습니까? 만일 우리가 이른바 인도주의적 입장에서 불치병자나 불구자, 더욱이 노쇠한 사람들을 없앨 수 없다고 생각한다면, 왜 같은 인도주의자는 무죄한 생명, 아무런 탓도 없고 저항력도 없는 생명, 아름답기 그지없는 어린 생명들을 없애도 좋다고 생각합니까? 저항이 없기 때문입니까? 태중에 있어 눈에 보이지 않기 때문입니까? 또는 태아란 완전한 인간이 아니기 때문입니까?

도대체 완전한 인간이란 기준이 무엇입니까? 생물학적 견지뿐입니까? 그래서 사지와 오관을 다 갖추고 있는 것이어야 한다는 것입니까? 그렇다면 수족이 끊어진 불구자, 썩어 들어가는 나환자는 불완전한 인간 아닙니까? 인간의 완전성은 생물학적으로만 판단할 일이 아닙니다. 인격의 주체일 때, 생물학적으로 아무리 불완전해도 인간입니다.

독일의 사회학자 막스 호크 하이머의 말대로 오늘의 우리 사회와 세계는 분명히 기로에 서 있습니다. 인간적인 인간이 되느냐, 아니면 동물적 인간이 되느냐 하는 기로에 서 있습니다. 인간을 희생시키고 인류를 파멸로 이끌 위험이 절대적으로 큰 물질적 발전을 계속 찾을 것이냐, 아니면 물질적 발전이 비록 둔화되고 늦어질지라도 진정 인간을 위한 인간적 발전의 길을 찾을 것이냐 하는 문제 앞에 서 있습니다. 이것은 생명과 죽음의 갈림길에서 그 어느 것을 택할 것이냐의 문제입니다.

우리가 서야 할 자리 | 137

법이냐 인간이냐

얼마 전, 일본에서 불법 입국자들을 수용하는 오무라(大村)수용소에 있는 김 모씨라는 분으로부터 편지를 받았습니다. 그는 한국에 있을 때부터 여러 번 나에게 자기 처지를 알리고 도움을 청한 일이 있는 분입니다. 그의 사연은 이러합니다.

탈북자냐, 불법 체류자냐

이분의 주장에 따르면, 평안남도 출신으로 이른바 '탈북자'입니다. 중국을 거쳐 18일간 쪽배를 타고 죽을 고비를 몇 번씩이나 넘기면서 한국까지 오게 되었습니다. 그러나 한국에서는 중국으로부터 온 불법 체류자로 다스려졌습니다. 그에게 중국 공민증이 있었기 때문이고 또 중국 정부가 그를 중국인으로 인정했기 때문입니다. 그런데 본인의 주장은 다

138

릅니다. 중국 공민증을 갖게 된 것은 탈북자로서 중국에 있을 때 북한에서 파견된 '조교'(탈북자를 잡는 사람)들의 체포 위험에서 살아남기 위해 돈을 주고 얻은 위조된 공민증이라는 것입니다.

그는 우리 나라 사법당국으로부터 3년에 걸쳐 스물 두 차례 재판을 받고는 중국으로 추방되었습니다. 그때 그는 기회를 타서 도주하여 홀로 밀항선을 타고 일본으로 건너갔습니다만 그곳에서 잡혀 일본 오무라수용소에 수감되었습니다. 그가 일본으로 도주한 것은, 중국으로 추방되면 중국 관헌의 손에 넘겨져 조사를 받을 것이고 탈북자라는 것이 밝혀져 북한으로 송환되면 결국 죽게 된다는 것입니다.

나는 이분이나 유사한 경우에 있어서 법대로 다루면, 서류상으로 중국 국적을 가졌으니까 중국인으로 취급하여 불법 체류자로 추방할 수밖에 없다는 것을 이해합니다. 그러나 본인의 한결같은 주장에 의하면, 그는 '죽음의 땅'이라 해도 과언이 아닌 북한을 목숨 걸고 탈주하여 한국에까지 온 사람입니다. 설령 그가 중국 국적을 가졌다고 할지라도 근본은 우리 동족입니다. 그렇다면 법대로만 다룰 것이 아니라 우리와 같은 피의 동족이니, 그의 조국인 이 땅에서 살 권리가 있지 않은가? 왜 그 점을 고려해 볼 수 없는가 하는 의문이 있습니다.

그가 이북 출신으로 탈북자라는 것은, 현재까지는 그의 주장이고 서류상으로 증명할 수는 없습니다. 그러나 그가 말하는 여러 정황으로 보아서 탈북자라는 심증이 가는 것이 있습니다.

내게 쓴 편지에 의하면, 그는 북한에 있을 때 사회안전부에 근무한 경험이 있던 관계로 1997년 대통령선거 당시 북한으로 월북한 '오익제 편지 사건'이 터졌을 때 새정치국민회의 국회의원들이 그를 초청하여 오익제 편지가 가짜임을 밝힌 첫 번째 사람이라는 것입니다. 당시 그를 초청

우리가 서야 할 자리 | 139

한 국회의원들은 이 사람이 겪고 있는 어려운 처지를 듣고는 대통령선거가 끝나 김대중 후보가 당선되면 문제를 해결해 줄 테니 걱정하지 말라는 약속까지 받았다는 것입니다. 그런데도 결과에 있어서는 여전히 법대로였습니다. 현재 일본에서는 일본 가톨릭교회 정의평화위원회에서 그의 사정을 알고 돕는 운동을 여러 경로로 벌이고 있다고 합니다. 그는 지금 여기에 희망을 걸고 있습니다.

여기서 우리는 한 사람의 경우이지만 근본적으로 '법이냐, 사람이냐?' 하는 문제 앞에 서게 됩니다. 이같은 경우를 우리는 수없이 경험할 수 있습니다. 나는 여기서 빅토르 위고의 소설 「레미제라블」에 나오는 주인공 장발장과 경찰관 쟈베르가 보여주는 인간과 법의 상관관계를 연상하게 됩니다.

경찰관 쟈베르의 의문

주인공 장발장은, 시작은 굶주린 어린이들을 위해 빵 몇 개를 훔친 절도죄로 체포되었으나 탈옥을 시도하다가 다시 잡혀 19년간이나 옥살이를 한 전과자로서 거의 평생을 '수감번호 24601호' 죄수로 쫓기는 신세가 되었습니다. 이에 반하여 경찰관 쟈베르는 그를 체포하여 다시 법의 심판을 통해 재수감해야 한다는 확신으로 장발장을 끊임없이 뒤쫓는 법의 화신 같은 존재입니다.

장발장이 비록 감옥 생활을 오래 한 죄수이긴 하지만, 우리는 그 안에 인간다움을 애타게 찾는 모습과, 참으로 인간애를 사는 한 인간의 모습을 볼 수 있습니다. 이에 반하여 경찰관 쟈베르는 그 모든 것을 법의 잣대로만 재고 판단하는 바로 법의 노예입니다.

장발장이 이름을 바꾸고 몽트리유 쉬르 메르 시장이 되어 있을 때, 경찰관 쟈베르로부터 다른 사람이 장발장으로 체포되어 있다는 말을 듣습니다. 그리고 자기 대신 다른 사람이 감옥에 가는 것을 참을 수 없다고 하여 법정에 출두해서 자신이야말로 당국이 찾고 있는 '죄수 24601호'이고 진짜 장발장이라고 고백합니다. 애매하게 잡혀 투옥된 한 사람을 구하기 위해 자신이 겨우 쌓아올린 사회적 신분과 명예 등 모든 것을 잃을 줄 알면서 자기 자신의 과거를 솔직히 드러내는 그 장면은 참으로 감동적입니다.

또 장발장은 당시 내전중 혁명군에 가담하고 있는 양녀 고세트의 애인 마리우스를 구하기 위해 혁명군 바리케이드에 들어갔을 때 경찰의 스파이로 잡힌 쟈베르를 만났고, 그를 넘겨받아 죽일 수 있는 기회를 잡지만 쟈베르의 예측과는 정반대로 그를 풀어 주고 살려 보냅니다.

이런 인간미를 법에 사로잡힌 경찰관 쟈베르는 도저히 이해하지 못합니다. 쟈베르는 마리우스를 구해서 파리 세느강변 하수구를 나오는 장발장과 만납니다. 이때 장발장은 마리우스를 치료하기 위해 집으로 옮길 수 있게 해달라고 청합니다. 쟈베르는 장발장의 청을 들어주면서, 동시에 장발장의 인간다움에 뒤늦게 지금까지의 자신의 삶과 행동에 깊은 회의를 느끼고, 이를 감당하지 못한 나머지 세느강에 투신자살을 하고 맙니다. 자살하기 전, 쟈베르는 장발장이 자기를 죽일 수 있었는데도 죽이지 않은 것처럼, 장발장을 코앞에 두고도 잡지 않고 그냥 내버려두었습니다. 이 대목을 요약해 보면 이렇습니다.

"이제 한 변화가 생긴 것이었다. … 하나의 새로운 일, 하나의 혁명, 하나의 파멸이 그의 마음속 깊이 일어난 것이었다. … 쟈베르는 무서운 고민을 가지고 있었다. … 쟈베르를 놀라게 한 한 가지 일은 장발장이 그를 용서한 일이었으며, 그를 아연실색케 한 하나의 사건은 그 자신이 장발장을 용서한 일이었다. 그는 자기가 해온 일에 몸서리쳤다. 쟈베르는 경찰의 온갖 규칙에 위반하여, 사회적 사법적 조직에 반대하고, 법전(法典) 전부를 위반하고 스스로 괜찮다고 생각하여 죄인을 놓아준 것이었다. … 그는 개인적인 일 때문에 공적 업무를 희생시켰다.

장발장은 그를 참으로 난처하게 했다. 그의 생애의 대들보였던 모든 원리가 그 사나이 앞에서 무너져 버렸다. 쟈베르에 대한 장발장의 관용은 그를 압도하고 있었다. … 무서운 무엇이, 죄수에 대한 찬탄의 감정이 넋속에 스며드는 것을 쟈베르는 느꼈다. 죄수에 대한 존경, 그런 일이 있을 수 있을까? 죄수가 바로 그의 은인이었던 것이다. … 그의 가장 큰 고민은 확실한 것이 없어진 것이었다. 그는 자기가 송두리째 거세된 것을 느꼈다. 법전도 이미 그의 수중에서는 통나무에 지나지 않았다. … 하나의 신세계가 그의 영혼에 나타났다.

선행의 실천, 헌신, 연민, 관대, 개인에 대한 사랑, 단호하게 사람을 벌하는 일도, 죄를 짓게 할 수도 없다는 것, 법의 눈에도 눈물이 있을 수 있다는 것, 그는 여태껏 알지 못했던 도덕의 태양이 암흑 속에서 무섭게 뜨는 아침을 보았다. 그 아침은 그를 겁나게 했고, 그는 아찔한 현기증을 느꼈다. 독수리의 눈을 가질 것을 강요당했다.

그는 친절이라는 것이 세상에 존재한다는 것을 인정하지 않을 수 없었다. 그 죄수는 친절하였다. 그리고 이상한 일이지만, 그 자신도 조금 전에 친절한 행위를 하고 왔다. … 어째서 그가 그렇게 되었는지, 어째서 그런 일이 일어났는지? 그것은 그 자신도 몰랐다. 그는 두 손으로 머리를 누르고 아무리 생각해 보아도 자신이 그것을 설명할 수가 없었다.

'내가 박해까지라고 할 만큼 심하게 추적한 저 죄수, 저 절망에 빠진 인간은 나를 짓밟고 복수할 수 있었다. 원한을 풀기 위해서도, 자신의 안전을 위해서도 당연히 복수했어야 했을 텐데도 나를 살려주고 나를 용서했다. 대체 어째서일까? 그의 의무일까? 아니다! 의무 이상의 무엇이다. 그리고 나도 그를 용서했다. 대체 어째서일까? 내 의무일까? 아니다! 의무 이상의 무엇이다! 그렇다면 의무 이상의 것이 있단 말인가?'

그는 아연해졌다. … 쟈베르는 기성의 그리스도교를 존경하고 있었다. 그러나 사회 전체의 한 엄격한 조직으로밖에 그것을 알지 못하였다. … 그는 상관으로서 지스케를 모시고 있었다. 그는 오늘날까지 신(神)이라는 다른 상관을 거의 생각해 보지도 않았다. 신이라는 새로운 주인을 그는 뜻밖에 느낀 후부터 마음은 혼란에 빠졌다."

쟈베르에게는 참으로 무서운 변화가 일어났습니다. 지금까지 확신하고 있던 것, 즉 모든 법칙이 무너져 버렸습니다. 그의 의문은 한 마디로 '법전이 만사를 설명하는 것은 아니다. 사회는 완전하지 않다. 관헌도 움직일 수 있다. 재판관도 인간이다. 법률도 잘못을 저지르는 일이 있다. 법정도 오인할 때가 있다' 는 것이었습니다.

인간 존엄과 가치는 믿음의 문제

법이 앞서냐, 인간이 앞서냐? 성서를 보면, 예수님과 당시의 율법학자들인 바리사이파들 사이의 논쟁에서도 이 문제를 볼 수 있습니다. 예수님은 자주 안식일에 사람들에게 가르침이 되는 말씀도 하고 병자도 고쳐주었습니다. 그런 예수님의 언행을 보고, 당시 예수를 질시하고 있던 바

우리가 서야 할 자리 | 143

리사이파 사람들과 율법학자들은 예수님이 안식일의 규정을 어긴다고 비난하였습니다.

예수님은 안식일에 지켜야 할 수많은 규정을 만들어 놓고 사람들을 얽매고 있는 바리사이파나 율법학자들에게 안식일의 참뜻을 말씀하면서 "사람이 안식일을 위해 있지 않고 안식일이 사람을 위해 있다"고 하였습니다. 이 말씀은 안식일의 형식적인 준수보다 병자를 돌본다든지 하는 이웃사랑의 실천이 우선한다는 것을 강조한 말씀입니다.

이같이 예수님도 모든 법에 우선하는 법은 '사랑의 법'임을 설파하였습니다. 사도 바오로는 "아무리 해도 다할 수 없는 의무는 사랑의 의무이다" 라고 하였습니다. 예수님의 가르침에 따를 때, 인간에 대한 사랑은 모든 법에 우선합니다. 뿐더러 예수님은 인간을 구하려 모든 인간의 죄를 대신 지고 속죄의 제물로 당신의 목숨까지 바친 분입니다.

오늘날 지각 있는 사람이면 누구나 인간의 존엄성을 말합니다. 인간에게는 그가 누구이든, 어떻게 생겼든, 잘났든 못났든, 불구자든 천치바보든, 인간인 한에 있어서는 신성불가침의 존엄성을 지녔다는 것을 대부분의 인류 사회가 인정합니다. 또 존엄성은 나라의 권력조차 침해할 수 없다는 것도 인정합니다. 신앙인은 물론이요 비신앙인, 무신론자, 유물론자까지도 인간의 존엄성을 인정합니다. 적어도 부인하지는 못합니다. 그래서 대부분의 나라가 이 존엄성과 이를 바탕으로 한 인간의 평등과 인간의 기본권리, 자유를 헌법에 명기하고 있습니다.

'세계인권선언'에서도 '인류사회의 모든 사람이 나면서부터 가지고 있는 존엄성과 동등하고 양도할 수 없는 권리를 인정함은 자유와 정의와 세계 평화의 기본이다' 라고 천명하고 있습니다. 우리 나라 헌법 제10조는 '모든 국민은 인간으로서의 존엄과 가치를 가지며, 행복을 추구할 권리를 가진다. 국가는 개인이 가지는 불가침의 이 기본적 인권을 확인하고 이를 보장할 의무를 진다'라고 하고, 제11조에서는 '모든 국민은 법 앞에 평등하다'라고 천명하고 있습니다.

그런데 이 존엄성이나 평등을 과학적으로 증명할 수 있습니까? 없습니다. 어떤 학문으로도 증명할 수 없습니다. 그럼 어찌하여 인간에게는 존엄성이 있습니까? 법률이 그렇게 정해서 존엄한 것입니까? 아닙니다. 인간의 존엄성은 법 이전의 천부적인 것입니다. 천부적인 존엄성을 다만 법이 천명하였을 뿐입니다.

평등도 마찬가지입니다. 법이 '모든 인간은 법 앞에 평등하다'고 한 것은 법 이전에 인간은 천부적으로 존엄하고, 그러므로 평등하다는 것을 밝힌 것뿐입니다. '천부적인 것', 곧 하늘이 준 것입니다. 그렇다면 이 존엄성과 평등은 사실상 믿음의 문제입니다. 그리고 이것이야말로 결정적으로 하느님을 믿고 인정할 때에만 설명이 가능합니다.

인간을 참으로 깊이 알기 위해서는 인간을 지으신 하느님을 인정하고, 하느님이 인간 존재의 근원이 된다는 것을 인정하고, 하느님과의 관계에서만 인간이 무엇인지, 그의 삶의 의미가 무엇인지를 말할 수 있습니다. 하느님을 배제하면 우리는 끝내 인간을 알 수 없게 됩니다. 신학은 신, 곧 하느님에 관한 학문이면서, 바로 그 때문에 인간에 대한 학문이기도 합니다.

특히 존엄성과 관련하여 성경 말씀을 요약하면, '하느님은 당신의 모습으로 인간을 창조하셨다. 하느님은 이 인간을 한없이 사랑하신다. 또한 그 사랑에서 하느님은 인간을 영원히 살리시기를 원하신다'는 것이 핵심입니다. 바로 이 때문에, 즉 하느님이 인간을 절대적이요 조건 없는 사랑으로 사랑하기 때문에 인간은 존엄합니다.

우리가 서야 할 자리 | 145

이러한 내용을 일반적인 의미에서 뿐 아니라 우리들 하나하나에게 구체적이요 현실적인 일로 받아들일 때, 다시 말해서 하느님이 나를, 현재 있는 그대로의 나를, 즉 내가 아무리 부족하고 못났다 하더라도 그런 나를 여기 지금 사랑한다는 것을 인식할 때, 인간 존엄성과 평등을 비로소 이해할 수 있습니다. 이런 하느님의 구체적인 사랑을 빼면 인간이 존엄할 이유도, 평등할 이유도 없습니다.

어떤 분은 인간 존엄의 근거를 지성에 둘 지 모르겠습니다. 그럼 지성의 능력을 잃은 천치바보는 존엄하지 않다는 말이 됩니다. 더구나 병으로 식물인간이 되었다면 더욱 존엄하지 못한 것이 됩니다. 그러면 이미 만인이 평등하다는 것은 말할 수 없게 됩니다.

'모든 인간은 어떤 처지에 놓여 있든 하느님의 사랑을 받고 있다. 하느님은 그를 어떤 처지에 있든지 버리지 않는다. 하느님에게는 그 누구도, 비록 흉악범일지라도 쓸모 없는 인간은 없다. 때문에 존엄하고 또한 평등하다'고 해석해야 합니다. 따라서 인간의 자유, 평등, 박애는 실로 하느님의 사랑에 의한 존엄성 때문입니다.

악법은 악법이다!

자유를 봅시다. 자유는 선택의 능력입니다. 그런데 자유는 우리가 항상 참된 의미로 선을 선택해야 더욱 자유로워집니다. 악을 선택하면 인간은 계속 그 악의 노예가 되어 자유를 잃고 맙니다. 예수님이 "진리가 너희를 자유롭게 할 것이다"라고 한 것은 바로 이 뜻입니다.

자유는 궁극적으로 선을 행하고 악을 피하며 사랑하기 위해서입니다. 누구도 자유 없이 사랑할 수는 없습니다. 하느님이 우리에게 자유를 준

것은 하느님의 그 사랑에 인간이 사랑으로 응답할 수 있기 위해서입니다. 그래서 당신 자신과 사랑 속에 결합되기 위해서입니다. 또한 모든 선한 것, 진리, 정의를 사랑하는 것은 참인간으로 완성되기 위해서입니다. 그 중에서도 같은 인간을 사랑하기 위해서 자유가 주어졌습니다.

그런데 나약한 인간은 이 자유를 자기 욕망의 충족을 위해서 쓰는 경우가 없지 않고, 따라서 선을 행하고 악을 피해야 하는데 오히려 선을 외면하고 악을 행하는 경우가 없지 않습니다. 어쩌면 법은 여기에 그 필요성을 두고 있지 않나 생각합니다. 즉, 자유의 남용으로 선을 외면하고 악을 행하는 인간으로 하여금 악을 떠나 선으로 돌아서게 하기 위해서 법은 있기 시작했다고 생각합니다.

적어도 성서에서 법의 시작은 그러합니다. 선의 근원이요 최고의 선인 하느님을 떠나 죄를 범하고 악으로 기울어짐으로써 자기파멸과 죽음을 자초하는 인간으로 하여금 죄를 끊고 악을 떠나 하느님에게로 돌아서고 하느님이 주는 구원을 얻어 참생명을 누리게 하기 위해서입니다. 그러기에 법의 목적은 어디까지나 인간을 위해서입니다.

앞에서 보았듯이 우리 나라 헌법에는 "모든 국민은 인간으로서의 존엄과 가치를 가지며, 행복을 추구할 권리를 가진다. 국가는 개인이 가지는 불가침의 기본적 인권을 확인하고 이를 보장할 의무를 진다"라고 하여 인간의 존엄성을 확인하고 있습니다.

여기서 국가가 법을 제정하고 운용함에 있어서 가장 우선적 목표로 삼아야 할 것은 인간 존엄성과 그 기본권의 존중입니다. 즉, 모든 국민이 존엄한 인간으로서 존중되고 성장 발전할 수 있고 행복을 누릴 수 있도록 법을 제정하고, 오직 이 목적을 위해 운용해야 합니다. 이처럼 법은 어디까지나 사람을 위해서 있어야만 참다운 법이라 할 수 있습니다.

우리가 서야 할 자리 | 147

소크라테스의 '악법도 법이다' 라는 말이 있습니다.

소크라테스 같은 현자(賢者)가 이 말을 자신에게 적용해서 할 때에는 그의 고매한 준법정신을 높이 평가해야 할 것입니다. 그렇다고 해서 그 말 때문에 곧 어떤 경우에도 '악법도 법이다' 라고 보편적인 의미로 말할 수는 없습니다. 특히 독재자들이 국민을 자기 마음대로 억압하고 다스리기 위해 반이성적, 반인간적인 법을 만들어 놓고 '악법도 법이다' 라고 주장할 때에 우리는 그것을 절대로 받아들일 수 없습니다. 인간 존엄성이 받아들일 수 없고, 존엄한 인간의 원천이신 하느님의 법에 따라서도 받아들일 수 없습니다.

악법은 어디까지나 악법입니다. 인간의 존엄을 유린하고, 존엄성에 입각한 불가침의 기본권리를 침범하는 악법은 제거되어야 마땅합니다. 법은 어디까지나 근원적으로 모든 선의 근원이신 하느님의 사랑과 정의에 입각해 있어야 합니다. 그럴 때, 법은 참으로 법으로서의 권위를 가질 수 있습니다.

당신이 '신념있는 지성인'이라면

나라와 겨레가 분단의 아픔, 그리고 안팎으로 큰 난국에 처해 있는 지금, 우리의 마음과 영혼은 방풍림 없는 비탈의 인동초처럼 뼛속까지 시릴 만큼 춥고 굶주리고 병들어 있습니다. 생각해 보면, 우리 경제가 위기에 놓여 국제금융기관인 IMF 관리가 오기 전부터 고통은 이미 예견되어 온 것이었습니다. 우리의 영혼이 돈의 통치를 받아서 극도로 쇠약한데 반해, 물신(物神)이 얼마나 기승을 부렸습니까? 영혼이 청정하지 않은 호황이라는 것은 이렇듯 처참한 몰락의 결과를 가져오는 것입니다.

우리가 지금 서 있는 곳

물론 오늘 우리 경제위기의 원인은 정부가 경제 운영을 잘못한 데 중요한 이유가 있겠습니다. 그러나 더 깊은 이유는 우리 자신, 특히 가진

우리가 서야 할 자리 | 149

자들 중 어떤 이들은 잘 살게 되었다고 황금만능주의에 빠져 나라와 이웃이 어떻게 되든 상관없이 향락을 추구하고 사치로 흘렀기 때문입니다. 이런 물질주의와 이기주의, 그리고 이것이 낳은 부정부패가 오늘의 경제난국을 초래하였습니다. 또한 법은 서지 않고 질서는 지켜지지 않으며 윤리와 도덕은 땅에 떨어져 있습니다. 물질적 가치가 앞선 가치관 전도 속에 날로 늘어나는 것은 불법, 무질서, 인명경시, 성폭행, 마약과 폭력행위 등 온갖 범죄와 사회악입니다.

어디서부터 문제의 해결을 찾을 수 있을지 모를 만큼 우리 사회의 혼미는 마구 헝클어진 실타래와 같습니다. 한마디로 번창하는 황금만능주의와 물질주의의 탁류 속에서 몸부림치고 있으면서 서로 불신하고 인간성은 날로 박탈당하고 있습니다.

이런 상황에서 진정한 지성인이라면 모름지게 지금 우리가 서 있는 좌표부터 확인해야 합니다. 만일 이 정도의 확인마저 꺼려한다면 그것은 바로 이 땅의 지성인 세계가 그만큼 마비되어 있다는 것이 아니겠습니까? 우리에게는 아는 능력이 있고 서로 동참할 수 있는 사랑이 있습니다. 우리가 남을 위해서 투신까지는 못한다 하더라도 주위에서 일어나는 일 속에서 이웃을 의식하고는 있어야 합니다.

우리가 본질적으로 사회적인 존재라면, 정도의 차이는 있더라도 내가 남의 안에 있고, 남이 내 안에 존재하고 있습니다. 그렇다면 이웃의 아픔이나 기쁨이 곧 나의 아픔이고 기쁨이며, 나의 웃음과 슬픔이 바로 이웃의 웃음과 슬픔입니다. 우리의 앎은 이러한 사랑, 즉 서로 동참하려는 사랑을 전제로 하고 또 이러한 사랑을 향한 것이라야 비로소 그 뜻을 지니게 됩니다.

'아는 것'과 '사랑한다는 것'은 물질세계에서는 오로지 인간에만 고유한 행위이며 이 행위를 통해 인간은 하느님 생명에 동참하는 것입니다. 사람이 본성적으로 사회적 존재임은 인류의 원초적 사회인인 아담과 에와의 창조에서 찾아볼 수 있습니다.

성서를 보면 여자(에와)는 남자(아담)의 갈비뼈에서 창조되었다고 묘사되어 있는데, 이것은 남녀의 우월을 설정하기 위한 것이 아니라 오히려 하느님이 여자와 남자의 일심동체와 같은 상호 협동을 원하고 있음을 의미합니다. 아담은 자기의 갈비뼈를 줌으로써 자기 자신을 에와에게 주는 것이고, 에와는 그의 갈비뼈를 통해 아담의 생명에 동참하는 것입니다. 아담의 뼈가 에와의 몸이 된다는 것은 에와가 아담의 완성인 동시에 아담은 에와로 하여금 살아있는 모든 이들의 어머니가 되는 바탕이라는 것을 말합니다.

여기서 보듯이, 남녀관계는 본성적으로 '자기이탈' 혹은 '자기포기'를 요구합니다. 사랑은 자발적으로 기꺼이 자기 자신을 포기할 때 비로소 완성됩니다. 여기서 우리가 잊지 말아야 할 것은 아담과 에와의 관계를 단순히 남녀관계로만 보아 넘겨서는 안 된다는 것입니다. 아담과 에와의 만남은 바로 모든 인간적 만남의 거울이며 원형이기 때문입니다. 혈연관계가 전혀 없는 이웃에 대해서도 우리가 마땅히 관심을 기울여야 하는 이유가 여기에 있습니다.

사람의 인격이 존귀한 까닭

우리가 체험하는 비인간화 현상의 가장 큰 원인은 생명경시 풍조입니다. 그리고 우리가 사람의 생명까지도 귀하게 여기지 못하는 것은 사람의 존재 자체를 소중하게 받아들이지 않기 때문에 빚어지는 현상이라

하겠습니다. 적어도 그리스도교의 관점에서 볼 때, 사람의 존재는 창조 때부터 그리스도의 강생하심을 통해 지금에 이르기까지 사람 자신에게 는 물론이요 창조주 하느님의 피조물 가운데서 가장 존귀합니다. 이 인 간의 존엄성은 개인의 삶을 바르고 보람있게 영위해 가기 위해서나 사 랑과 정의에 바탕을 둔 사회를 이룩하기 위해서 다시 한번 생각해 볼 가 치가 있다고 생각합니다.

사람의 존재는 자연세계에만 국한되어 있는 것이 아니라 만물의 근원 자체이신 하느님과 밀접한 관계를 가지고 있습니다. 하느님은 인간의 창 조주인 동시에 구원입니다. 우리를 없는 가운데로부터 있게 하였을 뿐 아니라 무한 자체이신 분이 스스로 유한 속에 뿌리를 박음으로써 유한 한 존재도 무한한 존재에 동참하게 된 것입니다.

예수 그리스도에서 보는 바와 같이, 하느님은 이 강생의 신비를 통해 스스로 우리와 똑같은 사람으로 태어나서, 우리 가운데 우리와 같이 먹 기도 하며, 울기도 웃기도 하고, 심지어는 죽음에까지 우리 인간의 조건 에 동참함으로써 사람의 존엄성을 들어 높였으며, 우리 인간도 하느님의 생명과 실존에 동참할 수 있는 계기를 마련해 주었습니다.

사람의 인격이 존귀하다는 것은 무엇보다도 사람이 하느님의 창조사 업의 극치를 이룬다는 사실에 그 바탕을 두고 있습니다. 성서에 의하면, 사람이 창조된 것은 사람 외의 모든 피조물이 만들어진 다음이었고, 사 람이 창조되는 장면은 대단히 장엄합니다. 사람은 다른 피조물의 경우와 달리 하느님의 모상으로 만들어졌습니다. 즉, 진흙으로 빚어진 그만큼 사람은 다른 피조물과 비슷하나 사람에게는 물질적인 것을 초월하는 영 혼이 있습니다.

사람은 '가시적(可視的) 물질세계'와 '불가시적(不可視的) 하느님의 모습'

152

을 연결하는 존재입니다. 한편으로 세상을 다스리기 위한 사명과 권한을 부여받았지만, 다른 한편으로는 언제나 초월적 존재이신 하느님 앞에 피조물로 겸손되이 서 있어야 합니다.

우리가 하느님의 모상을 가지고 있다는 것은 인격적인 행위를 할 수 있는 능력이 주어졌다는 것을 말합니다. 예를 들면, '아는 행위'나 '사랑하는 행위'는 인격적 주체에게만 가능한 것입니다. 또 사람을 창조한 하느님이 언제나 살아 계신 하느님이고 우리는 그의 모상을 지니고 있다면, 우리도 그 하느님의 생명에까지 동참하는 것입니다. 사실 하느님은 사람에게만 생명의 숨결을 직접 불어넣어 주었습니다. 다른 동물의 생명이 단순한 명령으로만 이루어진 것과는 너무나 대조적이지 않습니까? 이같이 사람의 생명은 직접 하느님 안에 그 근원을 가지고 있으며 그로 인해 신성합니다.

소수의 영웅보다 다수의 참사람을

여기서 한 가지 분명하게 해둘 것은 사람이 순전히 영적 존재에 의하여 온전히 자유로운 상태에서 창조되었다는 사실입니다. 따라서 그 창조주의 본성에 참여하는 인간의 자유는 하나의 특전임과 동시에 인간 본성에 속합니다.

물론 이러한 자유는 이 자유를 누리는 주체가 자기의 모든 행위에 대한 책임을 져야 한다는 것을 내포하고 있습니다. 그리하여 이 자유, 즉 우리 한 사람 한 사람이 날 때부터 하느님으로부터 받은 자유는 자유의 근원 자체이신 하느님의 명령까지도 거역할 수 있는 아무런 단서가 붙지 않은 자유입니다.

우리가 서야 할 자리 | 153

에와와 아담은 하느님이 금하신 과일을 따먹을 수도 있었고 따먹지 않을 수도 있었으며, 우리도 우리의 행동에 있어서 최종적 결정권 내지 선택권을 갖고 있습니다. 여하한 여건 속에서도 우리는 이 인간행위에 대한 최종적 결정권을 양보해서도 안 되고 또 침해해서도 안 됩니다. 우리에게 일단 부여한 다음에는 하느님도 간섭하지 않는 이 고귀한 자유를 값싸게 양보하거나 포기하거나 폭력으로 간섭 내지 제재하는 것은 인간 존엄성을 모독하는 행위입니다.

내가 행하는 모든 행위에 대해 궁극적으로 내가 책임을 진다는 것도 쉬운 일은 아닙니다. 여기에는 내가 결정을 내릴 수 있을 만큼의 내적 자유가 필요합니다. 글자 그대로 나는 나의 내적 자유를 누리고 있어야 합니다. 그러나 이 내적 자유를 누리는 자유마저 외부의 영향을 받을 수 있습니다. 오늘날 우리가 살고 있는 현실이 이 사실을 실감하게 하지 않습니까? 하지만 역설적으로 이 절박한 우리의 현실은 인간으로서의 우리가 서 있는 좌표를 확인하고 또 우리 삶의 방향을 정립하도록 촉구하고 있다는 사실도 잊지 말아야 합니다.

우리는 주위를 둘러보면서 지금 우리가 서 있는 좌표를 확인합시다. 우리는 어디서 와서, 어디까지 와 있으며, 또 어디로 가고 있는가를 의식적으로 의식하지 않으면 안 됩니다.

말을 할 수 없으면 생각이라도 하십시오. 듣지를 못하면 상상이라도 하십시오. 생각마저 못하는 인간, 생각마저 하지 않으려는 지성인은 이미 죽은 인생을 사는 사람이며 이미 시든 인생을 사는 사람입니다. 맥없이 떨어지는 낙엽에도 관심을 가지고 눈을 떠야 합니다. 옆집에서 외쳐대는 절규에 귀라도 기울여야 하겠습니다. 보고 듣고 생각하는 바를 분석도 하고 종합도 할 수 있는 지성인의 마음도 길러야 합니다. 외부의 힘

154

이제 아무리 막강하다 해도 올바른 마음을 가진 사람의 내적 자유는 박탈할 수 없다는 것을 잊지 마십시오.

비인간화의 거센 파도에 시달리고 있는 우리 사회는 결코 소수의 영웅을 부르지 않고 다수의 참사람을 부르고 있습니다. 우리 한 사람 한 사람이 이 부름에 기꺼이 응할 때, 우리 사회는 그만큼 더 따뜻해지고 미더워질 것입니다. 우리가 참사람이 되고 평화의 봉사자가 되려면, 우선 우리 스스로가 신념있는 사람이 되어야 합니다. 온 천하가 무관심한 일이라도 내게는 생사가 걸려 있는 일이 있을 수 있고, 모든 이가 꺼려하는 일 가운데 나만이라도 해야 할 일이 있습니다. 더욱이 모두들 좋은 일이라고 판단하면서도 막상 하기를 두려워하는 일일수록 신념있는 사람을 부르는 법입니다.

신념있는 지성인의 겸손함

신념있는 사람은 지성인답습니다. 그러기에 진리와 정의 앞에 겸손하며 사랑에 성실하고 비굴한 타협을 모릅니다. 진리와 정의를 사랑하기 때문에 옳은 일에는 혼자서라도 주저함 없이 투신합니다.

선하고 의로운 일에 투신하는 사람은 외로움까지도 포용해야 할 때가 있음을 의식하고 있으며, 막상 고독의 소용돌이 속에서는 자기 자신의 실존을 송두리째 의식합니다. 결국 나만이라도 이 일을 하고 이 고독한 길을 유유히 걸어가는 이유가 나 자신이기 때문임을 깨닫게 되는 것입니다. 나에게 주어진 지금과 여기에서, 나만이 할 수 있는 만큼을, 나는 이 사회와 이 나라와 이 겨레와 교회에 바치는 보람을 느끼게 되는 것입니다. 이러한 체험을 하는 이에게는 '왜 나 혼자서…?' 라든지 '왜 내가…?'

우리가 서야 할 자리 | 155

따위의 질문은 되풀이되지 않습니다. 신념있는 사람에게는 오히려 '나만이라도…' 또는 '나니까…'의 태도로 절망의 벽을 뚫고 나아가는 힘이 있습니다.

신념있는 사람에게는 모든 것이 가치가 있습니다. 심지어 실패라는 것까지도 구원적(救援的) 가치를 지닌 것으로 받아들입니다. 고독하게 벌거숭이로 십자가에 매달려 국사범으로 처형되신 예수님을 보십시오. 뭇 사람의 눈에는 그 유례를 찾아볼 수 없는 패배자였지만 세상과 인류의 구원이 이 패배자의 죽음으로 말미암았음을 잊지 말아야 합니다.

신념은 겸손합니다. 그러기에 우리가 스스로 신념을 갖고 사는 사람으로 자처하기 위해서는 먼저 겸손한 사람이 되어야 합니다. 우리 사회에는 가치관의 붕괴와 사회질서의 혼란으로 인한 양극화 현상이 일어나고 있습니다. 즉, 참된 신념을 가지고 용감히 살아가는 사람이 있는가 하면, 그릇된 신념으로 횡포를 부리는 사람들도 있습니다.

참된 신념은 적극적이고 건설적인 데 반하여, 그릇된 신념은 광적이고 파괴적입니다. 참된 신념은 자기 자신의 한계성을 뼈저리게 실감하면서도 자신의 소중함을 일깨워 주지만, 그릇된 신념은 자기 자신을 한없이 들어 높이고 자기보다 우월한 자를 보면 불안과 공포에 떨게 합니다. 신념있게 사는 사람 가운데는 하느님이 현존하지만, 그릇된 신념을 갖고 사는 사람은 언제나 자기 주위에서 맴돕니다. 그러기에 후자는 쉽게 극단적인 이기주의와 독선으로 기울어지게 됩니다.

우리가 신념을 갖고 살아갈 때, 우리들 서로의 관계는 지배자와 피지배자의 관계가 아니라 인생의 긴 나그네길을 함께 가는 동반자이며 봉사자의 관계가 됩니다. 사람을 있는 그대로 존중하고 인간 본연의 동등권을 소중하게 여기는 사람은 자기가 처해 있는 사회의 구성원이든 아니든간에, 또 가정이든 학교든 국가든, 자신이 스스로 남의 인격 위에 군림하지 않습니다. 나그네길로서의 인생은 그 자체만으로도 고달픈 일이 많고 서로의 도움 없이는 도저히 감당할 수 없는 일도 있습니다.

그럼에도 불구하고 우리 현실 속에는 남을 지배하고 억압하는 일에 시간과 재원과 노력을 낭비하는 일이 너무 많지 않습니까? 그러므로 우리는 어떤 차원에서든지 눌러대기보다는 눌리는 형제들과 함께 눌리고, 묶는 사람이 되기보다는 묶인 사람들과 함께 하고, 사람을 죽이는 위력을 발휘하기보다는 차라리 죽음을 당하는 형제들의 저항 없는 죽음에 동참하기를 원하는 신념의 사나이가 되어야 합니다.

존재의 이유를 묻는 그대에게

'가치관'이란 말은 나 자신이 자주 말하고 듣기도 하는데, 그것이 무엇이라고 언뜻 말하기는 쉽지 않습니다. 나는 '가치관'이란 새롭게 찾는 것이 아니라 이미 우리의 마음속에 새겨져 있다고 봅니다. 좋은 일을 하고 나쁜 짓은 하지 말라는 단순한 소리가 가치관의 근본입니다. 그럼 마음속에서 찾으라는 말이냐 하고 되물을지 모르겠지만, 그 기본법칙은 이미 우리 마음속에 심어져 있다고 봅니다. 그리고 이것은 아주 보편적입니다. 배운 사람이든 배우지 않은 사람이든 누구나 지니고 있습니다.

마음속에 가치관이 새겨진 이유

예를 들면, 우리는 아침저녁에 매우 붐비는 버스 또는 전철을 이용합니다. 너무 붐비는 바람에 누가 악의 없이 나의 발을 밟았습니다. 불쾌하긴 하지만 이것을 나쁘다고 탓할 수는 없습니다. 설령 그 때문에 내 발이 몹시 아팠더라도 말입니다. 하지만 전혀 붐비지도 않는 대낮에 누가 다가와서 고의로 내 발을 밟았다면, 누구든지 나쁘다고 생각할 것입니다. 설령 그때 별로 아프지는 않았더라도 말입니다. 후자의 경우를 좋은 일이라고 말할 사람은 아무도 없을 것입니다. 한국에서만 그렇게 생각하는 것이 아니고 세계의 어느 나라에 가도 마찬가지입니다.

그럼 왜 우리는 모두 똑같이 후자의 경우에 나쁘다는 판단을 내리는 것입니까? 작은 예에 불과합니다만, 이를 보면 무엇인가 범할 수 없는 윤리적 준칙이 우리의 마음속에 있다는 것을 알 수 있습니다.

또 붐비는 차 안에서 어떤 젊은이가 노약자에게 자리를 양보한다면, 혹은 무거운 보따리를 들어준다면 좋은 일입니다. 세계 어디를 가든지 그것은 선한 일입니다. 왜 인간에게는 이런 선악이라는 것이 있습니까? 남을 해치면 악이요, 남을 위하면 선이 된다는 도덕률이 다른 동물에게는 없는데, 왜 인간에게는 있습니까?

마찬가지로 어느 시대, 어느 사회에서나 이기주의자가 존경받는 일은 없습니다. 그가 아무리 부자이고 권세가 있다 해도 사람들은 그를 마음속으로 존경하지 않습니다. 반대로 몰아적(沒我的)인 사랑에 사는 사람은 어디서나 존경을 받습니다. 또한 우리는 배신자, 변절자를 싫어합니다. 그 대신 의리가 있고 절개가 있는 사람을 좋아합니다. 경우에 따라서는 그 이기주의자나 배신자로부터는 내가 어떤 도움을 받았고, 의리 있고 절개 있는 사람으로부터는 직접 아무런 도움을 받은 일은 없어도 마음속으로는 전자를 존경하지 않고 후자를 존경합니다. 이런 것도 아주 보편적입니다.

왜 그렇습니까? 물론 법조문에 의하여 그런 것은 아닙니다. 마음의 소

우리가 서야 할 자리 | 159

리에 의해서입니다. 마음속의 무언지 알 수 없는 윤리적 준칙을 따라서입니다. 이것을 옛날부터 사람들은 '도덕률'이라고 말하였습니다. 그럼 어떻게 이 도덕률이 모든 사람의 마음속에 심어져 있습니까? 가정에서나 학교에서 배웠기 때문이라고 말할지 모르겠습니다. 물론 배워서 아는 것도 있습니다. 하지만 배운 것이라고 다 후천적인 것이라고 말할 수는 없습니다.

예컨대, 구구법은 학교에서 배워서 압니다. 하지만 이 원리는 이미 있는 것입니다. 수학적 진리, 또는 물리·화학적 자연법칙이 다 그렇습니다. 도덕률도 같습니다. 말하자면 선천적 윤리법칙입니다. 그러면서 물리·화학의 자연법칙과는 크게 다른 점이 있습니다.

물리·화학의 법칙은 반드시 그 법칙대로 되어야 하는 데 비해서, 윤리 법칙은 꼭 그대로 되어야 하는 것이 아니고 이를 거스를 수 있습니다. 공중에 던진 돌은 만유인력의 법칙에 따라서 반드시 땅에 떨어집니다. 그런데 남에게 해를 끼치거나 배신함이 나쁘다는 법칙은 반드시 그렇게 지켜지지 않습니다.

참으로 묘한 일입니다. 선을 행하면 좋고 악을 행하면 나쁘다는 것을 모든 사람들이 다 아는데도, 다시 말해 그런 법칙이 마음속에 다 새겨져 있는데도 우리는 기계처럼 선을 행하고 악을 피하지 않습니다. 오히려 선보다는 악을 행하는 경우가 더 많습니다.

결코 우연이 아닌 생명의 창조

여기서 우리는 이른바 '자유의지(自由意志)'라는 것을 볼 수 있습니다. 인간에게는 보편적인 윤리법칙이 있으면서 동시에 자유의지가 있습니다. 그럼 자유의지 혹은 자유란 무엇입니까? 모든 것이 우연히 그렇게 되었다고 말하는 이른바 유물론은 답을 줄 수 없습니다. 또 인간 스스로가 만들었다는 것도 답이 되지 않습니다. 스스로 만들었으면 스스로 편리한 대로 윤리법칙을 변경하든지, 자유가 거추장스러우면 소멸시켜 버리면 될 터인데 그렇게 하지 못합니다.

고문이나 세뇌 또는 견디기 힘든 윤리적 압력으로 자유의 힘을 억제할 수 있고 허위자백을 받아 낼 수도 있습니다. 그러나 그것은 마음속 깊이의 자유 자체를 말살하지 못합니다. 혹독한 고문 때문에 허위자백을 했다가도 후에 정상적으로 돌아오면 그 자백을 번복하는 데서도 잘 볼 수 있습니다.

한마디로 인간에게는 천부적으로 주어진 도덕률이 있으며 자유의지를 바로 써서 도덕률을 따를 때에 참된 인간이 됩니다. 여기서 '천부적'이란 하느님이 인간에게 주신 것입니다. 사실 하느님을 떠나서는 인간에게 어떻게 그런 도덕률이 있는지, 자유가 있는지 설명할 수 없습니다. 이렇게 말하면, "종교인이니까 결국 그 소리구나!" 라고 생각할 분도 있을 것입니다. 그래서 "하느님을 증명해 보라!"고 말할 이도 있을 것입니다. 나는 그분의 존재를 과학적으로는 증명할 수 없습니다. 하지만 과학은 동시에 하느님이 존재하지 않는다는 것도 증명하지 못합니다.

나는 우리가 사는 이 세상 만물, 더 나아가 우주를 볼 때에 그 속에 있는 물리·화학적 원리들을 볼 때, 그런 것이 '우연히' 되었다고는 도저히 생각할 수 없습니다. 우연의 확률은 2000조분의 1이라고 합니다. 그런 우연에서 고도의 지능이 있어야 비로소 알 수 있는 원리들이 나왔다고 생각할 수 있습니까?

이렇게 생각하는 것이 신의 존재를 믿는 것보다도 훨씬 과학적이라고

우리가 서야 할 자리 | 161

자부하는 지성인이 간혹 있는 것 같습니다. 무엇인가 큰 착각을 하고 있습니다. 그런 생각은 그 자체로써 비과학적입니다.

언젠가, 텔레비전의 과학 프로그램에서 생명의 기원을 말하면서 "우연히, 참으로 우연히 무엇과 무엇이 합쳐져 생명이 되었다"고 강조하는 것을 들었습니다. 그때 내 마음은 대단히 무겁고 슬펐습니다. '우연히, 참으로 우연히'라고 강조한 그 말은, 어떤 이에게는 아주 과학적인 말로 들렸을 것입니다. 진화론적인 입장에서는 그렇게 표현해야 과학적일 것입니다. 그러나 내게는 너무나 비과학적인 표현입니다.

여기 컴퓨터가 있습니다. 이 컴퓨터가 우연히 만들어졌다고 하면 말이 됩니까? 더구나 그것을 만든 사람을 두고 우연히 되었다면, 또 컴퓨터란 인간 두뇌의 극히 작은 능력의 일부를 모방한 것에 불과한데 그 두뇌의 구조 자체를 두고 우연히 그렇게 되었다면 말이 됩니까? 아마도 생명의 기원을 우연이라고 보는 입장에서는 인간 역시 그렇게 만들어졌다 할 것입니다.

우연히 만들어진 인간에게는 존엄성도 없고 윤리도덕이 필요하다고 말할 수 없습니다. 오늘날 윤리도덕이 절대적인 기준 없이 상황윤리로 변화되는 것이나, 그리하여 마치 윤리도덕이 전통의 굴레에 불과하며 이 굴레에서 벗어나는 것이 자유인 양 생각하는 것은 인간의 기원을 우연에 두고 있기 때문이 아닌가 생각합니다.

생명과 인간은 우주 생성발전의 목적

생명은 결코 우연히 생긴 것이 아닙니다. 우주의 시작이 1백50억 년 또는 2백억 년이라고 하는데, 빅 뱅으로부터 시작하여 우주 안에 은하수를 비롯한 무수한 별들이 생기고 지구와 달이 생긴 그 모든 생성의 움직임은 지구 위에 생명을 낳기 위해서입니다. 그리고 또 수억 년의 진화 발전이 있었는데, 그 진화와 발전은 의식하는 존재, 곧 인간을 낳기 위해서였습니다.

결국 우주의 생성 발전은 생명을 낳기 위해서, 생명체의 시작은 의식을 가진 인간을 낳기 위해서였습니다. 누가 우주의 이런 목적을 부여하고 그 목적에 따라서 움직여서 생명을 낳고 인간을 낳게 하였습니까? 그것은 말할 것도 없이 만물의 창조주 하느님입니다. 여기서 우리는 인생의 길이 궁극적으로 무엇인지, 또한 어떻게 살아야 하는지 알 수 있는 실마리를 볼 수 있습니다.

물질적이고 생물학적이면서도 정신적·영적 존재인 인간은 단지 생물학적인 목적을 위해서나 물질로 환원되기 위해서 있는 것이 아니고 하느님으로 향해 가기 위해서, 하느님과 같이 되기 위해서 있는 것입니다. 인간에게 이런 본성이 있다는 것은 우리 자신의 심리를 들여다보아도 쉽게 알 수 있습니다. 영원과 무한, 진선미와 완전한 사랑과 불멸의 생명을 갈망하고 있는 데서 볼 수 있습니다.

나는 생명과 인간의 진화론적 발전을 부인하지 않습니다. 그러나 하느님 없이 저절로 혹은 우연히 되었다고 생각하는 진화론은 받아들일 수 없습니다. 하느님이 역사하는 진화론은 받아들입니다.

생명과 인간의 기원을 놓고 볼 때, 우리는 생명이 얼마나 귀하고, 인간이 얼마나 존엄한지를 깊이 느끼지 않을 수 없습니다. 생명과 인간은 우주 전체의 생성 발전의 목적입니다. 더 나아가, 생각하고 의식할 수 있는 인간, 바로 나 자신을 볼 때에 또한 더욱 깊이 나의 마음과 마음속에 보편적 도덕률이 엄존하고 있음을 볼 때에 우리는 하느님을 믿지 않는 것

우리가 서야 할 자리 | 163

보다도 믿는 것이 훨씬 합리적임을 깨달을 수 있습니다.

그래도 믿지 않는 분이 있을 겁니다. 좋습니다. 자유입니다. 하느님은 우리의 자유를 결코 강요하시지 않습니다. 강요된 믿음이나 사랑은 있을 수 없기 때문입니다. 하지만 무생물에서 저절로 생물이 나올 수는 없습니다. 또 그냥 생물에서 의식적 존재가 나올 수도 없습니다. 아무도 가지지 않은 것을 남에게 줄 수는 없기 때문입니다. 이렇게 볼 때에 아무리 생각해도 하느님과 같이 '무(無)'에서 '유(有)'를 창조할 수 있는 능력자가 있다고 믿을 때에 모든 것은 설명이 가능합니다. 결국 우리는 이 하느님을 믿으며 살 때에, 앞서 말한 대로 그분이 주신 도덕률, 양심의 소리를 따라서 살 때에 참된 인간이 됩니다.

표현에 어폐가 있을지도 모르지만, 인간은 결국 하느님을 먹고 살아야 합니다. 그분의 생명으로 살 때에 인간은 참으로 인간다워지고 참되게 살 수 있습니다. 우리는 결코 빵만으로 살 수 없습니다. 정신적 가치를 동시에 섭취하면서 살아야 합니다. 진리, 정의, 사랑 등이 가장 큰 정신적 가치입니다.

왜 사느냐고 묻거든

'인생고'라는 말이 있습니다. 인간이 한 세상을 사는 동안에 기쁜 일도 있지만 괴로운 일, 고통도 많다는 뜻입니다. 한평생을 살아가면서 좋은 날보다도 궂은 일이 더 많을 수 있고, 나이 먹고 병들고 결국 어느 날 죽습니다. 그러다 보니 살면서 많은 것을 생각하게 됩니다.

도대체 인생고가 많은데도 불구하고 우리가 살아가려고 하는 그 삶의 의미는 무엇인가? '인생은 나그네 길'이라는 유행가사도 있듯이, 어디서 왔다가 어디로 가는지 알지 못하면서 살고 있는 것이 아닌가? 왜 고통이 있으며 왜 죽음이 있는가? 이렇게 많은 의문을 갖게 됩니다.

또한 우리는 살아가면서 여러 가지 어려움이 있지만 먹고 살기 위해서도 그렇고 모두가 돈을 벌기 위해 애써 일합니다. 그리고 돈을 잘 벌면 인생에서 성공한 것처럼 생각하고, 그런 사람을 부러워하기도 합니다. 그러면서 그것이 인생의 모든 것, 인생의 의미 자체라고는 생각하지 않

우리가 서야 할 자리 | 165

습니다. 그보다는 돈을 비록 잘 벌지는 못했어도, 때로는 가난해도 참되게 사는 사람, 양심적으로 사는 사람, 정직하게 사는 사람을 마음으로 존경합니다.

그럼 인생에 있어서 가장 소중한 것은 무엇입니까?

어떤 이는 건강이라고 답할 것입니다. 왜냐하면, 건강을 잃으면 삶의 의욕도 잃고 활동할 수 없기 때문입니다. 나도 건강을 유지하기 위해서 가끔 등산을 합니다. 그러나 누가 건강을 잃었다 하여 실망한 나머지 자살하려고 한다면 우리는 동의할 수 없습니다. 건강이 살아가는 데 있어서 중요한 것임에는 틀림없지만, 그것을 잃었다고 하여 목숨을 끊기에는 인생에서 건강보다 더 소중한 것이 분명히 있기 때문입니다.

돈도 마찬가지입니다. 돈은 '제2의 신'이라고 할 만큼 소중히 여기고 인간 활동의 대부분, 삶의 대부분은 돈을 위해서 또 돈으로 이루어진다고 해도 과언이 아닙니다. 돈 때문에 사람을 죽이고, 심지어 부모까지 죽이는 경우가 있습니다. 그러나 그만큼 소중한 것이라고 할지라도, 누가 돈이 없다고 해서 낙담하고 역시 목숨을 끊으려 한다 할 때에 우리는 동의하지 않습니다. 또 돈이 없다 하여 사람을 업신여긴다면 이것 역시 누구든지 잘못이라고 말할 것입니다. 이유는 인생에서 돈보다 더 소중한 것이 있기 때문입니다.

인생에 있어서 돈, 명예, 지위 등 정상인으로 사는 데 필요한 모든 것을 잃어도 인간과 인생을 값지게 하는 것이 있다면 그것은 무엇입니까? 성서를 보면, 이런 말씀이 있습니다. "사람이 세상 모든 것을 다 얻어도 자기 목숨, 생명을 잃으면 무슨 소용이겠느냐."

참으로 생명은 소중합니다. 생명을 잃으면 세상의 모든 것이 무슨 소용이 있겠습니까? 그런데 그 생명은 무엇입니까? 단순한 육신생명입니까? 육신생명도 생명으로서 분명 소중합니다. 그러나 이 생명은 나라를 위해, 진리와 정의를 위해, 이웃을 구하는 사랑을 위해 바칠 수 있습니다. 우리 나라와 인류의 긴 역사 속에서는 대의를 위하여, 애국심에서, 또는 신앙을 증거하기 위하여, 남을 살리기 위해 자기 목숨을 바친 훌륭한 인물들이 많습니다. 순국선열들이 그런 분이고, 우리 교회의 순교자들이 그런 분입니다.

반대로 육신생명을 보전하기 위해서 불의나 부정에 타협하는 경우도 있습니다. 조국을 배신한다든지, 무고한 이웃 생명을 위태롭게 한다든지, 살인 강도를 한다든지 한다면 우리는 그것을 옳다고 볼 수 없습니다. 육신생명이 소중하다고 해도 윤리와 도덕에 크게 위배되는 죄악, 배신, 불의 등을 범하면서까지 유지한다는 것을 부도덕하다고 봅니다. 나라를 파는 배신이나 반역보다는 차라리 죽음을 택하는 것이 더 인간답고 올바르다고 봅니다. 이것을 보면 인생에는 육신생명 이상의 더 높은 가치가 있다는 것을 알 수 있습니다.

여기서 우리는 인생의 목적이 현세적인 것, 돈이나 권세를 얻는 데 있지 않다는 것을 알게 됩니다. 인생의 목적은 현세적인 것을 넘어서 영원한 것, 참된 것을 얻을 때에 그 의미가 완성됩니다. 사람은 할 수만 있다면 영원히 살기를 간절히 바랍니다. 인간은 육체적으로는 조그맣고 유한한 존재이면서도 정신적으로는 영원하고 무한한 행복과 생명을 갈구하는 존재입니다.

세상에서 아무리 잘 살아도 우리 모두 어느 날 죽어 썩고 맙니다. 인생이 만일 그것뿐이면 참으로 허무합니다. 뿐더러 길어야 70~80년의 짧은 인생, 그것도 고생 많은 인생을 살면서 사람답게 살고, 윤리도덕을 닦으며, 특히 남을 사랑하고 원수까지도 용서하는 덕행과 노력이 아무런

우리가 서야 할 자리 | 167

의미도 없게 됩니다. 현세뿐이라는 게 확실하면 현세를 마냥 즐기며 사는 것이 제일 좋은 일일 것입니다. 고생하면서, 손해를 보아 가면서까지 정직할 필요도 없고, 궁한 처지에 있으면서까지 남을 도울 필요도 없을 것입니다.

이렇게 인생이 현세뿐이면 참으로 어느 날 죽어 썩고마는 인생은 그 자체로 너무나 허무하고 모든 것이 모순뿐이라 해도 과언이 아닙니다. 그러나 죽고 난 다음에 천당도 없고 지옥도 없다면 모르겠는데, 천당도 있고 지옥도 있으며 우리의 행실대로 심판을 받아야 한다면 어떻게 되겠습니까?

인간은 누구도 이런 인생에 만족할 수 없습니다. 우리가 하는 일, 특히 어려운 가운데서도 참되이 인간답게 살고, 올바르게 살고, 남을 돕고 사랑하며 사는 삶은 의미가 있어야 합니다. 또한 우리는 행복을 찾습니다. 그 행복은 끝이 없고 한이 없을 만큼 완전한 것이기를 바랍니다. 이것이 우리 모두가 마음속 깊이에 지니고 있는 소망입니다. 그런데 누가 이런 행복을 줄 수 있습니까? 돈, 권력, 지식, 명예입니까? 현대 과학기술입니까? 아닙니다. 이것은 오로지 영원한 생명 자체이신 분, 모든 존재와 생명의 원천이신 하느님만이 줄 수 있습니다.

인간은 작은 존재입니다. 유한한 존재입니다. 그러나 마음속 밑바닥 깊이에는 하느님에 대한 굶주림과 목마름을 지니고 있습니다. 영원을 갈구하는 동경이 있습니다. 무한을 갈망하는 향수가 있습니다. 사랑도, 행복도 영원하기 바라고, 할 수만 있다면 우리가 사는 생명도 영원하기를 바라는 영원에 대한 갈구, 곧 하느님에 대한 굶주림과 목마름을 갖고 있습니다. 또 인간 마음에 평화를 주는 진리의 말씀, 마음의 어둠을 몰아내고 마음을 환히 밝혀 주는 빛을 갈구하는 동경이 있습니다.

그 동경과 향수는 오직 하느님만이 채워 줄 수 있습니다. 그것은 인간이 하느님의 모습을 닮았기 때문입니다. 세상 만물을 창조하신 영원한 하느님이 인간을 지으실 때 당신 모습을 닮아 지으셨고 당신의 영원한 심성을 우리 마음속 깊이 박아 주셨기 때문입니다. 그래서 우리는 이 세상을 살아가면서도 영원하고 무한한 것을 바라고 있습니다.

때문에 세상을 살아가면서 겪는 마음의 갈등도 이 세상의 무엇으로도 풀 수 없습니다. 돈을 많이 번다고 해도, 술을 마셔도, 쾌락을 누려도 잠시뿐이고 마음속 깊이는 세상 무엇으로도 달랠 수 없는 불안과 고독이 깊이 자리잡고 있습니다. 그래서 프랑스의 유명한 가톨릭 사상가인 레옹 블르와는 "사람은 빵 없이도 살 수 있다. 돈 없이도 살 수 있다. 사랑 없이도 살 수 있다. 그러나 신비 없이는 살 수 없다"라고 말하였습니다. 여기서 신비라는 것은 물론 하느님입니다.

그럼 어떻게 살아야 합니까? 모든 인간이 하느님을 향하면서 동시에 서로 참되게 사랑하여야 합니다. 예수님은 "온전한 마음과 온전한 정신과 온전한 힘으로 하느님을 사랑하고, 또한 네 이웃을 네 몸같이 사랑하라. 이것이 가장 큰 계명이다"라고 하였습니다. 또 "누구도 형제를 사랑하지 않으면서 하느님을 사랑한다고 말할 수 없다"라고 성경에서 말하고 있습니다. 결국 이 두 사랑은 하나의 사랑입니다. 인생의 길은 바로 이 사랑입니다.

믿음이란 하느님이 나를 사랑하신다는 것을 굳게 믿는 것입니다. 성경은 하느님의 이 사랑을 말해 주는 것입니다. 우리 자신이 미약하고 죄 많은 존재인데도 하느님은 끊임없이 용서하고 사랑한다는 것을 깊이 깨닫고 믿을 때 우리는 남을 또한 사랑할 수 있습니다. 예수님이 우리를 사랑한 그 사랑으로 사랑할 수 있습니다.

'나'가 '너'를 사랑할 때

3년 전에 마이클 잭슨을 만난 일이 있었습니다. 당시, 왜 그 사람을 만나느냐고 항의하는 전화가 비서실에 있었으나 많은 청소년들은 내가 마이클 잭슨을 만나는 것을 너무나 부러워하는 것을 볼 수 있었습니다. 그들은 주로 10대 청소년들입니다. 그가 공연할 때에는 수만 명의 청소년들이 모여들었고 열광적이었습니다.

나는 마이클 잭슨의 무엇이 그렇게 젊은이들을 잡아끄는지, 매력이 무엇인지를 알 수 없었습니다. 그래서 마이클 잭슨을 만났을 때 물어 보았습니다. 그랬더니 그는 단순하게 "저는 위에서 받는, 하늘로부터 받는 영감(靈感)에 따라 그들을 사랑합니다" 라고 답했습니다.

나는 "저는 그들을 사랑합니다" 라는 말을 오래 생각하였습니다. 마이클 잭슨의 매력이 참으로 사랑에 있는지 아닌지 확인할 수 없습니다만, 그가 한 말은 대단히 뜻깊다고 생각합니다.

사랑은 행복하지 않다?

사랑이란 말은 우리가 가장 좋아하는 낱말입니다. 우리 모두 사랑을 바라고 노래하고 꿈꾸고 있습니다. 우리는 그 사랑을 떠나서는 살 수 없습니다. 사랑이 없으면 우리 각자의 삶은 삭막하기 그지없고, 사랑이 없을 때에 우리 가정은 파탄할 수밖에 없고, 사랑이 없는 사회는 황무지와 같은 사회이고, 사랑이 없을 때는 자연히 서로간의 미움만이 있을 수밖에 없고, 미움이 분쟁을 낳고 분열을 가져옵니다. 사랑이 없으면 결국 인간사회는 지옥과도 같습니다.

아니, 사랑이 없으면 생명이 있을 수 없고, 삶이 있을 수 없습니다. 우리가 존재할 수 없습니다. 아무도 나를 사랑하지 않는다면 내가 어떻게 그것을 견디어 낼 수 있습니까? 또 나에게 아무도 사랑하는 사람이 없을 때, 그런 '나'는 무엇입니까? 나는 아마도 그런 '나'를 참을 수 없을 것입니다. 사랑이 없으면, 진정 나는 아무 것도 아닙니다. 그래서 사랑은 참으로 모든 존재와 삶과 평화와 행복의 절대조건입니다.

동시에 우리는 누구를 사랑한다는 것이 얼마나 힘든 것인지 고백하지 않을 수 없습니다. 쉽지 않을 뿐 아니라 이기적인 자기 자신을 들여다볼 때에 거의 불가능한 것이라고 느껴집니다.

나 자신부터 매일같이 사랑을 말하는데, 실제로 사랑을 실천하며 사는지 의문입니다. 이대로 죽으면 하느님의 심판도 '사랑했느냐, 안 했느냐'로 판결 나는데, 나는 도저히 스스로의 힘으로는 무죄선언을 받을 수 없습니다. 오직 하느님의 자비만을 믿을 뿐입니다. 그래서 어떤 사람은 "참사랑은 행복하지 않다"고 말하였습니다. 참사랑은 남의 고통을 자기의 것으로 삼을 만큼 함께 괴로워할 줄 아는 것이기 때문입니다.

우리가 서야 할 자리 | 171

미국의 네브래스카에 가면 '소년의 거리'가 있습니다. 고아나 불우 청소년을 모아 놓은 큰 규모의 고아원입니다. 이 '소년의 거리'는 창립자이고 고아들의 아버지인 플라나간스 신부님의 아름다운 인간애 때문에 유명해졌고, 영화로도 크게 알려진 곳입니다.

이곳에 가면, 한 꼬마소년이 덩치가 자기보다 두 배나 되는 큰 소년을 등에 업고 있는 조각이 있습니다. 그리고 그 조각에는 큰 소년을 업고 있는 꼬마소년이 하는 말로서 "그는 나의 형제이지요. 그래서 조금도 무겁지 않아요"라고 새겨져 있다고 합니다.

참으로 뜻깊은 말입니다. 누구든지 형제로 알고 사랑하면 그를 위한 어떤 일도 힘들지 않고 어렵지 않습니다. 사랑하는 자에게는 큰 짐도 조금도 무겁지 않습니다.

몇 년 전에 아주 잘 생긴 어느 남자가 찾아 왔습니다. 그는 한 번의 실수로 에이즈 환자가 되었고, 그 일로 인해 신혼 초였는데 결혼의 행복이 깨진 것은 물론이요 인생의 모든 희망을 잃고 절망에 빠졌었다는 것입니다. 그러던 어느 날 얼굴을 감추는 것보다 오히려 드러내서 자신과 똑같이 절망에 빠지는 사람들이 있어서는 안 되겠다는 생각에 뜻을 같이하는 동료들과 힘을 합해 에이즈에 걸린 사연을 수기로 썼는데, 그 책 서문을 써 달라는 것이었습니다. 나는 기꺼이 응하였습니다. 이들의 수기는 『벼랑에 선 사람들』이라는 이름으로 출판되었고, 나는 출판기념회에도 참석하였습니다. 이들은 또 자신과 뜻을 같이 하는 사람들을 모아 '희망나눔터'란 모임을 만들었습니다.

에이즈는 무서운 병입니다. 이 병에 걸렸다 하면 세상의 희망은 아무것도 없고 사람들로부터는 멸시와 두려움 때문에 소외되고 죽을 날만 기다려야 합니다. 그런데 이 젊은이는 그런 상황에서 절망을 극복하고 남을 위해 일어선 것입니다. 인생에는 세상 모든 것을 다 잃고도 이룩해야할 것, 보다 소중한 것이 있다는 것을 시사해 주고 있지 않습니까?

세상의 모든 사람들은 보다 나은 삶을 위해 많은 것을 투자하고 있습니다. 인간이라면 누구나 보다 나은 삶을 추구할 권리가 있습니다만, 때로는 그것 때문에 모든 것을 잃어 버리는 수도 있습니다. 어떤 사람은 보다 나은 삶의 기준을 물질적인 것에 두기도 하고, 어떤 사람은 마음의 풍요에 두는 사람도 있습니다. 마음의 풍요를 추구하는 사람은 '나'를 생각하기에 앞서 이웃을 먼저 생각하며, 그 이웃의 얼굴에 웃음이 번지는 것을 보고 행복을 느끼는 사람입니다.

'나'가 '너'를 초월할 때

일반적으로 사람과 사람과의 관계를 보면, '나'라는 주체가 '너'라는 상대를 어떻게 보느냐에 따라 세 가지로 구분할 수 있습니다.

첫째는 '너'를 '나'와 같은 존재로 볼 때에는 'I-You' 관계이고, 둘째 '너'를 '나'를 위해 있는 부속물과 같이 볼 때에는 'I-It' 관계이며, 셋째 '너'를 단지 '나'와 같은 존재로 뿐 아니라 존엄성을 지닌 충실한 인격자로 볼 때에는 'I-Thou' 관계가 성립됩니다.

오늘은 고도의 물질문명과 더불어 인간의 기계화, 비인간화가 촉진되고 있는 시대입니다. 정신이 메마르고 물질이 숭상되면서 경제가 인간을 위해서 있기보다는 인간이 경제를 위해 있는 것같이 보이는 시대입니다. 인간이 점점 경제적 생산의 도구화로 격하되어 가고 있습니다. 그 결과, 인간을 주로 지배하는 것은 동물적인 본능, 물질적인 욕구뿐입니다. 이 본능과 욕구 충족을 위해 사람들은 주변 사람들을 포함하여 모든 것이

우리가 서야 할 자리 | 173

나에게 이롭기만을 바랍니다. 그렇지 못할 때, 물질적인 것은 물론이요 주변의 사람들까지도 제거되기를 바랍니다. 적어도 내 눈앞에서 사라지기를 원합니다.

이런 상황 속에서 이루어지는 인간관계는 'I-You' 관계가 아니고 'I-It' 관계가 지배적입니다. 여기서 인격적인 존재라고는 '나'밖에 남는 것이 없습니다. 내게 있어서 '너'라는 존재의미는 '나'를 위해 주고 사랑해 주고 봉사하는 한 있을 뿐입니다. '나'만이 참된 인격적 자유를 누려야 하는 존재인 것입니다. 그 결과, '나'는 결국 인격적 '너'를 잃게 되고, '나'는 많은 '너' 가운데 있으면서도 지극히 고독한 상황 속에 떨어지고 맙니다. 그리하여 끝내는 '나'까지 비인격화되고 맙니다. 왜냐하면, 인간의 인간화는 선구적 사랑을 통해서만 가능한데, 그 인격적 사랑을 내게 줄 수 있는 인격적 '너'가 없기 때문입니다.

인간은 '나'와 같은 인격적 '너'가 있을 때에만 최소한 인간다워집니다. 이것은 'I-You' 관계에서 가능합니다. 하지만 여기서도 인간은 자신이 추구하는 완전한 행복을 얻지 못합니다. 왜냐하면, 여기서 '너'는 비록 '나'와 같은 인격적 존재이긴 하되, '나'와 다름없는 제한된 존재에 불과하기 때문입니다.

인간은 향상을 바랍니다. 향상을 통해서 인간은 더욱더 인간화될 수 있고, 그럼으로써 행복해질 수 있습니다. 그런데 '나'나 다름없이 제한된 존재로서의 '너'는 '나'를 향상시킬 수 없습니다. '너'가 '나'보다 더 존귀한 존재일 때, '나'는 향상될 수 있는 것입니다. '너'가 '나'를 초월할 때에만 '나'는 승화될 수 있습니다. 그래서 인간관계의 가장 이상적인 것은 'I-Thou' 관계에 있습니다. 그럼 '나'와 같은 인간이 이같이 '나'를 초월한 '너'가 될 수 있습니까?

174

여기에 답을 주는 것이 그리스도교입니다. 그리스도교는 인간이 하느님의 모상으로 창조되고 그 때문에 인간은 존엄하다고 가르칩니다. 뿐 아니라 하느님의 말씀은 강생하여 어떤 의미로 모든 인간과 일치되어 있다고 말합니다. 그래서 모든 인간을 강생하신 하느님인 그리스도와 같이 대해야 한다고 가르칩니다.

이 교리에 의하면, '너'는 '나'를 위한 물건이 아닙니다. 또 단순히 '나'와 같은 제한된 존재만도 아닙니다. '너'는 그 속에 하느님의 씨를 지닌 고귀한 존재, 하느님의 모습으로 창조된 존엄한 존재, 나아가 강생하신 그리스도의 연장입니다. '너'를 존경하고 사랑하는 것은 바로 그리스도를 존경하고 사랑하는 것이요, 그 때문에 바로 하느님을 존경하고 사랑하는 것입니다.

모든 인간은 '나'에게 대하여 어떤 의미로는 강생하신 하느님의 모습을 지닌 자입니다. '나' 자신도 '너'라는 사람의 '나'에 대하여 이와 같이 존귀한 '너'가 됩니다. 오늘날 인간의 모든 관계가 문제시되는 것은 바로 이같은 그리스도교적 인간관계가 선명치 못한 데 있습니다.

보잘것없는 형제는 누구?

여기서 우리는 "가장 보잘것없는 형제에게 해준 것이 곧 나에게 해준 것이다" "가장 보잘것없는 형제에게 해주지 않는 것이 곧 나에게 해주지 않는 것이다" 라는 성서의 말씀을 떠올리게 됩니다.

우리 각자에게 있어서 보잘것없는 형제는 누구입니까? 피상적으로 생각하면, 막연하게 가난하고 굶주리는 불쌍한 사람, 고통받는 사람, 소외된 사람으로 생각하기 쉽습니다. 물론 그 뜻도 담겨 있습니다. 그러나 우

우리가 서야 할 자리 | 175

리는 일반적으로 말하는 가난한 사람, 소외된 사람이 누구인지를 모릅니다. 이름도 모르고 얼굴도 모릅니다. 때문에 그 사람에 대해 사랑할 의무를 느끼지 않습니다.

그러나 깊이 생각하면, 보잘것없는 형제는 이름도 성도 모르는 어느 가난한 사람, 굶주리는 사람이 아닙니다. 내가 잘 아는 사람입니다. 이름도 얼굴도 알고, 일상 가까이 대하면서 마음으로 받아 주지 않고 소외시키는 사람, 말하기도 싫은 사람, 화해하기도 꺼려지는 사람, 그리고 나에게 잘못하면 용서해 줄 수도 없는 사람입니다. 즉, 집안 식구나 형제 중 누구일 수 있고, 이웃이나 직장 동료일 수도 있습니다.

한마디로 내가 누구보다도 사랑해야 될 사람인데 사랑하지 않는 사람입니다. 그렇다면 잘 생각해 보아야 합니다. 마음에서 받아 주지 않는 사람이 없는지, 내게 보잘것없는 형제는 누구인지 깊이 생각해 보아야 합니다. 여기서 중요한 것은 이 사람을 사랑하는 것입니다. 화해할 일이 있으면 화해하고, 용서를 청할 일이 있으면 용서를 청하는 것입니다.

이웃사랑 실천이란 단순히 자선을 베푸는 것이 아닙니다. 그냥 가난한 이를 돕고 여러 가지 봉사활동을 하는 것이 아니라, 내 마음에서 소외된 사람이 있다면 바로 그를 받아들이고 사랑하는 것입니다. 가정에 있어서 부부관계, 부모자식 관계를 소홀히 하면서 밖으로 나가 좋은 일을 많이 한다 해도 소용이 없습니다.

나눔이 머무는 그곳에

'현자'란 어떤 사람인가? 모든 것에서 배우는 사람이다.
'강자'란 어떤 사람인가? 자기를 이기는 사람이다.
'부자'란 어떤 사람인가? 자기의 운명에 만족하는 사람이다.

이 말은 유태 경전에 있는 것으로써 인생의 지혜를 갈파한 명언입니다. 먼저 '현자(賢者)'는 모든 사람과 모든 일에서 배우는 자세를 가진 사람입니다. 여기서는 배움으로써 얻는 지식도 중요하지만 배우겠다는 그 자세, 마음의 겸허가 더욱 중요합니다. 겸손한 사람만이 인생을 값지게 사는 슬기를 배울 수 있습니다.

'현자'는 불행한 일에서도 무언가 값진 것, 곧 진실을 배울 줄 압니다. 인간과 인생을 피상적으로 관찰하거나 알지 않고, 보다 깊이 그 신비를 알게 되고 거기서 오는 참된 기쁨을 맛보게 됩니다.

우리가 서야 할 자리 | 177

우리는 불행한 일에서 오히려 진실을 더 깊이 배울 수 있습니다. "행복은 그대를 속일지라도 불행은 그대에게 진실하다. 그대로 하여금 진실된 자신의 모습을 보게 하고, 그럼으로써 그대 자신을 더 깊이 알게 한다"는 말도 있습니다.

다음으로 '강자(强者)'란 자기를 이기는 사람입니다. 세상 모든 것을 이겨내도 자기 자신을 이기지 못하면 그의 인생은 실패입니다. 그만큼 남을 이기기는 쉬워도 자신을 이기는 것, 즉 자신의 무절제한 욕망, 이기적 자아, '나(ego)'를 이기는 것은 힘듭니다. 사람들은 욕망이 달성되는 것을 성공인줄 알지만 그렇지 않습니다. 욕망에 따르다 보면, 결국 그는 자기 욕망의 노예가 되고 맙니다. 모든 것을 다 차지한 다음에도 허무감만은 남습니다. 자기를 이길 때에 비로소 행복합니다.

끝으로 '부자(富者)'는 자기 운명에 만족할 줄 아는 사람입니다. 잘못 들으면 운명론자의 말 같이 들릴 수 있고, 진취성 없고 발전이 없는 말같이 보입니다. 그러나 이 달은 최선을 다하되, 분수를 알고 주어진 여건에 자족(自足)할 줄 알아야 한다는 뜻입니다. 아무리 물질적으로 백만장자가 된다고 해도 자기 운명에 만족할 줄 모르면, 참된 의미로 부자가 아닙니다. 반대로 초가삼간에 살아도 그것에 만족할 줄 알면 행복합니다. 결국 마음의 부(富)인 것입니다.

그럼 어떻게 사는 것이 보람된 삶입니까? 무엇이 행복입니까? 여기에 대한 답은 사람마다 똑같지는 않을 것입니다. 그러나 인간으로서 인간다운 삶을 살 때에 보람이 있고 행복이 있는 것만은 확실합니다. 다시 말해서, 사람을 사람답게 하는 가치의 기준은 그가 얼마나 가졌느냐가 아니라 어떻게 사느냐에 따라 이루어지는 것입니다. 돈이나 권력 또는 지식이나 지위에 반드시 인간다운 삶의 가치가 있는 것이 아니라 그 인품, 그 인간에 참다운 가치가 있습니다. 대단히 당위적인 이야기 같지만 진실된 인간, 성실한 인간, 이기적이 아닌 이타적인 인간, 이런 사람들이 궁극적으로 자신의 삶도 가치 있게 창조해 가고 사회 전체도 참으로 인간적인 사회로 변화시켜 갑니다.

참사랑은 이웃을 위해 자신을 바치는 것, 곧 나눔의 삶입니다. 사랑은 나눔으로써 많아지고, 고통은 나눔으로써 적어집니다. 그러기에 나누면 나눌수록 우리 자신과 이웃, 사회의 고통은 줄어들 것입니다. 그만큼 사랑은 많아질 것이고 많아진 그 사랑은 많은 이들을 고통에서 건질 것입니다. 병고에서 구해 줄 수 있고, 영육간의 상처를 낳게 할 수 있고, 미움과 불안을 없애고 다툼과 분열을 소멸시킬 것입니다.

여기서 '나눈다는 것'은 결코 자기가 쓰고 싶은 대로 쓰고 남는 것을 이른바 '자선'이란 이름으로 내놓는 것을 뜻하지 않습니다. 토지공개념에서 볼 수 있듯이, 땅이나 재산 등 모든 것이 자신이나 자기 가족만을 위한 것이 아니라 사회의 모든 이를 위해 있다는 근본인식을 먼저 가져야하며, 그런 인식에서 자기가 가진 모든 것을 사회와 이웃을 위해서 활용할 줄 알아야 한다는 뜻입니다.

가진 사람들의 마음에 이런 변화가 없고, 돈이든 권력이든 여전히 자기 욕심만을 추구하는 한 우리 안에 빈부의 격차는 날로 심화될 것이고 거기다가 가난한 이들의 고통은 더욱 커갈 것이고 사회의 불안, 정치와 경제의 혼미는 계속될 것입니다.

우리는 가진 것을 나눌 뿐 아니라 이웃의 고통과 이웃의 아픔을 함께 나눌 줄 알아야 합니다. 우리 사회 전체의 문제도 나눌 줄 알아야 합니다. 오늘날 우리에게 필요로 하는 것은 어느 지역, 어느 학교 출신이다 아니다를 따질 것이 아니라 모두가 한 핏줄, 한 겨레 공동체로서 모두의 문제를 함께 자신의 문제로 알고 나누고 함께 지고 가는 것입니다.

그런데 우리는 '나눔'이란 마치 가난한 이들에게 돈이나 옷 또는 식량을 주는 것처럼 생각하는 잘못을 쉽게 저지를 수 있습니다. 물론 우리가 이런 것을 주어야 할 때도 있습니다. 하지만 문제는 그렇게 단순한 것이 아닙니다. 무엇보다도 먼저 돈이나 물질적인 것이 문제 해결인 양 생각하는 것부터 고쳐야 합니다. 잘못된 사회구조를 고치고 우리 각자의 마음에서 악을 씻어내는 것이 문제의 궁극적인 해결입니다.

다음으로 우리는 가난한 이들의 굶주림은 단지 물질적인 것만이 아니고 보다 근본적인 것, 즉 그들도 인간으로 인정받고 싶다는 것을 깨달아야 합니다. 우리가 무엇을 어떻게 나누느냐는 결정적인 의미를 지닙니다. 왜냐하면, 어떻게 나누느냐에 따라서 이 일에 관련된 모든 사람을 인간화시킬 수도 있고 비인간화시킬 수도 있기 때문입니다. 사실 나눔은 힘의 행사입니다. 내가 무엇을 줄 수 있다는 사실 자체가 나를 힘있는 자의 위치에 놓기 때문입니다.

힘은 지배하고 조직하고 통솔하는 데 쓰여질 수 있고, 궁극적으로는 파괴하는 데 쓰여질 수 있습니다. 마찬가지로 힘은 봉사하고 해방하며 무한한 성장을 위한 분위기를 조성하고 이를 보장하는 데에도 쓰여질 수 있습니다. 오늘날 많은 형태의 나눔이 수혜자를 격하시키고 있습니다만, 이러한 합당치 못한 나눔은 주는 사람 역시 비인간화시킵니다.

누군가 '동반자'란 말에 대해 "당신이 나를 돕기 위해 여기 왔다면 그것은 시간 낭비입니다. 그러나 만일 당신 자신의 해방이 나의 해방에 매여 있기 때문에 왔다면 우리 함께 일해 봅시다"라고 말하였습니다.

참으로 옳은 말입니다.

그래서 동반자로 가는 길은 '언제나' 쉬운 것이 아니라 '절대로' 쉽지 않습니다. 왜냐하면, 동반자가 된다는 것은 타인을 지배하고 소유하고 윗자리에 있고 통솔하고자 하며, 타인 위에 힘을 행사하고, 그들로 하여금 어떻게든지 내게 빚진 사람들로 만듦으로써 그들을 내 소유로 삼으려는 무의식적 욕망으로부터 '나'를 비워야 하기 때문입니다.

이런 뜻에서 동반자라는 것은 바로 복음의 중심에 있어야 합니다. 예수 그리스도가 최후의 만찬에서 "아버지, 우리가 하나인 것처럼 모든 이로 하여금 하나 되게 하소서"라고 기도한 그 마음의 중심이어야 합니다.

21세기의 길목에서

3년 전 여름에 호주를 방문한 일이 있었습니다. 브리즈베인에서, 시드니에서 만난 교포 신자들이 내게 들려준 말 중에 가장 인상깊은 말은 "여기가 지상낙원이다" 라는 말이었습니다.

참으로 그곳은 아름다운 고장이었습니다. 하늘, 땅, 바다, 공기가 다 공해 없이 깨끗하고 맑고 푸르렀습니다. 그런데 그들이 '낙원'이라고 한 데는 더 중요한 이유가 있었습니다. 그곳에서 가장 소중히 여기는 존재는 어린이이고, 그 다음이 장애자, 노약자, 부녀자, 동물, 그리고 남자의 순서랍니다. 남자가 맨 끝에 온 것은 남자를 천히 생각해서가 아니라 그들은 앞선 모든 이들을 등물까지도 아끼고 보호해 주어야 할 책임을 누구보다도 먼저 지고 있는 사람들이기 때문이 아닌가 생각합니다. 또 응급환자나 교통사고로 다친 사람이 병원에 가면 우선 환자를 치료하고 돈은 그 다음이라고 합니다.

나는 사람이 우선되고 어린이를 비롯하여 약하고 힘없는 사람, 장애인들을 사랑하고 아끼는 마음, 동물까지도 사랑하고 보호하는 마음이 참으로 아름답게 느껴지고, 사회를 아름답게 보존하고 발전시키는 훌륭한 가치관이라는 생각이 들었습니다.

이제 20세기는 막을 내리고 21세기가 시작됩니다. 21세기가 어떤 시대일지는 정확히 알 수 없습니다. 그러나 확실한 것은 '정보화 시대, 세계화 시대'라는 것입니다. 여기서 우리는 우리 자신의 발전을 위해 어떤 나라가 되어야 하는지 생각해 보지 않을 수 없습니다.

세계화는 기회이면서 도전입니다. 많은 이들이 21세기는 이른바 '환태평양시대'가 될 것이라 하고, 그 안에서 동북아가 중심적 역할을 하게 될 것이라고 말하고 있습니다. 그렇다면 우리 나라의 역할도 크리라는 것을 충분히 짐작할 수 있습니다. 동시에 무한경쟁 속에서 오직 일등만이 살아남는 무서운 도전에 직면하는 것이라고 생각합니다. 세계화는 분명 치열한 경쟁의 장이요, 때문에 이 경쟁에서 이겨내는 능력과 기술을 갖추는 것이 필요합니다.

그런데 그 능력이 무엇입니까? 주로 나라의 힘을 뜻하겠는데, 일반적으로 이해되기는 첨단과학 기술, 그밖에 영어를 비롯한 외국어 실력이 좋고, 여러 분야에 대한 노하우를 아는 뛰어난 인재들이 많이 배출될 때, 21세기의 선진국 대열에 들게 하는 길이라고 이해되고 있는 것 같습니다. 그러나 나는 이런 의미의 세계화라는 말을 들을 때마다 근본적으로 인간에 대한 가치관 또는 철학이 결핍되어 있다는 느낌이 듭니다.

세계화란 먼저 '하나의 세계를 지향하는 것'이라고 생각합니다. 즉, 모든 나라와 민족이 각자 고유의 문화와 민족정체성을 지키면서, 동시에 민족, 인종, 피부 색깔, 빈부의 격차 등 모든 차별을 넘어서 하나로 될

우리가 서야 할 자리 | 183

때, 모두가 고르게 잘 살고 어디를 가든지 인간으로 존중될 만큼 세계가 하나될 때, 그것이 참된 세계화라고 생각합니다. 한마디로 온 인류세계가 인간 존중과 사랑을 바탕으로 하나의 인류가족, 세계공동체를 지향할 때 참된 세계화의 길이라고 생각합니다. 예컨대, 유럽공동체는 단순히 공동의 이해관계 위에 서 있는 것만이 아니고 그 바탕에는 공통의 정신문화와 그 가치관을 전제로 하고 있는 줄로 알고 있습니다. 그것은 그리스도교적인 문화유산, 인간 존중과 이웃사랑을 바탕으로 한다고 믿고 있습니다.

따라서 세계화를 위하여는 세계화에 걸맞는 인간관과 세계관이 필요하고, 여기에 기초한 정신적 가치관을 지닌 인재 양성이 있어야 한다고 생각합니다. 지적·기술적인 면에 있어서 우수할 뿐 아니라 정신적인 면에서도 우수한 인재가 필요합니다. 즉, 모든 민족과 인종, 인류 전체를 향하여 열려 있는 마음, 모든 이를 사랑하고 품을 줄 아는 마음이 필요하고 이런 가치관이 전제되어야 합니다. 너무 윤리도덕적인 관념으로 들릴지 모르지만, 물신주의에서 나온 모든 것을 타파하고 새롭게 태어난 인간 존중의 가치관, 정직과 성실, 그리고 이기주의가 아닌 이타주의, 이웃사랑과 희생정신, 그리고 지역간, 계층간 등 모든 차별과 갈등을 극복하는 화합의 정신이어야 합니다.

나는 우리 나라 사람들이 이런 가치관을 가질 때, 분명히 우리 안에 깊은 상처로 남은 지역감정도 극복하고 계층간의 심화된 차별도 없이 하며, 남북한간의 불신의 벽을 헐고 신뢰를 구축하여 마침내 우리 모두가 소망하는 남북통일을 이룩할 것이며, 우리 자신도 우리의 젊은이들도 세계화 속에서 참된 세계인이 될 것이라 믿습니다.

몇 년 전, 네팔 출신의 외국 노동자들이 명동성당에서 여러 날 농성하며 자기들을 고용한 한국 기업들로부터 겪은 비인간적인 학대에 대하여 항의한 일이 있었습니다. 그때 나는 그들의 이야기를 듣고는 너무나 마음이 아프고 분노를 느껴 청와대에 전화를 걸었습니다.

"이런 비인간적인 외국인 대우는 그 자체가 정의에 어긋날 뿐 아니라 우리 나라의 체면을 극도로 실추시키고 세계화를 부르짖는 대통령의 외침과도 어긋나는 것입니다. 세계화를 하려면 우리 안에 와 있는 외국인들부터 참으로 정의롭게 또 인간답게 대할 줄 알아야 합니다."

문제의 근본은 언제부터인지 우리가 수전노처럼 돈만 아는 사람들이 된 데 있습니다. 한국 사람들은 부지런히 일하여 돈은 벌었지만 그 돈을 잘 쓸 줄 모르고 돈 자랑만을 할 뿐 아니라, 돈이 좀 있다고 하여 없는 사람들을 업신여기는 교만한 태도를 세계 도처에서 하고 있습니다. 그래서 '한국인' 하면 돈만 아는 사람, 돈 때문에 몰인정한 사람, 이웃도 예의도 모르는 '추한 한국인'으로 비춰지고 있습니다.

이런 한국인상을 그대로 둔 채 21세기의 도전에 대처할 수 있겠습니까? 한국인은 나름대로 임기응변의 순발력이 있어서 단기적으로는 가능할지 모르지만 세월이 갈수록 한국인은 세계 속에서 멸시를 받고 소외될 수밖에 없을 것입니다.

나는 한국인의 장점을 모르는 바 아닙니다. 우리에게는 밟혀도 다시 일어나는 잔디처럼 끈기와 저력이 있습니다. 그 어떤 어려운 환경에 놓여도 시련과 고초를 이겨내고 당당히 일어서는 강인함이 있습니다. 바로 그 때문에 일제의 탄압 아래서도 목숨을 걸면서 독립투쟁을 꾸준히 했고, 해방 후 오늘에 이르는 동안 6·25 동란을 비롯하여 여러 가지 정치적·경제적 시련을 겪으며 오늘 이만큼의 발전을 이룩하였습니다. 내일도 그런 저력으로 계속 발전하리라 믿습니다. 그러나 우리는 돈을 벌기

우리가 서야 할 자리 | 185

위해 수단방법을 가리지 않는 한국인, 정직하지도 성실하지도 못한 한국인으로는 세계화의 경쟁에서 탈락될 수밖에 없다는 것도 함께 인식해야 합니다. 우리 모두 깊이 반성하고 참된 인간이 되어야 합니다. 특히 우리는 진실로 한 사람 한 사람이 이 어두움의 씨앗이 다른 데가 아닌 내 안에 있었음을 회개하고 우리 자신부터 마음자리를 다시 잡고 인동초(忍冬草)의 뿌리와 같은 강인한 힘으로 거듭나야 합니다. 지금과 같은 자기중심의 이기심, 물질주의, 이익 추구를 위해 수단방법을 가리지 않는 황금만능주의를 그대로 두어서는 안 됩니다.

먼저 마음을 바꾸고 생각을 바꾸고 삶을 바꾸어야 합니다. 우리에게 필요한 것은 종교적으로 표현하면 회개이고, 인간적 차원으로는 정직과 성실입니다. 하나의 가정입니다만, 오늘날 우리 사회가 다 아는 대로 반사회적·반인륜적 범죄가 범람한다 해도 정직과 성실이 국민의 정신적 보류처럼 바탕에 있다면 결코 실망할 필요가 없을 것입니다. 거기다 남을 생각하고 협동할 줄 아는 마음이 자리잡을 때에는 어떤 난관도 극복할 수 있는 희망을 가질 수 있습니다.

모든 국민에게 이것을 기대할 수 없지만 적어도 이 나라 각계 지도자들한테서 기대할 수 있다면, 그리하여 정직과 성실이 지도자들의 철학이요 생활이라고 할 때, 우리의 정의와 선이 온갖 악을 물리치고 이길 것이고 우리 사회는 반드시 좋게 변화된다는 희망을 가질 수 있을 것입니다. 세계인들이 '한국인은 정직하다. 한국인은 성실하다. 그 때문에 한국인은 믿을 수 있다'고 평한다면, 한걸음 더 나아가 '한국인은 이웃을 위하고 사랑할 줄 안다'고 한다면, 그야말로 우리 나라는 동방의 빛이 될 것입니다.

지혜를 위한 묵상

눈은 한 가련한 거지를 보여주지만
신앙은 그 안의 예수를 보여준다.
귀는 모욕과 박해의 소리를 들려주지만
신앙은 '기뻐하고 춤추라'고 노래를 읊조린다.
혀는 누룩 없는 빵을 맛보게 하지만, 신앙은
주님의 몸과 영(靈)을 우리에게 알려준다.

죽음 앞에 선 인간

나는 이제 임종의 자리에 누워 있다. 온몸의 맥이 풀리고 피곤하여 사지를 움직일 수 없다. 혈관과 고막에 울리는 피의 흐름소리를 귀 기울여 듣는다. 몽롱한 가운데 점차로 멀어져 가는 생명의 기이한 음악!

죽음을 생각할 때 어쩔 수 없이 먼저 느끼는 것은 두려움이다. 나는 가끔 죽음과 마주 서 있는 환자를 방문한다. 그 대부분 말할 수 없이 큰 고통과 함께 죽음에 대한 두려움을 호소할 때, 그것이 미구(未久)에 나의 것이 되리라는 생각이 들면서 어떻게 대처하면 좋을지 모른다. 거기다 한 생을 살아오면서 이래저래 지은 죄도 많은지라 하느님의 심판대전에 나서기란 참으로 두렵고 떨리지 않을 수 없다. 되도록 고통이 적고 편안한 마음으로 죽음을 맞이할 수 있다면 얼마나 좋겠는가 하고 생각하지만 내 마음대로 되는 것은 물론 아니다.

얼마 전에 가장 오래된 친구 한 사람이 죽었다. 비교적 건강한 편이었는데, 가기 전날까지도 정신이 맑고 주변 사람들을 편안하게 해주었다고 한다. 그는 참으로 선하게 살다가 선종을 한 것이다. 그의 부음을 듣고 달려가서 영전 앞에 고인을 위해 기도드릴 때, 나는 그가 하늘나라에 가 있으리라 믿고 나 역시 남은 생애를 선하게 살다가 선하게 죽을 수 있게 해주십사 하고 빌었다.

죽음은 누구도 피할 수 없이 마셔야 할 쓴잔이다. 예수님도 아버지에게 할 수만 있다면 면하고 싶다고 한 그 고뇌의 잔이다. 누구도 대신할 수 없다. 하느님은 왜 인간에게 이 죽음의 굴레를 씌우셨는가? 성서에 의하면, 죽음은 인간이 하느님을 거스려 죄를 범함으로써 초래된 결과이다. 그러나 가장 핵심적인 문제는 '죽음은 무엇인가?' 하는 것이다. 죽음은 생명의 끝인가, 아니면 저승의 삶의 시작인가? 이에 대하여 아무도 '이렇다, 저렇다' 라고 과학적 실증을 통한 답을 줄 수 없다.

'죽음 앞에서 인간 운명의 수수께끼는 절정에 달한다.'

그리스도교를 비롯하여 대부분의 종교는 죽음을 가리켜 현세의 삶의 끝일지언정 그것이 모든 것을 '무(無)'로 돌리는 종말이라고 보지 않는다. 특히 그리스도교는 죽음이 '죽음'이 아니요 '새로운 삶'으로 옮겨가는 것이라고 한다. 그래서 그리스도 신자들은 사도신경의 말미에서 "죄의 용서와 육신의 부활을 믿으며 영원한 삶을 믿나이다" 라고 고백한다. 사도 바오로는 육신의 부활과 영원한 생명이 있어야 함과, 그것이 없으면 우리의 믿음도 헛되다는 것을 누누이 강조하면서 "이 썩을 몸은 불멸의 옷을 입어야 하고 이 죽을 몸은 불사의 옷을 입어야 하기 때문입니다"(1고린 15,53) 라고 천명한다.

이 믿음에 따르면, 죽음은 우리를 죄와 이로 말미암은 온갖 고통과 불행, 인생의 모든 질곡으로부터 해방시켜 복된 생명으로 옮겨다 주는 것이다. 따라서 죽는다는 것은 우리가 이승에서 저승으로, 사(死)에서 생(生)으로, 어둠에서 빛으로 '건너감'이다.

죽음에 대한 그리스도교의 이같은 가르침의 근거는 이스라엘 백성의 출애굽의 사건에서 예시되고 예수의 십자가상 죽음과 부활로써 성취된 빠스카 신비에 있다. 죽음은 믿는 이에게 있어서 빠스카 신비의 구현이다. 예수는 참으로 죽음을 쳐 이기셨다. 그래서 그분은 우리에게 "두려워하지 마라 내가 세상을 이겼다" 라고 하였다. 여기 세상이란, 예수의 구원이 없었다면 결국 죽음으로 끝날 수밖에 없었던 그 세상이다.

그렇다면 죽음은 무엇인가? '죽음의 관문'이라는 표현도 있듯이, 하나의 과정이다. 어떤 이는 "죽음은 아직 펴 보지 않은 책과 같다"고 하였다. 그리고 그 책은 우리를 위한 하느님의 기쁨과 행복, 사랑과 평화, 빛과 생명을 가득 담고 있다.

죽음에 대한 이런 생각은 죽음을 너무나 미화하는 것이 아닌가? 미화는 결코 아니다. 이것은 오로지 우리가 믿는 하느님이 사랑이심을 믿는 데서이다. 그 사랑이 사람이 되어 오시어 우리의 부활이요 생명이 되신 그리스도를 믿을 때 죽음을 달리 볼 수 있다.

사랑은 파괴하지 않고 건설한다. 사랑은 죽이지 않고 살린다. 사랑은 해치지 않고 구한다. 사랑은 병든 것을 낫게 하고 죽은 것도 다시 살린다. 하느님은 사랑이시다. 그렇다면 하느님이 사랑을 다하여 당신 모습을 닮은 존재로 창조한 인간을 죽음과 멸망으로 끝나게 내버려둘 수는 없다. 우리가 믿는 하느님은 결코 '죽은 자의 하느님'이 아니고 '산 자의 하느님'이다. 하느님이 원하는 것은 사람이 죽는 것이 아니라 사는 것이다. 그 때문에 누구든지 의식적으로 하느님을 거부하지 않는 이상, 모든 인간은 하느님의 사랑과 자비로 영생의 구원을 얻을 것이다.

190

사도 바오로는 죽음 뒤에 우리가 누릴 행복에 대해 "눈으로 본 적이 없고 들은 적이 없으며 아무도 상상조차 하지 못한 일을 하느님께서는 당신을 사랑하는 사람들을 위하여 마련해 주셨다"(1고린 2,9) 라고 표현하고 있다. 그러나 죽음을 통해서 참되고 아름답고 복된 새 생명에 들어간다 해서 그것 때문에 죽음의 고통이 덜어지는 것은 아니다.

죽음은 그리스도인에게도 간혹 예외적인 경우가 있을 수 있겠으나 여전히 두렵고 말할 수 없이 큰 고통이요 고뇌일 것이다. 때문에 그리스도인도 죽음 앞에 섰을 때에 이를 받아들이지 못하고 저항할 것이다. 이것은 살고 싶은 인간의 본성이다. 그러나 주님은 우리가 결국 당신의 사랑과 그 사랑이 베푸는 죄의 사함과 영원한 생명에 대한 믿음으로 이 죽음을 받아들이도록 도와줄 것이다.

죽음에 대한 좋은 준비는 나날이 이 믿음을 깊이 사는 것이다. 무엇보다도 주님이 우리를 한없는 사랑으로 사랑하였음을 상기하면서 우리 서로 사랑하는 것이다. 특히 가난한 이, 병든 이, 고통 속에 갇힌 이를 형제적 사랑으로 사랑하며 사는 것이다.

가난한 이웃을 자기 몸같이 사랑하는 사람은 본인의 의지와 관계없이 그리스도를 사랑하는 사람이다. 그는 죽은 다음에 분명히 영원한 생명을 얻을 것이다. 왜냐하면, 그리스도는 이들 보잘것없는 형제 하나를 사랑한 것이 당신을 사랑한 것과 같다고 하면서 하느님이 영원으로부터 마련한 나라를 약속하였기 때문이다. 결국 하느님의 사랑을 믿고 그리스도를 본받아 이웃을 사랑하는 것이 가장 좋은 죽음의 준비이다.

※ 빠스카(Pascha)는 '통과하다' 라는 뜻으로, 이스라엘 민족의 출애굽을 기념하는 행사이다.

지혜를 위한 묵상 | 191

신앙생활과 나라사랑

신앙생활과 조국은 대립되는가? 우리들 중 아무도 그렇게 생각하는 사람은 없을 것이다. 그러나 세상에는 그렇게 생각하는 사람들이 없지 않고, 그런 일은 현재에도 있고 과거에도 있었다. 예를 들면, 중국에 '애국교회'라는 것이 있는데, 교회와 신자들, 특히 가톨릭은 교황청과의 유대를 끊어야 한다. 교황청과 유대를 갖는 것은 '종교적 침략주의자'들과 유대를 갖는 것이기 때문이다. 이곳에서는 신앙과 조국을 어떤 의미로 대립된 것으로 보고 있다. 교회와 신자들은 중국공산당의 지도 아래서만 존립할 수 있다.

우리 나라에서는 박해시대에 천주교 신자들이 나라가 금하는 좋지 못한 사교(邪教)를 믿음으로써 나라에 해를 끼치고 있다고 생각했다. 특히 천주교는 '부모를 섬길 줄 모르는 불효막심한 종교이다. 삼강오륜을 모른다, 조상제사를 드리지 않는다'하여 박해했다. 그러나 이것이 큰 오해였음은 오늘날 우리는 물론이요 그 시대에도 아는 이들은 잘 알고 있었다. 그때 순교선열들은 유교 전통에 따른 조상 제사를 드리지 않았음은 사실이다. 미신적인 요소가 섞여 있다고 보았기 때문이다. 그러나 부모를 섬기지 않는 것이 아니었다. 부모를 위해 매일같이 기도를 바침으로써 부모에 대한 효는 오히려 컸다. 가톨릭에서는 제4계명에서 부모에게 효도하라고 엄격히 가르치고 있다. 3계명까지는 하느님, 다음 계명부터는 이웃에 대한 것인데, 그 중에서 첫째가 부모였다.

순교선열들은 문초를 당하면서도 천주교를 믿음으로써 결코 부모에게 불효하지 않을 뿐 아니라 오히려 더욱 효도했음을 강조했다. 정하상은 박해 중에 임금님에게 바친 호소문(上宰相書)에서, 천주교 신자들이 임금이나 부모에 대한 충효를 모르는 사람들이라고 생각하는 당국의 판단이 그릇됨을 상세히 설명하고 있다. 그는 나라나 부모에 대한 도리를 어기는 것이 없을 뿐 아니라 오히려 모든 선과 진리의 원천이신 하느님을 믿고 섬김으로써 참된 인간이 되고 임금에 대해 충(忠)을, 부모에 대해 효를 다하며, 일가친척, 이웃과 우의를 돈독히 하고 나라와 사회를 위하여 모범적인 삶을 살 수 있다는 것을 역설했다.

일제시대 말기에, 일본 군국주의자들은 천황을 신격화시키고 일본을 '신의 나라(神國)'로 우상화시키면서, 이 땅에서는 신사참배를 강요했고, 일본 내에서도 그리스도 신자들에게 '천황이 더 높으냐, 그리스도가 더 높으냐'고 물음으로써 신자들을 정신적으로 괴롭혔다.

이런 질문에 대해 올바른 신앙을 가졌으면 대답은 분명하다. 천황일지라도 한 인간에 불과하고, 그 스스로 구원의 은혜가 필요한 존재이기에 구원 자체이신 그리스도, 생명의 주이신 그리스도와는 처음부터 비교가 안 되는 것이다. 단지 그 답을 직설적으로 할 것인가, 간접적·우회적으로 할 것인가가 경우에 따라 달라질 뿐이다.

그런데 그런 군국주의 상황 아래에서 침략을 목적으로 한 전쟁을 비롯하여 이에 따르는 비인도적 행위, 점령지에서 무장을 하지 않은 민간인을 자의적으로 살해한다든지 할 때, 그리스도 신자로서 이를 죄악으로 거부하는 것은 때로는 상당히 힘들었던 것 같다.

예를 들면, 독일에서 우태인들을 박해하고 강제노동수용소로 보내어 살해했을 때, 많은 사람들은 그 사정을 잘 모르기도 했지만, 알고서도 침묵을 지키거나 군인들인 경우에는 상관의 명령이니까 할 수 없다고 하여 또는 조국과 민족에 대한 반역자로 몰릴까 두려워하여 협조한 경우가 적지 않았던 것 같다. 그러나 독일 뮌터교구의 본 카렌 추기경을 비롯하여 여러 주교들과 사제들 또는 개신교의 고위 성직자들과 본 회퍼 같은 신학자들은 분명히 그리스도 신앙인의 양심으로서 나치들의 잔학 행위에 저항했다. 그리하여 본 회퍼와 그의 동료들, 그밖에 많은 이가 순교하기까지 했다.

독일과의 접경 지역에 있는 프랑스의 어느 마을 공동묘지에 한 독일군 병사의 무덤이 있는데, 거기에는 언제나 꽃이 놓여 있다고 한다. 그 마을 사람들이 비록 적군 병사였기는 하지만 그의 사람됨을 잊지 못해서 라고 한다. 그 내력은 이러하다.

2차대전 때, 독일군은 프랑스를 전격적으로 쳐들어 왔는데, 이 마을을 점령한 독일군 부대는 마을 사람들이 잘 협력하지 않는다는 점을 평계삼아 마을의 남자들을 몽당 잡아다 놓고 총살시킬 예정이었다. 그런데 독일군 병사 하나가 이 명령을 따르지 않았다. 상관이 이를 꾸짖으며 "네가 총을 쏘지 않으면 조국에 대한 반역죄로 죽이겠다"고 해도 그는 "그리스도 신자의 양심으로서 아무리 전쟁 중의 적국 국민이라 할지라도 무

194

장을 하지 않는 민간인을 중요한 이유 없이 죽일 수 없습니다" 라고 단호히 거절했다. 결국 그는 상관에 의해 즉결처분으로 총살되었다. 이를 지켜본 마을 사람들이 시신을 몰래 거두어 잘 묻어 주고 오늘까지 그 무덤을 가꾸고 있다는 것이다.

이 독일군 병사는 당시 독일군 장교의 눈에는 신앙을 빙자하여 조국을 배반하는 반역자와 같이 보였을 것이다. 그러나 오늘날 돌이켜 볼 때, 이 병사야말로 오히려 자신의 조국인 독일과 그 민족을 빛내고 있다. 2차대전 당시 히틀러와 나치 추종자들은 그들만이 애국애족하는 것처럼 떠들고 그들의 지시에 따르는 것이 곧 조국에 대한 충성을 다하는 것이요, 아닐 때는 조국을 배반하는 것으로 판단했다. 그러나 히틀러와 나치는 유태인 학살을 비롯하여 수많은 사람들을 죽인 잔인한 죄를 범했고 그 멍에는 아직도 독일 민족이 지고 있다. 1989년 동서 독일이 하나의 독일로 다시 통일되었을 때에도 독일이 과거에 저지른 잔인한 죄를 잊지 못하는 프랑스를 비롯한 주변국가 사람들은 독일통일을 무조건 기뻐할 수 없었다. 그것이 바로 독일 민족이 범한 그 엄청난 죄 때문이다.

위에서 말한 독일군 병사는 독일 사람이라고 결코 다 나쁜 것은 아니고 참으로 인간적으로나 그리스도인으로서 훌륭한 사람이 있다는 것을 보여주었다. 이 병사야말로 인간으로서, 그리스도인으로서 올바르게 행동함으로써 오히려 죄로 더럽혀진 독일과 그 민족을 조금이라도 덜 치욕스럽게 해주고 있다.

여기서 우리가 생각할 수 있는 것은 참으로 인간적이요 그리스도적 인간일 때 그것이 진실로 그가 속한 민족이나 조국을 더욱 빛나게 해준다는 것이다. 따라서 애국심을 말로만 강조하는 것보다도 참으로 사람다울 때 그것이 더 참된 나라사랑이 된다.

지혜를 위한 묵상 | 195

감각과 신앙의 차이

신앙이란 하느님이 우리에게 계시하신 모든 가르침에 관한 교리, 그 가르침이 우리에게 전하는 모든 진리, 즉 성경에 담긴 모든 것, 그리고 교회가 우리에게 교시하는 것을 믿는 것이다. 우리는 이 모든 것을 신앙에 의해서 마음으로부터 믿게 된다.

참으로 의인은 이 신앙으로 산다. 그에게 있어서 이 신앙이야말로 인간 본성의 감각을 대신하고 있다. 신앙은 모든 것을 변화시키므로 지금까지의 오관(五官)은 영혼을 위해서는 거의 쓸모 없는 것이 된다. 오관은 사람을 그르치기 쉬운 외형만으로 사물을 보기 쉽지만 신앙은 현실을 보여주기 때문이다.

눈은 한 가련한 거지를 보여주지만, 신앙은 그 안의 예수를 보여준다. 귀는 모욕과 박해의 소리를 들려주지만, 신앙은 '기뻐하고 춤추라'는 노래를 읊조린다. 피부는 얻어맞은 돌의 아픔만을 느끼게 하지만, 신앙은

'그리스도의 이름으로 무언가 아픔을 느끼게 된 것을 기뻐하라'고 말해 준다. 혀는 누룩 없는 빵을 맛보게 하지만, 신앙은 사람이면서 하느님인 주님의 몸과 영(靈)을 우리에게 알려준다. 코는 향기를 맡게 하지만, 신앙은 참된 향기는 '모든 성인의 단식과 절제'임을 가르쳐 준다.

오관은 피조물의 아름다움으로 우리를 유혹한다. 그러나 신앙은 창조되지 않은 분의 아름다움을 생각하게 한다. 그리고 피조물의 아름다움이란 한갖 허무요 먼지에 불과하다는 것을 생각하게 한다.

감각은 고통을 두려워하게 한다. 그러나 신앙은 이를 복된 것으로 생각한다. 그것이야말로 가장 사랑하는 주님과의 혼인 잔치에 쓸 면류관과 같다고 본다. 또 감각은 모욕에 대하여 반항한다. 그러나 신앙은 이를 복되다고 한다. '모욕을 주는 사람, 험담을 하는 사람을 축복해 주라'고 한다. 그 모욕을 받아 마땅한 사람으로 자신을 일깨워 준다. 왜냐하면, 자기 자신의 죄에 대해 생각하기 때문에 모욕과 멸시를 맛있는 것으로 생각하도록 해준다. 자신도 그리스도와 같은 봉변을 당하니까.

감각은 호기심에 빠뜨리게 하기 쉽다. 그러나 신앙은 아무 것도 알고 싶지 않다. 자신을 매장하고 평생토록 움직이지 않고 오직 감실 앞에서 지낼 수 있게 되기를 갈망하게 만든다.

감각은 재물과 명예를 탐내게 한다. 그러나 신앙은 이를 오히려 두려워하게 한다. 하느님 앞에서 높은 자리에 앉게 되는 것은 모두 미워해야 한다는 것을 알게 한다. 신앙은 가난을 존중한다. 그리스도의 일생을 덮고 있는 그 굴욕을 존중하게 한다.

감각은 위험스러운 것은 전부 두려워하고, 고통과 죽음을 가져오는 것을 두려워한다. 그러나 신앙은 그 무엇도 두려워하지 않는다. 하느님이 원하는 것 외에는 자신에게 닥치지 않을 것이라고 믿기 때문이다. 그리고 하느님이 원하는 것은 언제나 그를 위해 좋은 것이다. "일어나는 모든 일은 간선된 사람들을 위해서이다." 그래서 무엇이 일어나든지 고통이든 기쁨이든, 건강이든 병이든, 사는 것이든 죽는 것이든 어떤 일도 이미 일어나기 전에 기뻐하고 두려워하지 않는다.

감각은 내일 어떻게 살까를 걱정한다. 그러나 신앙은 아무 것도 걱정하지 않는다. 예수는 "걱정하지 마시오" 라고 말씀한다. "들에 꽃을 보시오. 하늘에 나는 새를 보시오. 그것을 기르고 입히는 것은 하느님입니다. 그 꽃과 새보다도 여러분은 더 귀합니다" 라고 말씀한다. "너희는 먼저 하느님의 나라와 하느님께서 의롭게 여기시는 것을 구하여라. 그러면 이 모든 것도 곁들여 받게 될 것이다."(마태 6,33)

감각은 가족적 단란과 소유물에 대한 애착을 가진다. 그러나 신앙은 이것을 끊도록 재촉한다. "나를 따르려고 제 집이나 형제나 자매나 부모나 자식이나 토지를 버린 사람은 백 배의 상을 받을 것이며, 또 영원한 생명을 얻을 것이다."(마태 19,29)

이처럼 신앙은 모든 것을 새로운 빛으로 비춘다. 그것은 감각의 빛과 다르다. 아니, 훨씬 빛나는 다른 빛이다. 때문에 신앙으로 사는 사람의 영혼 안에는 새로운 생각이 가득 차 있다. 그는 새로운 기초를 가지고 새로운 판단을 가진다. 새로운 지평선이 그의 눈앞에 전개된다. 그것은 하늘의 빛으로 열려진 지평선이다. 하느님의 아름다움을 지닌 아름다운 지평선이다. 이 신앙에 감싸여, 세상이 상상도 못한 이 새로운 진리에 감싸여 하느님을 믿는 사람은 새로운 생활을 시작한다. 그것은 세속과 대립된 생활이다. 세속의 눈으로 보면 그가 하는 짓은 모두 어리석다. 하지만 세속은 어두움에 잠겨 있다. 깊은 밤의 어두움에 잠겨 있다. 그러나 신앙의 사람은 빛 가운데 있다.

광대와 불타는 마을

오늘날, 직업적으로든 관습으로든 교회의 말과 생각에 깊이 익숙해져 있지 않는 사람들 앞에서 그리스도교적 신앙 문제를 말하려면, 이내 서먹서먹하고 의아스러운 일임을 직감하게 될 것이다. 그는 자신의 입장이 독일의 철학자 키에르케고르의 유명한 우화이며 또 하비 콕스가 『신 없는 도시』라는 책에서 다시 거론한 '광대와 불타는 마을'에 묘사한 것에 너무나 적중하고 있음을 느끼게 될 것이다.

그 이야기는 이렇다. 덴마크의 한 이동 서커스장에서 불이 났다. 단장은 때마침 출연 채비를 갖추고 있었던 광대를 인근 마을에 보내 도움을 청했다. 불길이 추수 뒤의 건조한 전답을 태우고 그 마을까지 덮칠 위험이 있었던 것이다. 광대는 급히 마을로 달려가 동네 사람들에게 빨리 와서 화염에 쌓인 곡마장의 불을 꺼 달라고 간청했다. 그러나 마을 사람들은 광대가 소리지르는 것을 단순히 구경꾼을 많이 끌려는 술책치고는

지혜를 위한 묵상 | 199

아주 걸작이라고만 생각했다. 그래서 손뼉을 치면서 포복절도(抱腹絶倒)
했다. 광대는 참으로 울 지경이었다. 그는 사람들에게 정말 곡마장이 불
타고 있다고 말하면서 납득시키려고 안간힘을 다 썼으나 허사였다. 그
의 애원은 폭소만을 더 터뜨릴 뿐이었다. 사람들은 그가 광대 역을 아주
멋지게 한다고만 생각했다. 결국 불은 마을에까지 번져 모든 것이 불타
버렸다.

하비 콕스는 이 이야기를, 오늘의 신학자 상황을 말하는 한 예로 들고
있다. 그리고 자신의 사명을 사람들에게 참되게 납득시킬 수 없었던 광
대 속에 신학자의 모습을 보고 있다고 적고 있다.

오늘날 중세 혹은 어느 옛날의 광대와 같은 차림을 한 신학자의 말을
곧이 들을 사람은 없다. 물론 그는 무엇이든 하고 싶은 말을 할 수 있을
것이다. 그러나 그가 어떻게 행동하든 또 심각한 상황을 어떻게 제시하
든, 사람들은 그가 한 광대에 지나지 않음을 미리 알고 있다. 그가 무엇
에 대해 말하려는 것인지, 그가 연출하는 것이 현실에는 별로 혹은 전혀
상관되지 않는다는 것도 알고 있다. 그래서 사람들은 그가 말하는 것에
대해 심각하게 불안해 하지 않고 안심하며 듣는다.

확실히 이 비유는 신학과 신학적 논의가 오늘날 얼마나 절박한 현실에
처해 있는지를 보여준다. 그것은 바로 사색과 표현 습성의 천편일률적
인 현상을 타파하고 신학 문제를 인생의 사활에 관한 문제로 인식시킨
다는 것이 불가능에 가까울 만큼 점점 어려워져 간다는 것이다.

대체로 우리는 이 극적인 비유가 '진실과 숙고의 가치'가 있다고 보지
만, 아직은 실정을 지나치게 단순히 표현하고 있다고 해야 할 것이다. 왜
냐하면, 이 이야기에서 그 광대(신학자)는 완전히 아는 사람이며, 자기 사
명을 뚜렷이 인식한 사람 같이 보이고, 그가 급히 달려간 마을 사람들은

200

신앙을 지니지 않는 사람들이며, 그와는 반대로 온전히 모르는 사람들이고 미지의 것에 대해 가르침을 받아야 할 사람들로 나타나 있기 때문이다. 그렇다면 광대가 해야 할 일은 '가장복(假裝服)'을 바꾸어 입고 분칠을 씻어 없애는 것뿐이다. 그러면 만사형통할 것이다.

그러나 문제가 그렇게 단순한가? 만사형통하기 위하여 우리는 단지 현대화의 길을 취하면 되고, 분장을 씻고 세속적 혹은 무종교적인 기독교 언어의 평복으로 갈아입으면 되는가? 다시 말해서, 실제로 일어나 있고 또 그것이 우리 모두를 태울 위험이 있다고 신학자가 주장하는 불을 끄는데 사람들이 즐겨 달려오고 함께 거들도록 만들기 위해 정신적인 '가장복'을 바꿔 입기만 하면 족한가?

나는 오늘날 많은 곳에서 등장하고 있듯이, 분장을 지우고 현대적 속복(俗服)으로 갈아입은 신학은 이런 희망이 얼마나 어리석은 것임을 보여준다고 말하고 싶다. 확실히 오늘의 생활과 사고 속에 젖어 살고 있는 사람들에게 신앙을 말하려 들면 광대처럼 보일 것이다. 어쩌면 훨씬 더 고대 석관(石棺)에서 일어나 옛 의상과 사고를 지니고 현대에 나타난 사람 같이 보일 것이다. 그는 현대사회를 도저히 이해할 수 없고, 세상도 그를 이해할 수 없는 사람으로 볼 것이기 때문이다.

그러나 신앙을 전하려는 사람이 충분히 자기반성을 할 수 있다면, 그는 문제의 핵심이 양식이나 신학이 걸치고 있는 겉옷에 있지 않다는 것을 깨닫게 될 것이다. 자기의 문제를 진지하게 받아들이는 사람은 현대인들을 상대로 하는 신학적 기도의 상극 속에 해설의 어려움만이 아니라 자기 자신의 신앙의 불안정, 자신의 신앙의지의 한가운데 불신앙(不信仰)의 억압적인 힘을 체험하고 인식하게 될 것이다. 그러므로 누구든지 자신과 남에게 그리스도교 신앙을 진지하게 설명해 주려고 하는 이는 먼

지혜를 위한 묵상 | 201

저 옷을 갈아입기만 하면 되는 분장자(扮裝者)에 불과하지 않다는 사실을 통찰할 줄 알아야 한다. 오히려 자신의 상황이 다른 이의 그것에 비해 처음 생각했던 것과 달리 별 차이가 없다는 것을 이해해야 할 것이다. 그러면 그는 쌍방이 양식은 다르다 할지라도 동일한 힘에 지배되고 있음을 인식하게 될 것이다.

신앙인을 위협하는 것은 불확실성이다. 이 불확실성은 지금까지 그에게 당연해 보이는 전체가 시련에 부딪혔을 때 얼마나 쉽게 붕괴될 수 있는지 가혹하리만큼 노출시킨다. 예를 들어 보자.

리지외의 소화 데레사는 사랑스럽고 순박하리만큼 아무 문제도 없어 보이는 성인이다. 그녀는 종교적으로 완전히 안정된 생활 속에서 성장했다. 처음부터 끝까지 완전하게, 또 사소한 일까지도 교회의 신앙으로 각인 되어 있어서 초자연의 세계는 일상생활의 한 부분, 아니 생활 자체가 되었다. 참으로 '종교'는 그녀에게 일상생활의 명백한 전제였고, 그녀와 종교와의 관계는 우리들이 일상에서 대할 수 있는 것과 같았다.

이처럼 어떤 위험으로부터도 완전히 보호되어 있던 그녀가 죽기 얼마 전의 고난에서 충격적인 고백을 남겼다. 즉, "가장 나쁜 유물론자들의 사상의 줄거리가 끈질기게 내 마음속에 파고든다"고 말했다. 이것은 그녀의 자서전이 동료 수녀들로 인해 놀라우리만큼 부드럽게 수정되었다가 다시 원문 그대로 출판됨으로써 알려지게 된 것이다.

그녀의 이성은 신앙과 상극되는 모든 논증으로 억압되고, 신앙심은 사라진 것같이 보이며, 스스로 '죄인의 가죽'을 덮어쓴 사람으로 체험한다. 이는 완전히 강인하게 짜여진 세계 안에 살던 사람에게 갑자기 지속되어 오는 관습의 견고한 결함 저변에 그를 노리는 심연이었다.

자유를 위한 사색

자유가 무엇이길래, 사람들은 그렇게도 갈망하는가? 자유 또는 해방은 현대인이 추구하는 최상의 선이며, 확실히 '시대의 징표'이다. 빈곤과 기아로부터의 해방, 무식과 무지로부터의 해방, 불안과 공포로부터의 해방, 구속과 억압으로부터의 해방 등 인간은 일체의 정신적·물질적 구속으로부터 해방되어 자유인이 되기를 희구하며, 또 이를 위해 살고, 이를 얻기 위해 투쟁한다. 때로는 이것 때문에 더욱 고민하고 이를 얻지 못할 때에는 좌절하고 만다.

인간의 역사가 투쟁, 혁명, 전쟁 등 피로써 얼룩져 있지만, 이 역시 자유 쟁취의 역사였다고 본다면 지나친 것일까? 인간의 역사에서 자유와 해방을 뺀다면 역사는 그 의미를 잃고 말 것이다. 자유에 대한 인간의 갈망은 빵에 대한 것보다 강인하다. 그 애착은 목숨에 대한 것만큼 진하다.

자유를 한 마디로 정의 짓기는 쉽지 않다. 그러나 자유는 인간에게 없

지혜를 위한 묵상 | 203

어서는 안 될 필수적인 것이다. 자유의 박탈은 인간성의 박탈이나 다를 바 없다. 자유가 없으면 사랑도 할 수 없고 진리 연구, 정의 실천도 할 수 없다. 믿음도 가질 수 없고 희망도 품을 수 없다. 바로 가장 극심한 인간 소외이다. 그 이상의 비인간화도 없을 것이다. 그런 곳에는 정치·경제·문화도 참된 의미로는 형성될 수 없다. 인간다운 삶이 없는 사막이요, 절망과 암흑만이 지배하는 죽음의 곳이다. 때문에 자유의 박탈은 인간이 인간에 대하여 범할 수 있는 가장 큰 죄악이다.

자유는 바로 인간을 인간답게 하는 본질적인 것이다. 때문에 "우리에게 자유를 달라. 자유를! 그렇지 않으면 죽음을 달라!"고 누군가 절규했었던 것이다. 이는 그 한 사람의 외침만이 아니었다. 사람이면 또 사람답게 살려면 자유를 빼앗긴 상태에서 솟구쳐 올리는 모든 인간의 절규이다. 때문에 자유란 '여가' 따위와 같이 가진 자에게 주어진 특혜가 아니다. 문화와 문명이 앞선 곳에서만 누릴 수 있는 장식품이나 사치품도 아니다. 권력으로 주고 빼앗아도 무방한 것도 아니며, 더욱이 돈으로 사고 팔고 해도 좋을 것이 아니다.

70년대에 어떤 사람은 국민의 자유는 국민소득이 높아지면 저절로 그 폭이 넓어질 성질의 것같이 생각했었는데, 이는 자유를 물량적으로 보았거나 아니면 기득권자들만의 특권같이 오해한 것이다. 자유는 부정적인 의미의 임의 재량도 아니요 방종과 패망이 아니다. 자유를 그렇게 잘못 인식하고 제한할 수 있다고 본다면 그것은 권력에 의한 자유 제한의 구실에 불과하다.

자유란 참으로 인간이 인간으로 존재하고 인간답게 살고 인격 완성을 하는데 절대적 기본조건이다. 그리고 모든 인간이 차별 없이 향유해야 할 인간 본연의 천부적 권리이며, 따라서 여기에는 자연히 윤리적 책임이 불가피하게 따른다. 때문에 자유가 제한되거나 억압당할 때에 자유에 대한 인간의 갈망과 요구는 높이 외쳐질 수밖에 없고, 자유쟁취의 투쟁이 일어날 수밖에 없다. 이런 뜻에서 역사란 참으로 인간의 자유와 해방의 과정으로 이해되어야 한다.

인간의 역사는 인간의 내면적 속박 혹은 자연이나 억압적 사회체제에서의 해방의 역사이다. 때문에 사람들은 자유를 갈망한다. 그것은 단지 정치적·경제적 의미의 것만이 아니다. 이것을 모두 포함하여 인간이 새롭게 보다 인간적인 삶이 무엇인지에 대하여 더욱 깊이 자각하게 되었기 때문이다.

오늘을 사는 인간의 근본문제는 '사람이 사람답게 살려면 어떻게 살아야 하느냐?'에 있다. 현대인은 빵만이 아니라 진리와 정의와 사랑이 인간다움을 위해, 곧 참된 의미의 자유인, 해방된 인간이 되기 위해 필요불가결의 것임을 어느 때보다도 깊이 깨닫게 되었다. 그리하여 인간을 타락시키는 거짓과 불의 또한 그와 같은 사회체제를 죄악과 같이 보고 가장 미워한다. 때문에 그와 같은 악으로부터의 해방과 자유를 가장 갈망하게 되었다.

이제 자유는 어느 때보다도 인간 실존의 문제, 인간 본연의 문제로 등장했다. 사실 자유는 본래부터 인간 구원의 근원적 문제이다. 그러므로 자유는 인류학, 심리학, 철학, 사회학, 정치학 등 인간을 대상으로 하는 모든 학문의 문제이면서 가장 깊은 의미로 신학적 문제이다. 왜냐하면, 신학은 근본적으로 인간 해방과 인간 구원을 말하는 하느님의 메시지를 바탕으로 하고 있기 때문이다. 하느님은 본시 인간을 당신의 모습으로, 가장 인간다운 인간, 즉 자유인으로 만들었다.

그러나 인간은 하느님의 이 은혜와 그 뜻을 거역함으로써 자유를 잃고

지혜를 위한 묵상 | 205

죄에 예속되었다. 죄에 예속됨으로써 죽음을 자초했다. 그러나 사랑 자체이신 하느님은 인간을 다시 자유인으로 구원하고자 하였다. 이때부터 시작되는 것이 신구약에서 말하는 구원의 역사이다. 그것은 자유와 해방의 역사이다. 하느님의 선민 이스라엘은 언제나 자유와 해방을 찾는 민족이었다. 노예상태에서 해방을 갈구하는 민족으로 구약성경에 서술되어 있다.

그들에게 자유를 잃은 상태는 곧 하느님을 잃은 상태였다. 그것은 살면서도 참으로 사는 것이 아니었다. 자유를 얻는다는 것은 바로 생명의 주이신 하느님과의 관계를 다시 찾음을 뜻했다. 때문에 자유 안에는 정치와 경제 등 제도적 예속으로부터의 해방뿐 아니라 일체의 죄와 악으로부터의 해방이 들어 있다. 그들은 이같은 해방을 줄 약속된 메시아를 오랜 세월을 통하여 어두움과 질곡 속에서도 희망을 잃지 않고 고대하면서 열망했다. 마침내 때가 차서 오신 분이 예수 그리스도이다.

그리스도는 가장 깊은 의미의 자유를 인간에게 밝혀 준 분이다. 그리스도는 바로 자유인의 원형이다. 자유 자체라고 말해도 과언이 아니다. 그는 외적 구속인 법과 내적 속박인 죄에서의 해방, 더 나아가 인간에게 있어서 가장 궁극적인 공포인 죽음을 포함한 모든 공포로부터의 해방을 뜻하는 자유를 가르쳤고 전달했다.

그는 이를 위해 일체의 불의와 부정의 유혹을 물리치고 자원하여 십자가의 죽음을 택했다. 죽음으로써 진리와 정의와 사랑을 증거했다. 참된 인간, 의인 곧 자유인의 정신과 생명의 불멸을 증거했다. 그럼으로써 불의와 죄악의 결과인 죽음을 쳐 이겼다. 때문에 십자가는 자유의 증거 그 자체이다.

"그리스도는 확실히 정치적 선동자도 혁명가도 게릴라도 아니었다.

그러나 그의 구원계획은 인간의 개인적 관계, 가족, 정치 및 종교적 관계를 포함한 인간 자체와 인간세계의 전체적 해방을 의미하는 근원적인 것이다."(아돌프 니콜라스의 『해방신학에로의 초대』에서)

이렇게 볼 때, 창조주이고 구원자이신 하느님의 구원 계획에서 제외된 진실과 역사는 하나도 없다. 그리스도의 몸인 교회가 오늘날 하느님의 말씀인 진리와 정의와 사랑으로써 인간과 인간사회 해방을 이 현실과 역사 속에서 끊임없이 추구하는지 그 이유가 여기에 있다.

물론 이 해방과 완전한 자유의 성취는 종말론적인 것이다. 하지만 이 역사 속에서, 현실 속에서 이룩되어 가야 하는 것이다. 때문에 사회는 자유와 해방이 완성되는 그날까지 그 달성을 위해서 투쟁하지 않을 수 없다. 그리스도와 같이 십자가를 지지 않을 수 없다. 또한 바로 이 때문에 '그리스도교주의(christianism)'는 인간을 예속하고 억압하는 현실에 대해, 비인간화시키는 체제나 제도에 대해 언제나 비타협적이고 도전적일 수밖에 없다.

'그리스도교주의'는 평화의 메시지이고, 교회는 평화의 역군이다. 그러나 그리스도가 주는 평화는 세속이 주는 평화와 다르다. 그것은 결코 현실을 외면하고 또는 현실과 타협함으로 얻는 안이(安易)가 아니다. 그것은 현실에 대한 끊임없는 도전 속에 수난의 가시밭길을 거쳐서 얻어지는 부활과 그 부활이 주는 평화이다. 크리스찬이란 다른 사람이 아니라 바로 인간과 인간사회의 참된 자유와 해방을 위해 자신의 어깨에 십자가를 지고 역사의 심야를 그 어두움과 싸우며 빛을 향하여 전진하는 사람이다.

화해에 필요한 용기

동양사회에서 전설처럼 전해 오는 한 이상적인 시대가 있다. 요순(堯舜) 시절이다. 그 시대에는 사람들이 법 없이도 잘 살았고, 법은 고사하고 백성들이 나라의 통치자를 의식하지 않으면서 자유롭게 살았다.

어느 날, 요 임금이 홀로 시골 마을에 가 보았다. 밭에서 노래를 부르며 일하고 있는 한 농부에게 넌지시 "당신은 우리나라 임금이 누구인지 아시오?" 하고 물어 보았다. 농부는 무심히 대답하기를 "우리야, 해 뜨면 집에서 나오고 해 지면 집으로 들어가고, 우물 파서 물 마시고 밭 갈아 밥 먹고 사는데, 임금이고 뭐고 상관할 게 뭐 있소?" 한다. 요 임금은 비로소 자신의 정치가 어느 정도 잘 되어 가고 있음을 확인한 셈이 되어 흐뭇해 한다.

너무 엄격하고 복잡한 여러 가지 법률이 세상 사람들을 얽어매는 것이 오늘의 세태라고 생각된다. 법뿐이 아니라 내세워지는 여러 가지 명분의 과잉, 미사여구의 과잉도 사람들을 싫증나게 하고, 가치관에 무감각해지게 하며, 불신풍조를 조성하고 있는 것 같다. '사랑'이니 '정의'니 '복지'니 하는 말들이 남발될 때에, 사람들은 허탈 속에서 사회를 느끼게 될 것이다.

조용히 인간적인 진실이 소통되어 나가는 사회를 상상해 본다. 억지의 행위와 명분이 중요한 것이 아니고 인간다운 존재 자체가 중요하다. '가만히 있는 것 같으면서도 하지 않는 일이 없는 사람(無爲而無不爲)' '말 없이도 가르침을 주는 사람(不言之敎)'의 경지가 현대사회에서 때때로 갈망된다. 이상을 말하자면, 사람들이 어린이처럼 순진해지기를 바라게 되기도 한다. "누구도 어린이와 같이 되지 않고서는 하늘나라에 들어가지 못한다"라고 한 그리스도의 가르침이 상기된다.

순진함, 부드러움은 가장 생동하는 생명의 표현이다. "사람이 태어날 때는 부드럽고 약하고, 죽을 때는 단단하게 굳어진다. 풀과 나무, 모든 것이 싹틀 때는 여리고 부드러우나 죽으면 메마르고 굳어진다. 그러므로 굳고 강한 것은 죽음의 성질이고 부드럽고 약한 것은 가장 신선한 생명이다." 옛 현인의 말씀이다.

이른바 권력이라는 것에도 이 부드러움의 생명력을 불어넣어야 한다. 수많은 사람들이 어울려서 사는 사회에서 질서를 유지하기 위해서는 공권력이 필요하게 된다. 그러나 이 권력은 기계적인 것, 억압적인 것이 되어서는 안 된다.

무력은 싸움에서 이겼을 때 적장을 사로잡아 빼앗을 수 있다. 그러나 그 무력이 필부(匹夫)의 마음속 의지를 빼앗을 수는 없다. 알렉산더 대왕으로서도 거지 철학자 디오게네스를 이길 수 없었다. 그러므로 권력을 물리적인 힘으로 여기거나 만능의 위력으로 여겨서는 안 된다. 권력은 공공질서와 봉사를 위해 인간들이 위임한 기능으로서 인간적인 성질을 띠어야 한다.

인간은 하느님의 창조물이고 하느님의 아들이고 분신이다. 그러므로 인간은 존엄한 존재이다. 이러한 인식에 근거하지 않는다면 인간을 존엄하다고 말할 수 없다. 다른 동물과 큰 차이가 없으며, 못나고 약한 자는 업신여김과 짓밟힘을 당해도 부당하다고 항의할 근거가 분명치 않을 수 있다. 그러나 인간은 모두 하느님의 분신이므로 무조건 존엄한 존재이다. 하느님을 거역하고는 사람이 온전할 수 없으며, 국가가 온전할 수 없고 세계가 온전할 수 없다.

지금 우리 민족에게 있어서 해볼 만한 가장 위대한 일이 한 가지 있다. 그것은 '권력을 사심 없이 화해의 도구로 사용하는 결단'이다. 여기에는 실로 최상의 용기가 필요할 것이다. 그야말로 신명을 하느님에게 바치는 믿음에서만 그와 같은 용기가 나올 수 있을지도 모른다.

자기를 버리고 죽으려 할 때 살고, 이기적으로 살려 할 때 죽는다는 것은 진리이다. 진정으로 위대한 용기를 지닌 이는 살아남는 이 진리를 터득할 것이다. 그리고 이러한 용기는 민족의 역사를 소생시킬 수 있을 것이다.

오늘날 우리 사회는 불신과 불화로 심각한 내부 분열을 겪고 있다. 선의의 대중은 각종 매스컴을 통해 진실의 목소리를 들어야 하는데 거기에 응해 주는 이들이 너무 부족하다. 이것은 가뜩이나 산업사회가 오락과 소비문화로 대중을 우중화(愚衆化)하는 성향을 방치하고 있는 셈이 될 것 같다. 일깨움을 받는 국민, 깨어있는 국민이라야 역사를 발전시켜 나갈 수 있다. 양심있는 지성인들의 융통있고 슬기있는 참여가 고려되어야 할 단계인 것 같다. 근로자들은 열악한 근로조건 속에서 심중에 갈등을

210

품을 뿐이고 기업주들과 제대로 의사 소통을 하지 못하고 있다. 농민들은 오랜 기간 지속되는 적자 영농 문제로 국가 경제구조 자체에 대한 비판의 소리를 모으고 있다. 학원가에서는 스승과 학생들 사이에 단절이 생겨 있다.

우리 국민 모두는 자나깨나 분단의 재앙에서 벗어나지 못하고 있다. 광복 후 반 세기가 넘도록, 통일의 기운이 조금이라도 성숙되었어야 하는데 오히려 불신과 증오를 굳혀 온 것으로 보게 된다. 오늘의 세계 안에서는 남한도 북한도 세계화에 동참해 나아가야 한다. 따라서 남북한은 내부에서부터 서로 증오를 키우는 일을 중단해야 한다. 서로 증오를 누그러뜨리지 않는 한 통일은 백년이 가도 안 될 것이다. 긴요한 일은 민주주의와 개방체제의 육성이지 상대적 증오가 아니다.

우리 민족 내부의 이 모든 분열을 타파하는 길에 있어 권력을 화해의 도구로 전환해 사용하는 지도자가 나온다면 그는 진정으로 용기있는 애국자일 것이다. 그러한 위대한 용기는 민족의 활로를 결정적으로 타개할 것이며 지도자 개인도 민족의 역사 안에 길이 살아남게 할 것이다.

지혜를 위한 묵상 | 211

육필 신앙고백

인간 '김수환'은 참으로 질그릇같이 깨어지기 쉬운 인간이다.
그는 죽었다! 죽어야 한다. 다시 태어나기 위해서!
그를 위해 수난하시고 죽으시고 부활하신 예수 그리스도와
다시 만나기 위해 '묵은 인간 김수환'은 죽어야 한다.

피정(避靜)이란 일상생활에서 벗어나 고요한 곳(수도원과 피정의 집 등)에서 묵상과 자기성찰 기도를 통해 자신의 삶과 신앙쇄신을 꾀하는 것을 말한다. 이 원고는 김수환 추기경의 한 달 피정(1979년)과 8일 피정(1982년)의 일기이다.

주여, 마음의 문을 열게 하소서

—

한 달 피정

1월 15일 | 월

한 달 피정의 첫날이다. 피정의 기본 의미, 기도는 어떻게 하는가 등 자료를 읽고서 저녁 9시 40분부터 11시까지 기도를 바쳤다. 때때로 분심 잡념이 왔다갔다 했으나 대체로 주님과의 만남을 소망으로 생각했다. 그리고 이것이 나의 삶과 사도직 수행에서 핵심임을 재인식했다.

1월 16일 | 화

기도에 대해서 아침 강론을 들은 후, 반성보다는 예수 그리스도를 찾는 것(아는 것)을 위해 기도하려고 노력했다. 그러나 여러 잡음도 들려 오고 또 많은 잡념이 있었다. 집중되지 못했다. 낮에 한 시간 이상 계속 기도하는 시간을 오늘은 시간표 관계로 얻지 못했다.

저녁식사 후 7~10시 사이에 기도하려고 노력했다. 오래 기도하는 것 자체, 누가 보아주고 칭찬해 준다 해도 기도 자체가 하느님과의 진실한 관계에 서 있지 않으면 아무 소용이 없다는 것을 느꼈다. 그러나 계속 기도를 해보려고 노력했다. 잡념도 많았으나 기도가 나의 삶에 얼마나 필요한 것인지 또 사제생활, 오랜 세월이었지만 '아무런 결실도 맺지 못하는 나무'(루가 13,6-7)와 같은 자신을 느꼈다.

재출발이다. 이제부터는 주님 안에 살도록 기도를 계속할 것, 그 필요성을 조금 느꼈던 것 같다. 특히 예수님은 밤새워 기도하신 일이 자주 있었다는 것, 그리고 지금도 밤새워 기도하는 분들이 있을 거라는 것, 또 나를 위해 많은 분들이 지금 기도하고 있으리라는 생각이 들었다.

1월 17일 | 수

하느님은 저를 창조하셨습니다. 당신의 사랑과 빛 속에 살도록, 그리하여 당신의 생명을 함께 누리도록 하셨습니다. 저는 다시 어두움에서 빛으로 저를 건져 주십시오 라고 기도 드렸습니다. 하지만 당신이 저를 계속 어두움 속에 두시면 그냥 있는 것이지요. 광명도 존재도 미래도 당신의 것이니까요.

나에 대하여 하느님이 원하신 것은 모든 좋은 것이었다. 모든 선(善)과 사제직까지. 그러나 내가 원한 것은 오직 죄뿐이었다. 하느님은 내가 영(靈)을 따라 살기를 원하셨고, 나는 육(肉)을 따라 살기를 원했다.

약 3시간 동안 저녁기도를 함으로써 기도를 안다는 것을 조금 깨달았다. 기도가 하느님께 마음을 열면서 이웃 형제, 특히 고통 중에 있는 이들에게 더욱 순수하게 사랑의 문을 여는 것 같이 느껴졌다. 좀더 매일같이 기도 생활을 해야만 참으로 이 진실을 더 깊이 깨달을 수 있을 것이다. 지금까지 나는 기도를 너무나 소홀히 해왔다.

1월 18일 | 목

사람아,
하느님이 너를 인도하시도록 내맡긴다면
그분은 너를 모든 것에서 떠나게 이끄실 것이다.
하느님이 너를 인도하시도록 내맡긴다면
그분은 너를 모든 것으로 향하여 이끄실 것이다.
하느님이 너를 인도하시도록 내맡긴다면
그분은 너를 모든 것 안에 당신을 찾게 하실 것이다.
명심하여라!
모든 것 안에 하느님은 당신의 모든 사랑과 함께 계시다는 것을.

여러 잡념 속에 기도는 여전히 답보 상태이다. 어떻게 기도하면 좋을지 성령이 가르쳐 주실 것을 빌었다. 오늘은 특히 기도가 미궁 속을 헤매는 것 같았다. 무릎을 꿇었다가 앉았다가, 독백으로 예수님께 이야기했다가, 무슨 말씀이든지 마음속 깊이라도 들리게 해달라고 기도하며 기다려 보았다가, 편한 자세로 앉아 보았다가….

세 시간이 다른 때보다 더 지루하게 느껴졌다. 세 시간씩 오늘로써 사흘 밤이다. 님을 기다리듯 기다려 보았지만, 기다리는 마음 자세에 결함이 있어서인지, 기도하는 방법이 틀려서인지 더 알 수 없게 된 것 같다.

216

기도란 무엇인가? 어떻게 하는 것인가? 기도는 '하느님과의 대화'라고 하는데, 대화는 어떻게 이루어지는가? 독백이 보통의 기도 양상이 아닌가? 물론 하느님이 계시는 마음의 심저(心底)에서 이룩되는 대화일 것이다. 그렇다면, 나는 아직 그 마음의 밑바닥에 내려가지 못하고 있다. 기도는 '마음의 문을 열고 기다리는 것'이라고도 한다. 하느님께 내 전부를 연다는 것은 무엇을 뜻하며 어떻게 하는 것인가?

이 피정은 그리스도와의 만남(하느님과의 만남)에 있다. 이를 위해 기도하는 법을 배우는 것이다. 사도 바오로가 경험한 그리스도와의 만남(빛과의 만남)이 극적인 것은 아닐지라도 보통 사람들에게는 어떻게 이루어지는 것일까? 하느님만이 아시고 또 이는 각자에게 있어서 양상이나 깊이가 다를 것이다. 그래도 꾸준히 기도해 보자! 기다려 보자. 한 달이 그냥 가더라도 또 기도하자. 언젠가는 주께서 이 가련한 종을 돌아보실 날이 올 것이다. 예수님이 광야에서 40주야를 기도하셨다는 것은 나에게 퍽 위로도 되고 모범도 된다.

1월 19일 ㅣ 금

오전에 요한복음(12,27)과 수난 전 올리브 산에서의 기도, 에페소서(1,3-6)에 나오는 천지창조 이전부터 나를(우리를) 선택하시고 거룩하고 흠없는 자로 그리스도를 닮아서 당신 앞에 설 수 있게 하기 위해 하늘(곧, 하느님)의 온갖 영적(성령) 은혜로 베푸셨다는 것을 읽었다. 그 끝없는 하느님의 사랑은 평생을 두고 묵상해야 할 자료이다.

어제 기도에 대한 문제로 지도사제와 이야기를 나누었다. 대화는 하느님이 마음속으로 나에게 말씀해 오는 것이 있다는 것. 하긴 자기 자신과

육필 신앙고백 ㅣ 217

도 이야기하니, 엄격한 의미의 독백이란 없겠다고 산책 때 생각했다. 하느님께서 마음 그윽한 곳에서 떠오르게 하는 좋은 생각을 통해서 내게 말씀해 오시는 것이다.

저녁 3시간 기도시에는 오후에 있은 하느님 사랑에 대하여, 그리고 오전에 있은 묵상자료(그리스도의 수난에 임하시는 심경 등)를 2시간 넘게 생각하다가 기도했다. 나머지 시간에는 하느님이 이제 나의 생각을 다 아시고 또 드릴 말씀도 다 드렸으니, 그보다도 하느님 편에서 내게 무엇이 필요한지 더 잘 아시니, 그분께 온전히 내맡기는 태도로 보냈다.

주여, 당신은 저를 아십니다. 저의 부족, 죄 또 남을 부패케 한 죄를 다 아시니, 주여, 당신 뜻대로 하소서. 주의 종은 듣겠나이다.

예수님은 높이 올림을 받을 때, 모든 이를 당신께 끌어 모으겠다고 하셨다. 십자가에 높이 달리신 것이다. 십자가! 그것은 동시에 당신을 가장 낮추신 죽음이다. 가장 큰 죄인, 가장 저주받은 자, 가장 버림받은 자, 가장 고독하고 소외된 자의 죽음! 당신이 죄 없이 그만큼 낮추는 것은 모든 이를 위한 사랑 없이 가능하지 않다. 가장 큰 자유인의 행위이다.

그리스도는 꺾였다. 창에 찔려 가슴이 열렸다. 모든 이를 향해 열렸다. 이렇게 열린 자보다 더 큰 자유를 가진 이도 없고, 더 큰 자유로 인간을 해방시키는 자도 없다. 땅(대지)과 같이 당신을 낮추신 예수님. 대지와 같이 버림받고 짓밟히고, 모든 썩은 것과 더러운 것을 받아들이면서 동시에 하늘을 향해 자신을 남김없이 열고, 하늘의 빛과 비를 받아 썩고 죽은 것에서 새 생명을 부활시키는 겸손의 힘, 사랑의 힘.

나도 사랑을 위해, 형제들을 위한 사랑을 위해 부러지고 창에 찔리듯

고통으로 가슴이 파열될 때에 진실로 자유롭게 될 것이다. 또 그 자유로
남을 진정 사랑할 수 있을 것이다. 요한복음(12,20-26)에서 희랍인들이 예
수님을 뵈옵고 싶다고 했을 때, 예수님은 "사람의 아들이 큰 영광을 받을
때가 왔다"고 말씀하셨다. 이는 십자가의 죽음을 말씀하신 것이다. 때문
에 이어서 "밀씨가 썩어서…." 그리고 성부께 기도 드린다. 그리고 높이
달리실 때 모든 이(유대인뿐 아니라 희랍인도, 모든 이방인도)를 다 당신께 끌어
들이실 것이라고.

십자가상에서 예수님의 참모습을 볼 수 있다. 세례자 요한이 "하느님
의 어린 양이 가신다"고 했을 때, 이는 이사야서 53장의 말씀을 상기시킨
다. 곧 '세상의 죄를 지고 가실 분이 가신다, 죄의 보속, 죄와 그 고통을
지고 가실 분'을 가리킨다.

1월 20일 | 토

오전에 강론(에페소 1,3-6)을 들은 후 총고해(總告解)를 했다. 그런데 죄사
함을 받은 기쁨은 없고 오히려 어두움이 마음을 가리우고 있다. 고해신
부님은 이제 안심하라고 했고 또 이제는 명랑해질 것이라고 말씀하셨지
만, 성당에 가서 기도하려 했으나 잘 안 되어 이 글을 쓴다.

복음의 말씀이나 사도들의 서간이나, 하느님이 우리를 암흑의 권세에
서 해방시켜 당신 빛으로 인도하기 위해서 부르셨다(창조)고 했다. 빛은
있다. 내가 그 빛을 향해서 꾸준히 나갈 수밖에 없다. 다시 성당에 가서
기도를 드렸다.

그리스도께서 나의 존재의 가장 깊은 내적 핵심이라는 말씀에 깊은 느
낌이 있었다. 그분 없이 나는 존재할 수 없다. 그분은 나의 존재, 나의 삶

육필 신앙고백 | 219

의 근간이다. "주님, 주님께서 영원한 생명을 주는 말씀을 가지셨는데 우리가 주님을 두고 누구를 찾아가겠습니까?"(요한 6,68) 라고 한 사도들의 말씀이 떠오른다. 주님은 진정 나의 생명, 나의 구원, 나의 길이다. 그리스도가 나의 존재의 핵이시면 모든 이의 존재의 핵이시다. 모든 이 안에 그리스도는 이미 계신다. 그렇다면 모든 이를 그리스도 보듯 보고 사랑해야 한다.

주여, 저에게 당신의 사랑을 주소서. 당신의 사랑으로 모든 이를 진정 사랑하게 하소서. 주여, 제가 당신을 찾고 있다고 하면서 반성해 보니, 당신을 찾는 것이 아니라 당신이 주실 위로를 찾고 있습니다. 당신과의 만남의 체험을 얻음으로써 무엇인가 내게 기적 같은 체험이 있었던 것을, 삶의 길잡이로 삼고자 하는 것 같습니다. 그러니 실제로는 당신 자신을 찾는 것이 아닌 것 같습니다. 부디 저로 하여금 당신을 찾고 당신과 만나게 하소서. 그 만남이 위로가 안 될 수 없겠지만, 그러나 저를 위한 위로를 찾지 않도록 해주소서. 긴요한 것은 결국 당신이 아닙니까? 당신의 기도 속에 제가 들어가게 하소서.

성령이여, 어떻게 기도하면 참된 기도가 되는지 가르쳐 주십시오.

성령이여, 부디 저를 떠나지 마소서.

성모여, 어머니, 이 불쌍한 불효막심한 아들을 돌보아 주소서.

주여, 저도 주님과 함께 "때가 왔습니다"(요한 17,1) 라고 말할 수 있게 해주십시오. 주님의 뜻에 따라 회개하겠습니다. 주여, 마지막까지 제가 바칠 수 있는 기도는 사제품에 오를 때 바친 것처럼 "주여 저를 불쌍히 여기소서"(시편 51)입니다. 당신이 저의 존재의 핵이시니(저는 당신을 통해서 만들어졌고 당신 안에 아버지께서 뽑아 주셨습니다) 저의 존재와 삶 전체를 당신으로 가득 채워 주소서. 저는 확신합니다. 사도 바오로처럼 확신한다고 말할 수 있을지 의문이오나

220

(로마 8,38), 그래도 당신을 떠나서는 나의 생명, 나의 살 길이 없다는 것은 확신합니다. 아직 사도 바오로처럼 당신을 얻기 위해 모든 것을 버리지 못하였는지 모르겠습니다. 하지만 이 시간의 제 마음은 모든 것을 버릴 용의는 서 있는 것 같습니다. 하지만 당신이 보시기에는 여전히 부족하겠지요. 다시 가 보겠습니다. 당신 앞으로….

오늘 저녁 마지막 시간에는 어제부터 주어진 기도와 묵상 테마인 에페소서(1,3-6)에 대해 다시 생각해 보았다. 이것은 하느님께서 나를(우리를) 얼마나 극진히 사랑하시는지를 알리는 사랑의 편지이다. 사도 바오로는 이 편지를 쓰면서, 형언할 수 없는 감사의 정에 젖어 있었을 것이다. 그러기에 그는 에페소서(1,1-3)에서 간곡한 인사를 한 다음에, "우리 주 예수 그리스도의 아버지 하느님께 찬양을 드립니다"라고 환희에 가득 찬 소리를 지르고 있다.

하느님께서는 우리를 그리스도와 함께 살게 하시려고 천지창조 이전에 우리를 뽑아 주셨다. 천지창조 이전부터 하느님은 나를 사랑하셨다. 그래서 "하늘의(곧, 당신의) 온갖 영적 축복을 나에게 베풀어주셨다." 생각해 보면, 나는 이보다 더 큰사랑을 누구로부터도 받아 본 일이 없다. 어머니, 아버지가 나를 사랑하시기 전에 하느님은 나를 사랑하셨다. 그런데 어찌해서 나에게는 사도 바오로에게 분명히 있었을 그 감동과 감격이 없고 그 찬미와 감사의 정이 없는가?

하느님의 이 사랑은 창조적 사랑이다. 모든 고독한 이의 마음을 위로해 주는 사랑이고, 모든 슬픈 이의 슬픔을 씻어 주는 사랑이다. 이 사랑은 모든 불안을 없이 하고, 가시지 않는 평화를 주는 사랑이며 모든 죄를 사하여 주시는 지극한 자비이다. 이 사랑은 모든 마음의 상처를 낫게 하고, 절망에는 희망을 주며, 어두움에 갇힌 이에게는 생명의 빛을 주는 사랑이다. 그리고 나의 마음을 한없는 기쁨과 평화와 순결한 사랑으로 가득 채워 주는 사랑이다. 참으로 이 사랑은 나에게, 또 모두에게 해방과 구원을 주는 사랑이다. 그런데 어째서 내게는 감격에 찬 눈물이 흐르지 않는가? "너는 차지도 않고 뜨겁지도 않다."(묵 3,15)

성신이여 오소서. 돌과 같이 굳은 심장을 비애와 눈물을 알고 감동과 감격에 젖을 줄 아는 인간 심장으로 바꾸어 주소서. 그보다 주님의 마음을 주소서. 주여, 당신을 진정 온전한 마음과 온전한 정신과 온전한 힘(全力)으로 사랑하게 하소서. 그리고 또한 모든 형제들, 주님이 특히 불쌍히 여기시는 불우한 형제들을 진정 내 몸같이 사랑하게 하소서. 주여, 저의 마음이 이렇게 사랑하는 마음으로 변화되게 하소서. 이것이 회개인 줄 압니다.

1월 21일 ㅣ 일

우리는 기본원리에 있어서 하느님의 계획과 그 관점, 즉 하느님이 나를 사랑으로 창조하셨고 가장 이상적인 모습, 곧 그리스도의 모습을 닮도록 창조하셨다는 것을 알았다. 이제는 이 사랑에 우리가 어떻게 답해야 되는지를 보아야 한다.

하느님은 내가 어떤 죄인이든지 상관없이 사랑으로 용서하신다. 하느님의 용서를 청하기 위하여 내 편에서 크게 힘쓸 것은 하느님이 나를 용서해 주시게끔 만드는 일이 아니다. 하느님은 이미 내 문전에 서 계신다(묵 3,20 참조). 내가 노력해야 할 일은 문을 두드리는 그분께 마음의 문을 여는 것이다. (하느님의) 사랑에 대한 (나의) 사랑의 응답이다.

주여, 저는 아직도 자아에 몰두해 있습니다. 당신을 알고 섬기고 사랑하며, 오직 당신의 영광만을 찾을 수 있는지 의문입니다. 기도할 때에 빛을 구하고 위로를 구하고 당신과의 만남을 원하지만, 지금까지 저 자신이 당신과 당신의 은총, 당신이 주시는 빛을 얼마나 오랫동안 대면해 왔는지, 그래서 어두움에 살기를 원하고 빛을 싫어했는지에 대한 이 모든 죄의 삶에 대한 뉘우침이 아주 부족합니다.

사도 베드로는 당신의 위대하심을 깨달았을 때, "주님, 저는 죄인입니다. 저에게서 떠나 주십시오"(루가 5,8) 라고 말씀하였습니다. 그 분은 참으로 겸손하였습니다. 그런데 저에게는 근본적으로 이 겸손이 없습니다. 도대체 사도 베드로처럼 자신이 당신의 위대하심 앞에 얼마나 비천한지를 모릅니다. 당신의 위대하심을 모르니 자신의 비천을 모르는 것이지요.

주여, 당신을 진정 알게 하소서. 주님을 알 때, 주님께 대한 존경과 사랑이 저절로 우러날 것 같고, 주님을 알때 그 빛으로 저 자신을, 저의 비천함을, 주님 없이 저라는 존재가 아무 것도 아니라는 것을 잘 알 수 있을 것 같습니다. 안토니 블룸은 『기도의 체험』에서 지금 이런 상태의 기도 중에 "하느님이 당신 자신을 너에게 보여주시지 않는 것을 오히려 감사히 생각하라"고 권합니다. 그런데 저는 머리로는 이를 잘 이해하면서도 마음에는 아직 그 때문에 주님께 감사를 드리고 싶은 정이 자연스럽게 우러나지 않습니다. 주여, 당신을 안다는 것이 내게 있어서 인생 최대의 관심사가 되게 하여 주소서.

내가 주님께 끝까지 드려야 할 기도는 역시 '주여, 나를 불쌍히 여기소서!'이다. 기도중에 주님이 부재중이라고 해서 '나의 인내심을 시험해 보시는구나' 라고 생각하지 마라. 마치 네 편에서 주님을 더 참아드리는 것처럼. 그러나 주님이 너를 이제껏 참아 주셨다.

육필 신앙고백 | 223

나는 무엇이냐? 나는 지금까지 어떻게 살아왔느냐? 내가 선한 일을 한 것이 있다고 하자. 하느님이 할 수 있게끔 허락해 주시지 않았으면, 어느 한 가지라도 선한 것을 할 수 있었겠느냐? 뿐더러 나는 그 선한 일들을 하는 가운데서도 늘 자신만을 찾고 있지 않았느냐?

주님! 어떻게 하면 이 자아에서 해방될 수 있습니까? 주님이 연옥불 같은 뜨거운 불(사랑의 불)로 저에게 깊은 화상을 입힐 만큼 불태우지 않으시면 저 혼자의 힘만으로는 도저히 이 자아에서 벗어날 길이 없어 보입니다.

어제 저녁에 생각한 바와 같이, 주님이 세상을 창조하시기 이전부터 저를 사랑하셨다는 그 엄청난 사실을 알고도 가슴에 반응을 느끼지 못하는 것은 결국 주님의 사랑을 받아들이지 못할 만큼, 자기 중심의 자아가 마음 전부를 차지하고 있기 때문인 것 같습니다. 그래서 마음의 문이 열리지 않았습니다. 열더라도 속은 그대로 자아로 가득차 있습니다. 이렇게 자아로 가득 찬 저의 마음의 방에 당신이 들어오실 수 없는 것은 당연하겠지요.

사도 베드로는 당신을 세 번 모른다고 했지만, 그래도 그 분은 깊이 뉘우칠 줄 알았습니다. "밖으로 나가 슬피 울었다."(루가 22,62) 그런데 저는 이렇게 자기반성을 하면서도 별로 부끄러움을 느끼지 않고 마음도 눈도 울지 않는군요. 주님! 제게 울 수 있는 마음을 주소서. 저에게 통회할 수 있는 능력을 주소서. 제가 정말 통회를 잘 하면 당신의 사랑도 더 깊이 깨달을 수 있을 것 같습니다. 또 당신의 사랑을 먼저 깊이 깨닫게 하소서.

저녁 7시 20분부터 기도를 하면서, 먼저 성령께 기도를 인도해 주시도록 빌고, 성 이냐시오의 성찰 요령을 대충 따라가면서 죄의 성찰과 아울러 통회하는 마음을 주시도록 기도해 보았다. 인간적 취약성으로 범한 죄들, 참으로 나의 힘만으로는 한 가지의 선도 행할 수가 없다.

주여, 통회하는 정(情)을 일으켜 주소서. 세리(稅吏)와 같이 진심으로 "주여, 나를 불쌍히 여기소서"라고 당신 대전에서 빌고 싶습니다. 그런데 저에게는 세리의 그 겸손과 죄를 아파하는 마음이 없는 모양입니다. 주님은 저의 죄를 다 아시니, 당신께 일일이 고백할 필요는 없겠습니다만….

베드로의 세 번 배반 속에 나 자신의 모습이 있다. "나는 그를 모르오." 그럼 나는 그리스도를 아는가? 베드로는 자기 자신을 보호하기 위해서 그리스도를 모른다고 했다. 나 역시 나의 욕망, 쾌락, 체면, 명예 등 수없이 나를 보호하기 위해서 주님을 모른다고 말한 것이나 다름없는 죄를 많이 지었다.

예수님은 베드로가 배반할 것을 미리 아시면서도 베드로를 위해 "네가 믿음을 잃지 않도록 기도하였다. 네가 나에게 다시 돌아오거든 형제들에게 힘이 되어다오"(루가 22,32)라고 부탁하셨다. 그만큼 예수님은 베드로의 약함을 잘 아시고 그의 범죄를 아시면서도 그를 사랑하시고 그에게 부탁까지 하셨다. 예수님은 나에게도, 내가 죄에 떨어져 죄 속에 썩어 살 것을 아시면서 당신의 사제로, 그 중에서도 주교로 부르셨다. 그리고 형제들의 신앙을 굳게 하여 주는 부탁까지 하셨다. 주교의 직무는 믿음을 전하는 데 첫째로 있기 때문이리라. 예수님은 이렇게 나를 사랑하시는데, 나는 어떻게 지금까지 답해 왔는가?

다시 성당에 갔다. '통회의 기도'를 하다가, 이렇듯 주님이 나를 아직도 용서해 주시지 않으실 분이라면 이러고 있을 것도 아니라는 생각이 들었다. 주님은 베드로의 세 번 배반을 예언하신 그 시간에(바로 그 전에 그를 위

육필 신앙고백 | 225

해 기도하신 것을 보면) 베드로의 죄를, 베드로가 죄짓기 이전에 이미 용서하시고 계셨던 것 같이 느껴진다. 사실 예수님은 부활 후에 베드로를 비롯해서 사도들에게, 그들이 비겁하다고, 당신께 불충실하다고 책하시지도 않으셨다. 오히려 그들을 당신의 평화로 축복하시고 그들의 믿음이 약한 것만을 염려하시면서 책하셨다.

믿음!

하느님의 무한한 사랑에 대한 믿음, 신뢰가 필요하다.

탕자를 용서하는 아버지가 하느님이시다. 죄의 심연(深淵)도 깊지만 하느님의 사랑의 심연은 더 깊다. 사도 바오로는 "죄가 많은 곳에는 은총도 풍성하게 내렸습니다"(로마 5,20) 라고 말씀하셨다. 나는 주님 없이 아무 것도 아니다. 바로 그 때문에 주님의 은총은 더 클 것이다.

주여, 저로 하여금 당신의 사랑의 심연에 깊이 잠기게 하소서.

주여, 감사합니다. 저를 오늘까지 참아 주시고 모든 죄를 사하여 주신 데 감사합니다. 이런 피정의 기회를 주심으로 다시 회두하고 재생의 길로 돌아오게 하여 주신 데 감사드립니다. 주님의 도움 없이 제가 무엇을 다시 잘 하겠습니다 라고 약속드릴 수 있겠습니까? 하오나 주여, 이제부터는 최선을 다해 보겠습니다. 당신의 은총에 힘입어 다시 일어서 당신과 함께 걷겠습니다.

"나에게 능력을 주시는 분을 힘입어 나는 무슨 일이든지 할 수 있습니다."(필립 4,13) "너는 이미 내 은총을 충분히 받았다. 내 권능은 약한 자 안에서 완전히 드러난다."(2고린 12,9) 이렇게 주님은 고통에서 해방되고자 세 번이나 간청한 바오로에게 말씀하셨다. 그래서 바오로는 "내가 약해졌을 때에 오히려 나는 강합니다"(2고린 12,10) 라고 말씀하였다.

1월 22일 | 월

나와 그리스도와의 관계를 무엇이라 표현하면 적절할까? 한마디로 '남'이다. 전혀 모르는 남이다. 사도 베드로가 "나는 그를 모른다"라고 했을 때엔 알면서도(사랑하면서도) 인간의 약함으로 겁에 질려 모른다고 했 겠지만, 나는 정말로 그분을 아직 모른다. 그분이 나를 몰라서가 아니고, 내가 그분을 한번도 목숨 바쳐 알려고 한 일이 없기 때문이다. 그분의 사랑에 응답하지 않았으니. 그분을 알아야 한다. 그래야 살 수 있다!

주여, 제가 당신을 진정 알게 하소서.
성모여, 저를 당신 아드님 예수께 인도하여 주소서. 저에게 당신 아드님, 특히 십자가의 아드님을 깊이 깊이 알게 하소서. 당신을 너무나 지나치게 모른 다고 말씀드렸는지 모르겠습니다. 당신은 언제나 저와 함께 계셔 주시고 제가 죄에 빠져 있을 때에도 당신은 떠나지 않으셨습니다. 제가 죄를 뉘우치기 전에 죄를 짓기 전에 지을 죄까지도 용서해 주십니다.
당신이 저를 너무나 잘 아시고, 저 자신보다도 저에게 더 가까우시고 내재해 계시니, 저도 당신을 아주 남처럼 모른다고 말할 수는 없겠습니다. 그러나 당신의 그 끝없이 큰사랑을 제가 어떻게 다 이해할 수 있겠습니까? 저도 그 사랑을 본받아 주께서 저에게 주신 모든 이를 진정으로 사랑할 수 있게 하소서.

'탕자의 비유'에서, 아버지가 지닌 탕자에 대한 사랑도 한없이 크지만, 큰아들에 대한 아버지의 사랑은 어떤 의미로는 더욱 신비롭다. 동생과 아버지에 대한 큰아들의 분노와 자기합리, 자기의인시(自己義人視)하는 것은 바리사이의 그것과 같다.

육필 신앙고백 | 227

그 불만과 원한, 그 왜소하고 삐뚤어진 마음은 나 자신의 다른 면이기도 하다. 하지만 아버지는 이 아들을 위해 집밖으로 나가셨다. 아들의 노한 마음을 상하지 않으면서 부드럽게 아버지의 사랑으로 달래신다. 사랑으로 감싸준다. 바로 예수님의 마음이다.

미사 중 강론 말씀은 '잃은 양을 찾는 목자의 사랑'과 '잃었던 은전'에 대해서이다(루가 15,1-10). 잃지 않은 아흔 아홉 마리를 그대로 두고, 잃은 양 한 마리를 찾아 나선 주님의 사랑. 아흔 아홉 마리에 비하면 한 마리는 아무 것도 아니다. 그러나 목자이신 하느님에게는 그 시간에 이것이 가장 소중하다. 잃었던 은전 한 닢도 보잘것없는 액수이다. 그러나 우리가 아무리 보잘것없어도 하느님은 귀엽고 값지게 보신다.

저녁 기도 때, 그리스도의 수난(이사 53)을 묵상해 본다. 생각해 보면, 이것은 기막힌 사연이다. 하느님의 아들이신 분이 종의 신분으로 내려온 것만 해도 알아듣기 힘든 일인데, 세상의 인간 말째와 같이 멸시와 천대를 받고 매를 맞다니…. 처참한 몰골에다 천벌을 받은 자처럼 참혹히 십자가에 처형되다니…. 결코 머리로 상상해서 알 수 있는 일이 아니다. 감정적으로 느낄 것만도 아니다. 몸으로 체험해야 한다.

주여, 저에게도 언젠가 이 은총을 주소서. 언젠가 이 주님을 만나게 해주소서. 천천히 조금씩 체험시켜도 좋습니다. 하지만 저의 마음속 깊이 상처로 남게 해주소서. 주여, 무슨 까닭으로 당신은 이렇게까지 우리를 사랑하십니까? 주님이 상처를 입으시지 않으셨다면 우리의 상처가 나을 길이 없었겠지요.

'그는 인간 사회에서 쫓기었다.'

문둥병자처럼 되신 것입니까? 그래서 인간사회로부터 소외되고 버림받고 천대받는 모든 이들과 한 족속이 되신 것입니까? 그래야만 이들의 몸과 마음에 깊이 박힌 씻을 수 없는 상처를 당신은 낫게 해주십니다. 주여, 저로 하여금 당신의 이 사랑의 신비를 뼛속 깊이 사무치도록 박아 주소서.

'너희와 모든 이를 위하여.'

우리와 모든 이를 위해 피를 흘리신 당신, 매를 맞으신 당신, 모욕을 당하고 짓밟힌 당신, 드디어는 못 박히고 목숨을 바치신 당신…. 이렇게 되신 당신을 따르기 위해 주교될 때에 어느 분의 권고로 이 말씀을 모토로 삼았습니다.

그런데 저는 오늘까지 이 말씀대로 살지 않았습니다.

주여, 저의 눈을 열어 주소서. 당신을 볼 수 있게.

주여, 저의 귀를 열어 주소서. 당신의 말씀을 들을 수 있게.

주여, 저의 마음을 열어 주소서. 당신과 함께 세상을 사랑으로 안을 수 있게.

1월 23일 | 화

하느님의 도움 없이는 기도도 할 수 없다. 그분이 나를 사로잡아 주지 않으면 나는 다시 떨어질 것이다. 하느님의 포로가 되고 싶다.

주여, 저를 당신의 손으로 사로잡아 주소서. 주여, 저를 당신의 사랑으로 사로잡아 주소서. 그 사랑이 저의 존재 깊이 상처로 남게 하소서.

오전에 묵상한 대목은 '무자비한 종의 비유'(마태 18,23-25)이다. 이 대목은 먼저 우리에 대한 하느님의 사랑이 얼마나 큰 지를 잘 말해 준다. 우리는 주님께 한없이 큰 빚을 지고 있다. 6천만 데나리온(1데나리온이 하루의 품값)은 평생을 다 바쳐 일해도 갚을 수 없는 빚이다. 그러나 주님은 나의 과거도 미래도, 그 어느 것이든 다 탕감해 주셨다. 여전히 사랑하신다.

육필 신앙고백 | 229

탕자를 받아들이는 그 아버지의 사랑으로, 그 잘난 체하는 형과 같은 나를 용서하시는 아버지로서, 주님은 계속 용서밖에 모르시고 사랑밖에 모르신다. 그런데 나는 이런 사랑, 용서를 거듭 받고서 나의 형제들 중 나에게 좀 섭섭하게 대하는 사람을 진심으로 용서해 준 일이 있는가? '함께 살아가자니 할 수 없지 않은가. 앞으로 잘 지내도록 해보자'는 식의 용서는 있었다. 하지만 내가 갚을 수도 없는 큰 빚과 같은 죄를 조건 없이 용서해 주신 주님의 그 사랑으로 한 번도 용서해 본 적은 없다.

용서를 모르면 결국 구원을 원천적으로 말살시키는 것이다. 형제를 용서하지 않으면 하느님도 나를 용서하시지 않으실 것이다. 주님의 사랑에 내가 보답할 길은 마음을 다하고, 영혼을 다하고, 힘과 생각을 다하여 주님을 사랑하는 것이다. 이웃을 내 몸같이 사랑하는 것이다. "내가 너희를 사랑한 것처럼 너희도 서로 사랑하여라."(요한 13,34)

오후에는 지옥에 대하여 묵상하였다.

지옥은 생명, 빛, 사랑이신 하느님을 완전히 거부하는 자의 죄의 연장이다. 하느님을 알면서 사랑하지 않고서 형제를 사랑할 수 없다. 형제를 사랑하지 않고서 하느님을 사랑할 수 없다. 이 사랑의 거부, 즉 완전히 폐쇄적인 자아가 곧 지옥이다. 왜냐하면, 사랑의 거부는 생명의 거부이고 곧 죽음이기 때문이다.

지옥은 외부에서 강요된 벌이 아니다. 스스로 자초한 벌이다. 예를 들면, 누가 극도로 화가 난 나머지 자기 눈알을 두 개 다 뺏다고 하자. 그리고서 "나는 볼 수 없다. 어두움이다"라고 한다면…. 바로 자살이다(육신생명을 스스로 끊은 이상의 결정적 자살이다). 그렇다면 이 실명과 어두움은 남이 일으킨 것이 아니고 자초한 것이다. 자기 분노의 죄의 결과로 난 것이다.

하느님은 생명이시다. 우리는 그분으로부터 영육간의 생명을 받았고 또 받고 있다. 그런데 누가 이 생명을 완전히 거절할 수 있는가?

주여, 당신을 알고, 특히 당신의 사랑을 알고서 당신으로부터 누가 완전히 떠날 수 있습니까? 저에게 아직 불안이 있는 것은 당신을 아직 완전히 사랑하고 있지 않기 때문입니다. 당신밖에 달리 믿을 곳도 없는데 당신을 전적으로 신뢰하지 못하는 것은 당신 탓이 아니라 아직도 저에게 쏟으시는 당신의 풍요한 사랑을 충분히 가슴속 깊이 깨닫지 못하고 있기 때문입니다.

주여, 당신을 믿나이다. 당신께 의지하오며 저의 몸과 마음, 삶과 죽음 모든 것을 당신 손에 위탁하나이다.

오늘은 지옥과 죄에 대한 묵상을 하게끔 된 탓인지 나의 죄, 특히 무거운 죄책감을 느끼는 죄 때문에 미사 중에도 불안에 쌓여 있었다. 세상 어디를 가도 안식처가 없을 것 같은 느낌이었다. 그래서 "주님께 나가는 것 외에 다른 누구에게 갈 수 있겠습니까? 주님만이 저의 구원입니다"라고 가냘프게 기도 드렸다.

저녁기도 중 하느님의 현존을 느꼈다고 장담하지 못하겠으나 가장 차분하고 평안한 느낌이 나를 감싸주고 있었다. 분심이 들었다가 나가기도 했으나 그 어느 때보다도 평안 속에 잠기는 것 같았다. 실로 오랜만이었다. 이렇게 상당히 긴 시간을 평화 속에 안심할 수 있었던 것은 어쩌면 수년 또는 그보다 더 오랜 세월만이었을 것도 같다. 오늘 낮부터 약간씩 주님의 현존을 느끼기 시작했다고 할까?

그러나 저녁식사 후 산책 때에는 불안과 처참한 느낌도 함께 들었다. 그래서 사도 바오로처럼 "나는 과연 비참한 인간입니다. 누가 이 죽음의 육체에서 나를 구해줄 것입니까? 고맙게도 하느님께서 우리 주 예수 그리스도를 통하여 우리를 구해 주십니다. 나는 과연 이성으로는 하느님의 법을 따르지만 육체로는 죄의 법을 따르는 인간입니다"(로마 7,24-25)와 같이 기도를 바쳐야 할 것 같았다. 이 기도는 나의 기도이다. 바로 나 자신의 죄의 실존적 비참과 구원을 갈망하는 심정 그대로의 기도이다.

주여, 저에게 계속 이 기도를 잊지 않고 바치게 하소서. 저의 보속도 주께서 십자가의 죽음으로 다 해주셨으니 저는 오직 감사드릴 뿐입니다. 주여, 언제나 잊지 않고 이 감사를 주님께 드릴 수 있게 하여 주소서.

1월 24일 │ 수

피정을 시작한 지 일 주일이 되었다. 이 피정은 마음의 완전한 자유(모든 것으로부터의 해탈), 그 마음의 자유를 바탕으로 하느님이 나를 간택하신 그 소명에 따라서 사는 것, 즉 하느님의 뜻 앞에 자신을 온전히 내맡기고 그분의 인도에 따라서 사는 것, 성령이 나를 이렇게 밝혀 주고 인도해 주도록 기도하는 것이다. 성 이냐시오도 만레사에서 피정할 때, 이 길을 발견하기까지 큰 고통과 어두움을 체험했다. 그리고 끝에 가서는 삼위일체 속의 그리스도와의 생생한 만남이 있었다.

이 피정의 첫 번째 결실은 내가 얼마나 죄가 많고 가치 없는 존재인가를 깨닫는 것이다. 사실 나는 하느님 없이 아무 것도 아니다. 그분 없이는 살 수도 없고, 어떤 선행도 불가능하다. 결국 하느님의 성자 그리스도만이 나의 생명이요 빛이며 희망이요 나의 모든 것이다. 이를 알기 위해 또는 그리스도와 만나기 위해 끊임없이 기도해야 한다. 피정은 끊임없는 기도이며, 기도 속에 하느님(그리스도)과의 만남에 있다. 이것은 쉽지 않다. 하느님이 멀리 계셔서가 아니라 그분이 사시는 나의 속깊이까지 내가 내려가지 않기 때문이다.

나는 한 인간이지만 두 모습이 있다. 사도 바오로의 말씀대로 내적 인간과 외적 인간의 두 모습이 있다. 내적 인간이 될 때에 "믿음을 통해서 내 마음속에 사시는"(에페소 3,17) 그리스도와 만날 수 있다.

기도의 길은 끝이 없다. 하느님과의 완전한 만남이 이룩되는 그 날, 그 시점까지 계속된다. 그 때까지 우리는 어두움과 고통에 부딪힐 수 있다. 그러나 점진적으로 밝아질 것이다. 이는 마치 밤을 지나 밝아 오는 새벽을 맞이하고 한낮으로 나가는 것과 같다.

오전에 기도하면서 하느님께 좀 불평을 늘어놓았다. 왜 이렇게 어려운 길을 통해서만 당신을 알게 만들었느냐 라고. '어린아이와 겸손한 자에게는 당신을 쉽게 알려주시는지 모르지만, 보통 인간들은 그렇지 않지 않습니까? 보통 범인(凡人)들은 당신이 지어 주신 자연 본능에 흐르기 쉽고 양심을 주셔서, 처음에는 좀 가책을 느끼지만 쉽게 마비에 빠져서 잘못해도 잘못한 것을 잘 깨닫지 못하지 않습니까? 당신이 창조하신 것이 인간이요, 인간은 어쩔 수 없이 죄의 세상에 살도록 되어 있지 않습니까? 인간이 만일 당신이 생각하셨듯이 거룩하고 흠 없는 자로 살 수 있도록 하늘의 영적 은혜를 풍성히 주셨다는 것을 스스로 알 수 있다면, 이렇게 죄 중에 고달프게 살지 않겠지요' 등 불평을 표했다. 주님은 물론 답이 없으시다.

하지만 주여, 저의 마음에 다른 면은 당신 앞에 무조건 부복하여 당신을 찬미하고 싶습니다. 당신과 만나기가(제가 그 길을 잘 모르기 때문에) 어려워서 불평을 해본 것입니다. 하늘도 땅도, 그리고 그 속의 모든 피조물과 함께.

주여, 당신을 깊이깊이 찬미하게 하소서. 당신 앞에 부복하여 있고 싶습니다. 그것이 저에게 가장 편한 자세이기도 합니다.

오후미사 전에 기도하면서, 아침에 하느님을 향해서 했던 불평을 철회해야겠다고 생각했다. 생각해 보니, 우리가 쉽게 알 수 없는 것은 하느님만이 아니다. 하느님이 만드신 우주만물은 자연과학이 발달하고 또 발달해도 계속 신비에 쌓여 있다. 대우주도 소우주도. 특히 신기한 것은 우리가 신비세계에 깊이 탐구해 들어갈수록 창조의 기묘한 이치를 깨닫는 큰 기쁨이 있다. 생명의 신비도 그러하다. '사람은 무엇인가?'에 대한 답이 아직도 완전한 것으로는 없을 만큼 인간은 신비이다.

네가 잘 아는 친구를 너는 정말 아느냐? 사랑하는 사람의 마음을 너는 아느냐? 너 자신을 너는 아느냐? 모든 것이 신비와 경이에 쌓여 있다. 참으로 이 신비에 접할수록 우리는 큰 기쁨을 맛본다. 결국 하느님은 이 모든 신비, 신비 자체이시니 쉽게 알 수 없는 것은 당연하다. 때문에 하느님을 알게 되는 기쁨이 가장 큰 기쁨이다. 신자들은 물론이고, 비신자들이 (비록 현세에서는 하느님을 모르고 살았을지라도) 죽은 후에 이 신비의 빛 속에 들어갈 때 그들의 기쁨은 얼마나 크겠는가. 바로 '지복직관(至福直觀)'일 것이다. 반대로 내가 내 손바닥을 보듯이 하느님을 쉽게 볼 수 있다면 편리할 것 같지만, 참된 지혜도 없고 지혜가 주는 기쁨도 없다. 인간을 정말 행복하게 해주는 그 기쁨은 없을 것이다.

하느님은 진리와 존재의 근원이시며 신비이시다. 신비이시기 때문에 쉽게 알 수 없고 또 그 때문에 그분 가까이 나가는 것, 그분과의 만남은 인간을 더 이상 있을 수 없는 행복으로 인도할 것이다. 많은 이는 세상에서 이 행복이 무엇인지 조금 깨달을 것이다. 그러나 대부분의 인간은 이

234

승의 마지막 시간인 죽음에서 새로운 삶으로 넘어가는 그 순간에 비로소 이 행복과 마주칠 것이다. 그러나 하느님은 자비하시어 당신을 미리 알리시고자 계시의 진리를 주셨고, 마지막 때에 당신의 말씀, 외아들 그리스도를 보내셨다.

이제 나는 이 예수님과의 상면을 간절히 소망한다. 오늘 미사 중 복음의 자캐오와 같이 그분이 도대체 어떤 분이신지 알고 싶은 마음 간절하다. "주님의 생각을 잘 안 사람이 누구였습니까? 주님의 의논 상대자가 될 만한 사람이 누구였습니까?"(로마 11,34) "만물은 그분을 통해서, 그리고 그분을 위해서 창조되었습니다. 그분은 만물 앞서 계시고 만물은 그분으로 말미암아 존속합니다."(골로 1,16-17)

1월 25일 | 목

예수님을 알고, 예수님을 사랑하고, 예수님을 따르기 위한 묵상기도가 시작된다. 사도 바오로의 말씀대로 예수님을 얻기 위해 다른 모든 것을 떠난다. 예수님만을 바라보고 그분의 눈동자 속에 비치는 나를 본다.

오전 강론은 베드로의 부르심(루가 5,4-11)에 대해서였다. 어부 시몬은 예수님이 누구신지 깊이 깨달았을 때, 자신의 부끄러운 처지를 알았다. 그래서 "주여, 나는 죄인이오니 나를 떠나 주소서"라고 말하며 예수님 앞에 깊이 부복했다.

주여, 저에게 이같은 통회의 정신을 주소서. 주님을 알고, 주님을 사랑함에서 자신의 죄의 처지를 깊이 근원적으로 보게 되고 주님 없이는 구원될 수 없다는 깨달음을 갖게 하여 주십시오.

육필 신앙고백 | 235

다윗성영(시편)을 두 번 바쳤다. 그래도 이 뉘우침이 깊은 데서 우러나야 할 텐데 우러나지 않고 있다. 그러면서 공연히 마음이 평화롭기만 하다. 이것도 주님이 주시는 것인가? 판단하기가 힘들다. '주께서 나의 죄를 사하여 주시고, 주께서 나의 구원자이시다' 하는 바위 같은 확신에서 나온 평화와는 질적으로 다른 것 같다. 지금 느끼는 평화는 바람이 일면 다시 어두움의 광란에 빠질 위험이 있는 평화이다.

주여, 정말 저에게 당신의 빛을 주소서. 당신 없이는 저는 아무 것도 아니라는 것을 깊이 깨닫고, 동시에 베드로처럼 저 자신이 당신의 거룩함 앞에서는 얼굴도 들 수 없는 죄인임을 깊이 인식하게 하소서. 그래야만 당신이 주시는 평화와 기쁨을 느낄 수 있겠습니다. 또한 당신이 오늘 저를 부르시는 그 부르심에 당신을 믿고 기쁘게 응답할 수 있겠습니다.

오후 2시 30분…. 마음이 너무 불안하다. 이번 피정이 내게는 생사가 달려 있는 것 같은 느낌이다. 이렇게 심각해지는 것이 정상인지 아닌지 모르겠다. 사람에 따라 다르겠지…. 하긴 이런 고통의 시간, 어두움의 시간이 있을지도 모른다는 생각은 가졌었다. 하지만 이렇게 자주 어두웠다가 개였다가 하면 힘들다. 하느님께 모든 것을 맡기고 쉬고 싶다.

주여, 이 잔을 마셔야 합니까? 저의 죄의 업보이고 자초한 것이기도 합니다만…. 이 어두운 시간이 당신의 빛으로 인도되는 시간이기를 희망합니다. 당신만이 빛이시니까요.

문득 작년에 한 달 피정을 했던 성심회 P수녀의 말이 생각난다. 삶과 파멸의 갈림길 위에, 절벽 위에 서 있는 느낌이었다고….

오후 강론 후, 그리스도께서는 오늘 이 시간에도 나를 부르신다는 것을 느꼈다. 서울의 주교, 평양의 주교서리로 부르신다. 때문에 나는 누구보다도 앞서서 그리스도를 따르는 길을 가야 한다. 가장 복음적인 삶을 해야 한다.

지금까지는 너무나 뒤져 있었다. 과거의 잘못을 뉘우치되, 과거에 대한 근심과 걱정에 사로잡히지 말자. 하느님은 분명히 그것을 원하시지는 않으실 것이다(예수님은 베드로와 사도들의 배반을 부활 후에 책하지 않으시고 그들을 믿으셨다. 그리고 사도직에 필요한 은혜를 주셨다). 지금부터 그리스도와 함께 그리스도처럼 살자. "나에게 능력을 주시는 분을 힘입어 나는 무슨 일이든지 할 수 있습니다."(필립 4,13)

저녁기도를 하는데, 오전부터 시작된 불안이 막연하게나마 계속된다. 어떻게 기도하면 좋을지 모르겠다. 자세를 되도록 편안히 가져 보려 했지만 마음이 안정되지 않으니까 자세도 계속 변한다.

주님, 정말로 도와주시지 않으시면 저는 이 어두움을 혼자의 힘으로는 이겨내기 힘듭니다. 물론 모든 것이 제 탓인 줄 압니다. 변명할 여지가 없습니다. 그렇더라도 주님, 좀 살려주십시오. 빛을 주십시오. 당신의 피조물이 아닙니까? 당신이 천지창조 이전부터 뽑아 주신 존재가 아닙니까? 지금도 주님은 저를 부르시는 것이 아닙니까? 지금까지도 참아 주셨는데, 이제 주님께 잘못한 것을 용서를 빌며 다시 돌아서려는데 이렇게 불안 속에 버려두십니까? 불안은 당신이 주시는 것입니까?

성 아우구스틴은, 불안은 당신이 부르시는 소리라고 말했습니다. 아니면, 불안은 악마가 저를 실망시키기 위해 괴롭히는 그 무엇입니까? 아무튼 오늘 저

육필 신앙고백 | 237

녁은 이 고통을 바치겠습니다. 하기야 주님께 무엇을 바칠 수 있습니까? 저의 몸도 마음도 본시 주님의 것입니다. 정말로 은총을 주십시오. 성령의 빛으로 저를 밝혀 주십시오!

1월 26일 ㅣ 금

나는 지금 무엇을 찾고 있는가? 하느님을 찾고 있다. 예수님과 만나기를 원하고 있다. 이것이 나에게 필요한가? 하느님 없이, 예수님을 만나지 않고 살 수는 없는가? 살 수 있다. 이 세상에 있는 동안에는 살 수 있다. 아니, 나는 지금까지 거의 대부분의 삶을 그렇게 살아 왔다. 그런데 나는 예수님과의 대면 없이 산다는 것이 한계에 부딪히고 있다는 것을 느끼기 시작했다. 대단히 때늦었지만….

확실히 그런 삶은 스스로 기쁘지도 않고 남에게 기쁨을 주지도 못한다. 또 내가 받은 소명인 사제, 특히 주교로서는 전혀 빗나간 탈선적인 삶이다. 도대체 사람으로서 예수님의 복음의 진리의 빛 없이 사람답게 살 수 없다. 진실히 하느님과 인간을 사랑하고 진리에 서 있으며 정의롭게 살 수 없다. 남을 사랑하지 않는 삶이 무슨 의미가 있는가? 지금 내가 그런 상태 속에 있다. 물론 전혀 사랑하지 않는 것은 아닐 것이다. 사랑하고 싶고 사랑을 받고 싶다. 하지만 주는 사랑이든 받고자 하는 사랑이든 참된 사랑인지는 대단히 의심스럽다. 영(靈)에 따라 살지 않고 육(肉)에 따라 살고 있다. 이기심이 없는, 오직 남을 위한, 형제를 위한 순결한 사랑이 아니다. 그런 불순한 사랑은 나를 자유롭게 만들지 않고 오히려 노예로 만든다. 이것은 나 자신의 비인간화이다.

그리스도야말로 인간 중에도 가장 인간다운 분이시다. 진리에 서 있고 의로우시며 벗을 위해 당신 목숨을 바치는 사랑에 사셨다. 무엇보다도 하느님으로 충만해 계신다. 결국 이 하느님의 충만이 그리스도를 인간으로서, 가장 인간다운 인간으로 사시게 하였다. 그리고 그 사랑은 사람을 평화와 기쁨으로 해방시킨다. 진리 자체이시고 생명 자체이신 하느님을 전달해 주신다.

이 그리스도를 닮는 것, 이 그리스도와 같아지는 것이 인간의 목적이다. 이를 위해 인간은 창조되었다. 이를 떠나서는 비인간화, 죽음(무의미와 허무)을 자초할 뿐이다. 때문에 그리스도를 만난다는 것은 나에게 있어서 삶과 죽음이 달려 있는 문제이다.

좋으신 아버지(주여), 저로 하여금 이 글의 내용이 단순한 착상만이 아니고 저의 실존적 물음에 대한 답이라는 것을 뼛속까지 사무치도록 깨닫게 하여 주소서. 정말 예수님을 만나고 싶고, 닮고 싶고, 그분과 함께 살고 싶습니다. 주 예수여, 저를 불쌍히 여기시고 저의 죄를 다 용서하시고 때늦게나마 당신께 나아가고자 이렇게 와 있는 저를 찾아 주시고 저의 눈을, 마음을 당신 빛으로 열고 밝혀 주소서!

'예수님을 안다는 것.' 나의 삶은 여기에 달려 있다. 내일이나 모레, 미래가 문제가 아니라 지금이 문제이다. 예수님과 마주치는 그 시간이 나에게 있어서 전 생애를 통해 가장 뜻깊고, 아니 결정적인 의미의 모멘트이다. 먹고 사는 것은 다 2차적인 것이다. 나의 직분도 2차적인 것이다. 아니, 3차적인 것이다. 예수님을 모르고서 사제니 주교니 하는 것은 위험하기만 하다. 예수님을 아는 것보다 더 중요한 일은 없다. 예수님을 알아야 나를 알 수 있다. 나의 본질, 나의 삶의 의미를 알 수 있다. 그런데 이같이 본질적인 문제를 지금까지는 가장 소홀히 해왔다. 많지도 않은 신학적인 지식은 예수님을 아는데 도움이 될 수 있고 반대로 방해도 될 수 있다. 그 하찮은 지식에 안주하기 쉬우니.

저녁기도를 하면서 바오로가 다마스커스로 가던 길에 예수님과 만난 장면을, 나와 예수님이 만난 것으로 묵상해 본다.

"스테파노야, 스테파노야. 네가 왜 나를 박해하느냐?"

"주님, 당신은 누구이십니까?"

"나는 네가 박해하는 예수다."

바오로에게 하신 그대로 예수님이 말씀하신다면, 아마도 나는 질겁할 것이다. 그리고는 "주님, 언제 제가 주님을 박해했습니까?" 라고, 천만뜻 밖의 말씀같이 항의 섞인 어조로 반문할 것이다. 그러면 주님은 어떻게 답하실 것인가? 이렇게 답하실 것 같다.

"하긴 사울이 박해하였듯이 신자들을 잡아 가두고 죽이는 식으로 박해하지는 않았다. 하지만 너 스스로 자백하고 있는 죄, 마음의 가책을 지금도 몹시 받고 있는 죄는 나도 아는 것이니 덮어두자. 그러나 너는 내가 굶주렸을 때 먹을 것을 주었느냐? 내가 헐벗을 때 입을 것을 주었느냐? 내가 병들었을 때 나를 병 문안했느냐? 옥에 갇혔을 때 나를 생각이나 해주었느냐? 너도 이 말을 잘 인용하더구나. 그래, 네가 아는 바대로 가난하고 병들고 고통 중에 있는 사람들이 바로 나 예수가 아니냐? 그런데 너는 나를 위해서 무엇을 해주었느냐?

그뿐이냐! 너는 이들을 형제같이 진심으로 대해 보았느냐? 혹간 그런 사람을 보면 그저 체면상 동정한 일이야 있지. 하지만 내가 너를 사랑하듯이 그렇게 사랑했느냐? 또 네 형제 사제들, 교우들, 수도자들을 진심으로 사랑했느냐? 너는 오히려 어떤 사람을 속으로라도 멸시하거나 싫

240

어한 일이 없느냐? 때로는 미워하는 생각까지 갖지 않았느냐? 이 모든
것 속에 내가 있지 않느냐? 너는 너무나 나를 못 본 척하고 외면하지 않
았느냐? 그리고 너 안에 사는 나를 대접이나 잘 했느냐? 나는 너를 성화
(聖化)시키고자 하였지만, 너는 나를 억제하지 않았느냐? 일을 못하게 방
해하고, 네 몸도 마음도 죄로써 더럽히지 않았느냐? 내 피로써 너를 씻
겨 주었는데, 너는 오히려 죄로서 더럽혔다. 이렇게 나를 무시하고 외면
하고 내 마음을 상하게 해준 것이 사울의 박해보다 못한 줄 아느냐? 사
울은 나를 모르고 박해했다. 그에게는 진실이 있었다. 그런데 너는 진실
보다는 거짓과 위선이 더 많지 않느냐?"

1라운드는 완전 KO패이다. 그런데 이것은 상상에 그치는 것이 아니라
나의 삶의 현실에 가까운 말씀이다. 내가 지금 주님과 대면하면 이보다
더 신랄한 심판이 있을 것 같다. 그래서 지금 주님을 만나는 것이 오히려
두렵기만 하다. 주님을 만나려면 주님과 비슷한 마음씨를 가져야 한다는
안토니 블룸의 말이 생각난다. 그는 주님과의 만남을 '하나의 위기'라고
했다. '할 수 있다면'이 무슨 말이냐?(마르 9,23) 그리고 이어서 나오는 아
이 아버지의 말, "저는 믿습니다. 그러나 제 믿음이 부족하다면 도와주십
시오." 정말 나 자신의 기도이기도 하다.

1월 27일 │ 토

'육화(肉化)의 신비'는 하느님의 사랑이시다. 사랑 없이 하느님의 성자
가 우리의 비천한 인성을 취해서 사람 되어 오실 수 없다. 하지만 그 사
랑은 얼마나 엄청난 사랑인가? 나는 과연 가난한 사람과 삶을 함께 나눌
수 있는가? 사랑 없이는 불가능하다. 예컨대, 판자촌에 들어가서 그 곳

빈민들과 같은 생활조건(초라한 집, 방, 더러운 변소, 음식 등) 아래 살고 싶었다. 전에 대구 희망원에 가서 살고 싶었다. 하지만 결국 살지 않았다. 아니, 못했다. 왜냐? 사랑이 없었으니 그들과 같은 생활조건 속에 살 수 없었다. 마찬가지로 나환자촌에 들어갈 뿐 아니라 나환자가 될 수 있는가?

이렇게 생각해 보면, 우리 인간을, 나를 위해서, 나와 같은 사람이 되어 오시고, 뿐더러 나를 죄에서 구원하기 위해 십자가까지 지시고 죽으신 예수 그리스도의 사랑은 얼마나 큰 것인가? 그분을 세상에 보낸 성부의 사랑. 그분을 마리아의 몸에 잉태케 한 성령의 사랑. 이렇게 삼위일체이신 하느님이 인간에 대해서 지니신 사랑을 우리는 우리의 작은 머리로써 다 깨달을 수는 없다. 오직 그 한없는 사랑 앞에 찬미와 감사와 아울러 경배를 드릴 수 있을 뿐이다.

오전에 기도하면서 하느님의 사랑에 대해 생각했다. 우리는 평생을 두고 생각하고 묵상해도 다 알아들을 수 없다. 특히 육화에 있어서는 "왜? 왜?"라고 거듭 묻게 된다.

도대체 나는 누구를 사랑으로 대한다고 하면서 그 사람의 입장이 되어 볼 수 있는지 지극히 의심스럽다. 특히 그가 고통 중에 있을 때, 내가 진심으로 그의 아픔을 나의 아픔으로 삼을 수 있는가? 이런 체험은 정말 사랑할 때에만 할 수 있다. 자녀가 큰 병에 걸렸을 때, 크게 부상을 입었을 때, 자식을 사랑하는 부모의 마음은 찢어지듯 아플 것이다. 자식이 죽을 때에는 대신 죽고 싶을 것이다. 하지만 보통 때에는 한 사람도 진정으로 사랑하기 힘들다.

사도 바오로는 "모든 이에게 모든 것"이라고 말했다. 아마도 그리스도의 사랑으로 살 수 있을 때에만 한 말일 것이다. 그만큼 그분은 그리스도와 일치되어 살았다. "내 안에 살고 있는 것은 내가 아니고 그리스도이시다" 라고까지 말씀하였으니, 나 같은 인간은 '모든 이에게 모든 것'은 고사하고 한 사람에게 대해서도 그가 되어 주지 못한다.

주여, 저 안에 사시고 저에게 힘이 되어 주시는 당신을 통해서 저도 할 수 있는 날이 오겠지요. 그리스도를 닮는 것이 창조와 구원의 목적이 아닙니까?

아침에 내 마음속에서 떠나지 않는 불안에 대해 지도신부님과 이야기를 나눈 것은 좋았다. 세심증(細心症) 비슷하게 불안해 하는 것, 나는 할 수 없다고 자꾸 생각하는 것, 이것도 결국 자아를 믿는 데서 자기 힘으로 무엇을 하려는 생각이 숨어 있기 때문이다.

지도신부님이 '나에게 능력을 주시는 분을 힘입어 나는 무슨 일이든지 할 수 있습니다'(필립 4,13) 라는 기도를 거듭하라고 권했을 때, 나는 그것은 "자기암시가 아니냐, 은총이 아니지 않느냐?" 라고 반문했다. 지도신부님은, 당신은 하루에도 수없이 '나는 할 수 없다'는 자기암시를 하고 있지 않느냐, 그 반대의 자기암시가 필요하다. 그리고 하느님은 은총으로 일하시지만, 먼저 인간의 심리를 통해서 일하신다고 하였다. 그 후부터 나는 이 말씀을 기도로써 몇 번 바쳤다. 한결 마음이 가벼워지고 평온해진다.

예수의 인간됨과 삶에 대해서 묵상하는 것. 이제부터 피정 끝까지 나의 기도는 모든 힘을 그리스도, 그 인물과 행적, 말씀에 온전히 기울인다. 그리스도를 알고 사랑하며 따르기 위해서, 교황 요한 바오로 2세는 예수님을 찾고 사랑하며 예수님을 실제로 체험하기 위해 모든 젊은이들에게 순종을 말씀하였다. 내가 할 공부도, 앞으로의 사제로의 삶도 모두 이 때문이다. 복음을 따라서 그리스도를 천천히 묵상하자.

주여, 당신의 성령을 저에게 보내시어 그 빛으로 저를 밝혀 주소서. 저의 머리, 저의 마음, 저의 영혼, 저의 전 존재를 환히 밝혀 주소서. 그리하여 주 그리스도를 볼 수 있게 하소서. 주님을 알고 사랑하고 따르고자 합니다. 머리로서만 아는 것이 아니고 마음으로 알게 하소서. '머리를 깨는 것은 사람도 할 수 있지만 마음을 깨는 것은 정말 주님만이 할 수 있습니다.' 저의 마음이 그렇게 밝게 빛을 향하여 열려 있어서 저 안에 임하시는 주님, 사시는 주님을 진실히 보고 알고 사랑하고 따를 수 있게 하소서. 우선 그리스도의 강생부터 그 오묘한 신비를 깨닫게 하여 주소서.

성부의 영원하신 아들 주 예수여, 저는 겸손되어 당신 앞에 나와서 당신 모친 성모 마리아와 모든 성인들의 보호 아래 당신과 당신께서 이루어 놓으신 성총의 도움을 힘입어 저 자신을 당신께 바치옵니다. 주님께서 이런 삶을 저에게 베풀어주시고 기다려 주신다면 모든 고난과 모든 핍박과 모든 가난을 이기고 견디면서 당신을 기꺼이 본받는 것이 저의 진정한 바람이며 제가 진정으로 당신을 따르고자 하는 것임을 진심으로 고백합니다.

그리스도여, 당신은 왜 사람이 되어 오셨습니까? 왜 우리와 똑같은 인간으로서, 아기로서, 무력한 자로 또 가난한 자로 태어나셨습니까? 왜 약하고 가난한 것을 당신을 알아보는 표시로 삼으셨습니까? 약하고 가난하면 현세에서는 멸시의 대상, 소외의 대상이 될 뿐입니다. 누가 약하고 가난한 자를 존경합니까? 오늘날 당신의 교회 안에서도 약하고 가난한 사람들이 형제애로 따뜻하게 받아들여지는 경우는 드문 일입니다. 저 자신부터 입으로만 그들을 위한다는 말을 더러 했습니다만, 생활로는 거의 보이지 못했습니다. 그런데 당신은 세상에 사람이 되어 오실 때 이 길을 택하셨습니다. 모든 인간, 그 중에서도 약하고 가난한 자를 사랑하시기 때문입니까? 그들이 당신으로부터는 절대로 소외된 느낌, 멸시받거나 밀려난 사람들처럼 푸대접받는 느낌을 안

갖게 하기 위해서였습니까? 오히려 당신에게 가까워질수록 사랑으로 감싸인 따뜻함을 느끼고 삶의 희망을, 빛을 받을 수 있게 하기 위해서였습니까?(히브 2,16-18 참조) 주여, 베들레헴의 말구유보다도 더 헐벗고 가난하고 쓰레기같이 더럽혀진 이 영혼 속에도 강생하여 주소서. 당신의 자비는 하늘같이 높고, 그 사랑은 저를 평화로 감싸주시나이다.

1월 28 | 일

깊은 신앙 속에 겸손과 순명으로 나자렛에서 극히 평범한 목수 생활을 하신 예수님. 어릴 때부터 30년 간 사신 나자렛의 예수는 무엇을 뜻하는 가? 구약에서 한 번도 안 나오는, 이름도 없는 그 마을에서 우리 인간과 똑같은 한 인간의 삶을 산 의미는 무엇인가?

그는 목수의 아들로 인식되었고 또 어릴 때부터 요셉으로부터 목공일 을 배워 스스로도 목수였다(마르 6,3). 외관상으로 예수는 존경을 받을 만 한 사람이 아니었다. 그저 나자렛 동네의 목수였다. 그도 우리와 같은 성 장의 자연원리에 당신을 맡겼다. 진실히 그는 사람 중의 하나였다. 그리 고 하느님의 뜻에 순종했다. 양친과 주위 어른들 또 목공으로서는 손님 들의 주문에도 순종하셨다. 그분은 끝내 죽기까지 순종하셨다.

하느님의 뜻에 따라 믿음으로 순종하여 살면 점점 자신을 하느님께 열 게 되고 드디어 하느님으로 충만케 된다. 때문에 믿음 속의 순종은 구원 의 길이다(히브 11). 내 안에 묶이고 갇혀 계시는 그리스도께 자유를 드리 고 해방시켜 드려야 한다. 그분이 내 안에서 성장하실 수 있도록. 내 안 에 계시는 그리스도께서 성장하시어 내가 그분으로 충만된 날이 올 것이 다. 이는 기쁨이다.

육필 신앙고백 | 245

오전에는 그리스도의 나자렛 30년의 삶 속에, 오후에는 세례를 받으심 속에 우리 인간들과 똑같이 되시고, 심지어 죄인들 중의 하나처럼 되신 그리스도의 한없이 깊은 겸손, 침묵과 하느님 뜻에 따르는 순종정신을 배웠다.

외적인 겸손은 별로 의미가 없다. 오히려 위선이 되기 싶다. 정말 내적으로 깊은 겸손을 어떻게 배울 것인가가 문제이다. 하느님 없이 자기는 아무 것도 아니라는 것을 깊이 인식하고, 얼마나 많은 죄를 범하고 그 속에 살아왔으며, 오직 하느님만이 나를 죄에서 구해 주실 수 있고, 하느님만이 참되신 분임을, 그리고 사람이 되어 오신 그리스도를 본받고 또 본받아도 결국은 다하지 못하고 오직 그분이 내 안에 와서 살아 주시고 내가 그분과 하나 될 때에 우리는 진정 겸손을 닦을 수 있고 또 이 겸손으로 형제들에게 사랑의 봉사를 할 수 있다.

주여, 당신의 겸손을 진실히 본받게 하소서. 먼저 당신의 겸손을 깊이 이해하게 하소서. 그래야만 당신처럼 봉사할 수 있겠나이다. 당신처럼 사랑할 수 있겠나이다. 그래야만 자아에서 해방되고 참된 자유를 얻을 수 있겠나이다.

사심(私心)과 사심(邪心)은 통한다. 한 족속이다. 나는 모든 것을 사심(私心)을 완전히 떠나서 한 일이 있는가? 대단히 의심스럽다. 어떤 선행 속에도 이것이 감추어져 있다.

1월 29일 │ 월

오전에 '광야에서의 유혹 받으심'(마태 4,1-11)에 대하여 묵상했다. 예수님은 우리와 같이 유혹을 받으셨다. 그래서 유혹 중에 우리를 도울 수 있다. 예수님이 선교에 나서기 전에 40일간 사막에서 아무 것도 잡수시지 않고 재(齋)를 지키며 기도하셨다. 40일간의 피정이다. 내가 지금 늦게나마 30일간 피정을, 그것도 잘 쉬면서 하는 데도 힘들어하는 것과는 너무나 대조적이다.

예수님은 메시아로서 받으신 당신의 사명을 하느님 아버지의 뜻에 따라 순종하며 완수하실 수 있도록 기도하셨을 것이다. 이때, 예수님은 이미 당신의 사명 완수는 완전한 사랑의 봉사, 가난한 이와 병자들을 위한 봉사(물론 모든 이에게 기쁜 소식을 전하는 것이고 온 인류를 위한 것이다), 끝내는 십자가에 죽으심으로 완성된다는 것을 인식하셨을 것이다.

마귀는 메시아로서 받은 권능을 자신을 위해, 우선 굶주린 배를 채우기 위해 쓰도록 돌을 빵으로 만들라고 유혹한다. 다음으로 세상의 부귀영화를 누림으로써 모든 이의 위에 영광된(?) 대제(大帝)로 군림하는 방법으로 세상을 구할 수도 있지 않느냐는 승리주의의 유혹, 그 대신 악의 세력에 타협하고 고개 숙여 악을 경배해야 한다고 유혹한다. 다음으로는 세상을 깜짝 놀라게 하는 일종의 곡예를 부려 천사들이 그를 받들어 높은 데서 떨어져도 다치지 않는 기상천외의 쇼로서 사람들의 인기를 모으는 허영심을 자극하게 한다. 곧 배부르게 먹고 마시고 권세와 영광을 누리며 허영을 추구하는 길로 유혹했다(카라마조프의 형제에서 이반이 아리샤에게 이 점을 말하고 있다). 예수님은 이 모든 것에 대해 '사람은 빵만으로 살지 않고 하느님 말씀으로 산다. 오직 하느님만 경배하라. 하느님을 시험하지 마라'는 결연한 태도로 물리친다.

사제는 복음선교에 나설 때 그리스도의 권한을 부여받는다. 미사를 봉헌할 수 있고 말씀을 전하고 죄를 사할 수 있는 큰 권한을 받는다. 하지만 사제는 자칫 잘못하면 이것을 자신을 위해 쓸 수 있다. 자신의 이익 (물질적 이익), 존경, 영예, 드디어 허영에 빠지는데 쓸 수 있다. 그러나 이 권한은 형제들에게 예수님처럼 사랑으로 봉사하기 위해 복음을 전함으로써 하느님 나라 건설을 위해 쓰라고 받은 것이다.

그런데도 우리는 쉽게 유혹에 떨어진다. 유혹은 예수님의 경우 악마가 유혹하는 법이지만 실제는 악마가 외적으로 나타나는 것이 아닐 것이다. 유혹은 마음속에서 일어난다. 마음속에 자리잡는 사심(私心)을 자극한다. 유혹은 하느님의 뜻과 이 사리사욕을 찾는 인간 본성과의 대결이다. 오늘 아침 지도신부님은 하느님의 말씀이 이슬처럼 마음속에 내린다고 했다. 오늘 미사중 강론은 '길'(요한 13,31-14,13)에 대해서이다. 그리스도는 길을 가르치는 선생만이 아니라 길 자체이시다. 참되고 생명을 주는 길이다. '나는 길이요 진리요 생명이다.' 성 아우구스틴은 "아무리 힘차게 달음박질을 잘 쳐도 길 밖에 있으면 소용없다. 그보다 더 나은 것은 비록 쩔뚝거리고 넘어지는 한이 있더라도 길 안에 있는 것이다"라고 했다.

주여, 저로 하여금 길이신 당신을 알고 당신 안에 살게 하소서. 그것이 비록 저에게 힘들고 길바닥에 쓰러지는 한이 있더라도 이 길을 떠나지 않게 하소서. 곧 당신을 떠나지 않게 하소서.

"내 아버지 집에는 있을 곳이 많다. 그리고 나는 너희가 있을 곳을 마련하러 간다. 만일 거기에 있을 곳이 없다면 내가 이렇게 말하겠느냐. 가서 너희가 있을 곳을 마련하면 다시 와서 너희를 데려다가 내가 있는 곳에 같이 있게 하겠다."(요한 14,2-3) 머물 곳은 바로 예수님 자신 안이요, 예수님은 십자가상의 수난으로서 이것을 마련하셨다.

1월 30일 | 화

오늘 묵상은 여행에 지친 예수님이 사마리아 여인에게 물을 청하는 대목이다(요한 4,5-26). 예수님은 평범한 한 나그네와 같이 우리를 닮았다.

주님, 당신은 누구십니까? 당신을 안다는 것은 모든 문제 중 가장 큰 문제입니다. 모든 문제를 푸는 핵심입니다. 저에게는 생사의 문제가 달려 있습니다. "하느님께서 주시는 선물이 무엇인지 또 당신에게 물을 달라고 청하는 내가 누구인지 당신이 알았더라면…."
물론입니다. 제가 당신을 정말로 알았더라면 저도 달리 살아왔을 것 같습니다. 저에게는 오래 전부터 당신을 알고 싶은 소망이, 때로는 막연히, 때로는 간절히 있기는 하였습니다. 어떤 때는 사도 바오로처럼 벼락을 맞듯이라도 됐으면 하는 소망이 있었습니다. 그러나 제가 감히 그런 것을 마음대로 청할 수는 없겠습니다. 아마도 주님이 아시고 마련하신 시간이 있겠지요. 저에게 당신을 드러내 주실 그 시간 말입니다.
주여, 저에게도 와 주소서. 이슬처럼 차분히 와 주소서. 아마 주님은 그렇게 오시는가 봅니다. 그래서 제가 당신의 현존을 아직 깨닫지 못하는가 봅니다. 이슬처럼 차분히 소리 없이 오시니, 사도 바오로에게 오신 대로 그렇게 오시면 제가 기절해 버릴까 두려워서 입니까? 어떻게 오시든 좋습니다. 오시기만 하면 저는 감사로울 뿐입니다. 깊이 깊이 감사로울 뿐입니다.

미사 중 강론 말씀은 "나 때문에 모욕을 당하고 박해를 받으며 터무니 없는 말로 갖은 비난을 다 받게 되면 행복하다"(마태 5,11-16)였다. 우리는 흔히 이 말씀을 좋은 훈계 말씀으로 받아들인다. 하지만 내가 그런 경우

육필 신앙고백 | 249

에 실제로 행복하다고 생각하게 될까? 아마도 모욕과 비난을 받고 박해를 받을 때에는 참기 힘들 만큼 고통을 느낄 것이다. "주여, 왜 저를 버리십니까? 이 환난에서 구해 주시지 않습니까?" 라고 원망조의 탄원을 하기 쉬울 것이다. 그리고 오랜 후에 평화를 찾으면, 그때 비로소 이 말씀의 진미를 깨달을 것 같다.

소금은 뿌려야 맛이 난다. 세상 속에 뿌려져야 한다. 세상 속에 들어가야 한다. 그러면서 세상을 바꾸어 간다. 내가 소금 맛을 잃으면 이 사명을 다할 수 없다. 그리스도와 함께 있어야 한다. 그리스도만이 참소금이다. 그리스도를 떠나면 소금 맛을 잃는다. 소금은 자체를 위해 있지 않고 남을 위해 있다.

빛도 마찬가지이다. 그리스도만이 빛이다. 어두운 세상을 가장 밝히신 것은 마지막 십자가상에서이다. 어둠과 싸워서 이겼으니 부활의 빛이 되었다. 자신을 촛불처럼 불태워야 빛이 될 수 있다. 그리스도의 사랑으로 자신을 온전히 태워서 소진시켜야 한다. '다 태워서 꺼질 때까지…'

이것도 글로 쓰기는 아름답다. 말로는 쉽다. 하지만 나는 정말 그렇게까지 나를 태울 수 있는가? 그리스도의 사랑으로 자아에서 해방되고 자유를 얻지 못하면 불가능하다. 빛은 남을 위해서 있다. 등불은 자신을 밝히기 위해서가 아니다. 주위를 밝히기 위해서이다.

주여, 당신의 삶 속에 제가 몰입되게 하소서. 그리하여 당신처럼 사랑으로 온전히 남을 위해 살게 하소서.

오늘 저녁기도에서는 좀더 조용히 침묵 속에 기도하는 것을 좀 알게 되는 것 같았다. "나를 보내신 분의 뜻을 이루고 그분의 일을 완성하는 것이 내 양식이다."(요한 4,34)

예수님의 생애는 탄생과 죽음에 이르기까지 아버지의 뜻에 따라서였다. 그 뜻에 죽기까지 순종하셨다(필립 2,8). '주의 기도' 속에도 "아버지의 뜻이 하늘에서와 같이 땅에서 이루어지소서"라고 되어 있다. 여기에 하느님의 나라, 구원이 있다. 그러나 저녁기도 때, 죄에 대한 지금까지의 뉘우침은 하느님에 대한 사랑보다 자신이 부끄러운 짓을 했다는 자책에서였다. 아직도 나의 통회의 순수성이 참되지 않음을 깨달았다.

1월 31일 | 수

아침식사 후 기도하면서, 예수께서 세례를 받으심을 읽고 성령이 내리고 "너는 내 사랑하는 아들, 내 마음에 드는 아들"이라는 말씀이 하늘로부터 들려오는 대목(마르 1,11)을 묵상했다.

천지창조 이래, 하느님이 기다리시던 참된 인간, 하느님께 대한 사랑과 인간에 대한 사랑이 가득하시어, 이를 위해 자신을 온전히 비우시며 모든 사람의 죄를 대신 지고 자신을 완전히 사랑으로 바칠 수 있는 인간이 나타났다. 참으로 그의 마음은 신적(神的)인 사랑, 곧 가장 고귀한 인간의 사랑으로 충만되어 있었다. 그는 자기를 찾지 않았다. 자기를 완전히 사랑으로 내주었다.

모든 사람은 그를 통해서 구원된다. 사람이 그리스도를 믿고 따를 때, 그 자신은 사(私)에서 해방된다. 참된 자유인, 진실로 남을 사랑할 줄 아는 자유인이 된다. 어려운 처지에 있는 사람에게 자기를 줄 수 있는 인간이 된다. 세상이 이런 사람들로 변화된다면, 이야말로 세상의 구원이요

육필 신앙고백 | 251

해방이다. 모든 가난한 사람들에게 기쁜 소식이 전달될 것이다. 그들은 가난과 굶주림에 울지 않아도 될 것이다. 모든 옥문이 열릴 것이다. 인간을 갈라놓는 모든 장벽이 무너질 것이다. 먼저 마음의 장벽, 국경이나 민족적 차별이 없어질 것이다. 세상은 하느님의 사랑으로 가득 찰 것이며, 모두 주님을 찬미하게 될 것이다. 하느님의 나라는 이 그리스도이다.

주님은 정말로 이슬처럼 소리 없이 차분히 오시는가 봅니다. 내 마음이 오랜 가뭄에 마른 땅처럼 찢어지고 갈라져 있을 터이니, 만일 주님이 은총의 폭우를 쏟으시면 이 땅은 다 흡수도 못하고 갈라진 곳이 더 갈라져 떠내려 갈 것입니다. 주여, 이슬처럼, 가랑비처럼 내려오소서. 마침 싸락눈이 오는군요. 이 눈처럼 가벼이 내려오소서.

오전 강론 때, 복음적 삶에 대하여 묵상하였다.

복음적 청빈이란 우리를 부(富)하게 만들기 위해 당신을 비우시고 가난하게 되신(필립 2,6-7; 2고린 8,9) 그리스도의 청빈이다. 그리스도는 나실 때부터 십자가에 죽으실 때까지 가난한 자 중에서도 가난한 자이셨다. 십자가상의 그리스도의 적빈(赤貧)은 물질적·육체적·정신적·영적인 모든 것을 박탈당하고 내놓은 가난을 말한다. 여기서 가난은 '완전한 사랑'과 동의어이다. 왜냐하면, 그리스도는 우리를 부하게 만드시기 위해 이 극도의 가난에까지 가셨으니….

그리스도의 가난의 원천은 삼위일체에 있다. 성부께서는 성자에게 당신 전부를 주시고, 성자는 성부께 당신을 완전히 여시고 성부의 모든 것을 받아들이셨다. 남김없이 완전히 자신을 남에게 주고 남을 있는 그대로 받아들이는 것은 자신을 전적으로 비우는 '가난=사랑'에서만 가능

252

하다. 삼위일체의 사랑의 교환이 우리에 대한 그리스도의 사랑과 우리를 위한 가난의 원천이다.

그리스도로부터 가난을 배우고 그리스도 안에서 그리스도처럼 가난해야 한다. 가난을 위한 가난은 소용없다. 청빈덕(清貧德)을 위한 가난도 좋은 일이지만 크게 도움이 못 된다. 복음적 가난은 물질적 욕망에서 해방될 뿐 아니라 자기 자신으로부터도 해방되고 남에게 자신을 내주는 사랑이 있어야 한다. 자기 시간과 건강, 자기 일의 모든 것, 끝내는 생명까지 내주는 사랑이 있어야 한다. 이 사랑이 있을 때, 가난은 그리스도 안에서 그리스도와 함께 가난의 길을 가는 것이다. 이 가난이야말로 남을 부하게 한다. 사랑과 생명의 빛으로, 그리스도의 은총으로….

그리스도의 사랑이 빠진 가난은 남을 괴롭히고 차게 만들 수 있다. 자신이 먼저 차가워져 있기 때문이다. 그리스도처럼 가난하게 살아야 하고 이를 위해 물질적 결핍도 뒤따라야 한다. 그리스도는 탄생과 죽음에 이르기까지 가난하셨다. 선교 활동시에는 머리 둘 곳조차 없었다(여우는 집이 있고 하늘에 나는 새도 깃들일 곳이 있는데 사람의 아들은 머리 둘 곳도 없다).

미사 때 갑자기 의심이 생겼다.

그리스도 십자가상의 죽음이 사도 바오로의 말씀대로 한 번의 죽음으로 인류의 모든 죄를 씻는 것이라면, 왜 그를 따르는 사람들이 그를 닮아서 십자가의 고통에 참여해야 하는가? 왜 다른 이들의 희생의 죽음이 필요한가? 이렇게 의심하다 보니, 나중에는 왜 십자가를 통해서만 하느님의 사랑이 드러날 수 있는가 하는 생각까지 들었다. 이번 피정 중에 가장 고통스러운 시간이었다. 이 시간 전까지만 해도 평온했는데…. 전에는 내가 가장 즐겨 말하고 쓰던 테마가 그리스도의 수난이요 우리의 동참이었다. 이것이 어떻게 해서 이렇게 신앙을 뒤흔드는 의혹으로 뒤바꿨는가? 그 이유는 알 수 없다.

신부님이 미사 강론 때 그리스도 십자가의 죽음을 통해서 성화된다는 말을 설명하면서 '그리스도께서 우리를 위해 당신의 목숨을 내놓으셨다. 이와 같이 우리를 보내셨다'는 말은 '우리의 목숨도 내놓는다는 뜻이다'라고 했을 때, 이런 의심이 들기 시작했다. 오늘은 오히려 미사에 임할 때, 성체에 대한 더 큰사랑을 느끼면서 시작했는데….

아무튼 저녁식사 후에도 의심이 가시지 않아 『성서사상사전』에서 하느님의 사랑에 대한 대목을 읽었다. 그리스도의 수난과 하느님의 사랑에 대해 언급하면서 "십자가야말로 신랑인 그리스도가 신부인 교회에 당신을 온전히 내주신 표증이지만(에페 5,25-26; 갈라 2,20), 다른 한편 인간을 불신앙(不信仰)으로 이끄는 대단히 위험한 유혹이기도 하다"라고 적고 있다. 그리고 성령만이 하느님의 사랑을 깊이 깨닫게 해준다고 했다.

성당에 가서 기도 드렸다. '성령이여, 저를 밝혀 주소서. 하느님의 사랑을 깨닫게 해주소서'라고 거듭 기도했다. 한참 후에 나타리아라는 20대의 젊은 여성이 러시아혁명 내란 때, 아이 딸린 한 젊은 어머니를 살리기 위해 대신 총살당한 『기도의 체험』에 나오는 이야기가 떠올랐다. 콜베 신부님 역시 남을 살리기 위해 대신 죽었다.

이런 죽음은 정말로 고귀하다. 바로 "벗을 위해 자기 목숨을 바치는 것보다 더 큰사랑은 없다"는 복음의 말씀, 바로 그리스도의 사랑을 증거하는 것이다. 이런 고귀한 삶, 사랑과 희생은 사람을 진정으로 절망에서 구한다. 인간성 자체를 이기주의적 죄에서 구한다. 이런 사랑이 없으면 인류는 이기주의적인 죄악으로 비인간화되고 멸망할 것이다. 그래서 그리스도의 뒤를 따라 벗을 위하여 자신을 바치는 사랑의 실천은 양상에 있어서 다양성이 있고 정도의 차이는 있을망정 모든 크리스찬에게 요구

되고, 더욱이 특별한 성소를 받은 사목자, 수도자에게 요구된다.

하느님은 결코 우리의 희생 제물을 즐겨서 이런 사랑을 요구하는 것이 아니다. 그리스도를 닮은 이 사랑이 우리를 진정 인간으로 각성시키고, 인간으로 새롭게 나게 하고, 인간으로 거룩하게 향상시키기 때문이다. 그리스도를 닮게 하여 그리스도와 같이 진정 하느님의 자녀로 만들기 때문이다.

동시에 그리스도의 십자가가 과거의 것이 아니요, 현재 나를 위한 것이라는 점이 생각났다. 누가 나를 죄에서 구해 줄 수 있는가? 나를 위해 십자가상에서 당신을 죽음에 내던지신 예수님만이 할 수 있다. 나도 예수님을 사랑한다면(십자가 곁의 성모님과 마리아 막달레나를 생각했다) 이분들처럼 그리스도의 수난에 마음 깊이 함께 아파하며 동참할 것이다.

그런데 그리스도는 지금 나를 위해서 수난하신다. 그리스도의 십자가 효과는 내게는 현재 이 시간에 있다. 그렇다면 그의 죽음은 역사적 과거의 사건이 아니라 지금 현재의 내 앞, 내 안에 일어나고 있는 사건이다. 내가 그 죽음을 함께 아파하고 동참하고 싶은 뜻이 없다면 그리스도에 대한 나의 인식과 사랑의 부족이 문제이다.

성령이여, 주여, 저로 하여금 그리스도의 십자가의 신비를 깊이 이해할 수 있게 하소서. 이 신비를 통하여 나타나는 하느님의 사랑을 진정 또한 깊이 깨닫게 하여 주소서. 그리고 그 신비와 사랑에 따라 살도록 인도해 주소서.

사도 바오로가 말씀하신 대로 그리스도의 수난은 인간의 죄를 사하여 주셨다는 말씀은 맞다. 왜? 그리스도의 죽음 외에 다른 누구의 죽음도, 희생과 보속도 의미있고 가치도 있지만, 우리를 죄에서 완전 해방시켜 줄 수 없다. 다른 이들의 죽음이나 희생, 보속도 그리스도의 죽음과의 연관 속에서만 죄를 사하는데 의미가 있다.

내가 콜베 신부님처럼 죽었다 해도 그것이 이 사회에 그리스도의 사랑을 증거한 것은 될 것이다. 그러나 이 사회의 모든 인간의 죄를 하느님 앞에 사죄받는 것은 못 된다. 그것은 그리스도의 죽음뿐이다. 그런데도 우리가 그리스도의 뒤를 따를 때 십자가를 져야 하는 것은 그리스도의 수난의 공로를 현실에 구현시키기 위해서이다. 또 그리스도를 가장 닮고 스스로 성화되고 남을 그리스도의 구원으로 인도하게 된다. 그리스도는 머리, 우리는 지체(肢體)이다. 머리의 수난은 온몸에 미친다.

2월 1일 ㅣ 목

"하느님은 당신의 성자 예수 그리스도를 사랑하시는 그 사랑으로 우리를 똑같이 사랑하신다."(요한 17,23; 17,26) 그래서 에페소서 시작의 말씀대로 우리를 천지창조 이전부터 사랑으로 뽑으셨다.

예수 그리스도는 하느님의 이 사랑을 우리에게 밝히시고 그 사랑으로 우리를 있는 그대로, 나의 모든 잘못과 부족을 다 아시면서도 사랑하신다. 그분의 가난한 삶, 정결한 삶, 순종의 삶 모두가 우리에 대한 하느님의 사랑에 당신을 온전히 내주시는 데서 결과된 것이다.

예수님은 우리가 오늘날 청빈, 정결, 순명을 구분해서 '복음삼덕(福音三德)'이라 하듯이 생각하지는 않으셨다. 그것은 따로따로 독립된 '덕'이 아니다. 보는 측면이 다를 뿐이다. 하느님이신 예수님이 사랑 때문에 벗(우리를 벗이라 부르셨다)을 위해 고통을 겪으셨는데, "내가 좀 고통을 겪는 것이 무슨 문제냐?"라고 했던 어느 폐병 환자의 말이 생각난다.

하느님은 나를 1백 퍼센트 있는 그대로 사랑하신다. 그럼 왜 죽음을 택하셨는가? 사랑을 드러내는 데는 목숨을 다하는 죽음보다 더 큰 방법은 없다. 인간 사이에서도 누가 나를 사랑해서, 내가 죽어야 하는데 나를 위해 대신 목숨을 바쳤다면 그 이상의 사랑이 있겠는가? 나라를 위해서도 가장 큰사랑은 나라를 위해 목숨을 바치는 것이다.

그리스도가 십자가에 죽게 된 데는 성부의 뜻도 있고 그리스도 스스로 당신 생명을 내주시기도 했지만, 결국 인간들이 그를 죽였다. 그리고 그 인간들 안에는 나도 포함되어 있다. 나의 죄, 내가 그리스도를 받아들이지 않은 것, 외면한 것, 거역한 것 등이 그로 하여금 갈 데 없이 만들고 죽게 하였다. 유다의 배반, 베드로의 부인, 그를 심판한 자들, 십자가에 못 박으라고 아우성친 군중의 분노, 악의, 광기에 나의 몫도 들어 있지 않는가? 깊이 생각해야 한다.

오전 강론의 묵상은 '착한 사마리아인의 사랑' (루가 10,25-37)이다.

"주여, 영생을 얻기 위하여 무엇을 해야 합니까?"

"내가 복음을 통해 무엇이라고 말하였나?"

"주님을 믿으라고 하셨습니다. 또 주님의 계명, 특히 사랑을 행하라고 하셨습니다. 하느님을 전적으로 사랑하고 이웃을 주님처럼 사랑하라고 하셨습니다."

"가서 그렇게 해라. 그럼 영생을 얻는다."

"저의 이웃이 누구입니까? 먼저 주님이 형제로 주신 사제들입니까?"

"우선 그렇다고 보아야 하겠지."

"사제들도 십인십색(十人十色)이요. 저도 그렇고 상당수가 왠지 자기중심적입니다. 주님의 착한 사마리아인 비유에서도 사제와 레위가 하느님을 섬기는 사람들인데도 이웃사랑에서는 아주 먼 사람이었던 것처럼, 저

희들도 주님께 봉헌된 사제라면서 이웃사랑에는 참으로 멉니다. 왜 그렇습니까?"

"너희들 마음을 내 마음으로 바꾸어야 한다."

착한 사마리아인 이야기는 내가 좋아하고 잘 쓰는 주제이다. 그런데 이 메시지가 바로 나 자신을 향한 것이라고 볼 때, 내 마음이 얼마나 형제적 사랑, 특히 형제 사제들에 대한 사랑에 구멍이 나 있는지, 그리고 구멍도 아주 크게 뻥 뚫려 있는지 허전하기만 하다. 피정을 끝내고 돌아가서도 이 형제애의 실천이 가장 난제일 것이다. 그러나 기도하면서 "나에게 능력을 주시는 분을 힘입어 무슨 일이든지 할 수 있다"(필립 4,13) 라는 각오로 기쁘게 나가자고 했다. 주교로서의 성소는 교구민들과 모든 사람들에게 예수님이 되는 것이다. 죽기까지 순명하는 정신을 지니지 않고서 예수님처럼 사랑할 수 없다.

오후 강론은 '착한 목자의 사랑'(에제 34,11-31)에 대해서였다.

양들을 다 아신다. 하느님 아버지가 아들을 알고, 아들이 아버지를 아는 것과 같은 질(質)의 아는 것이다. 이것은 사랑의 완전이다. 그러나 나는 목자로서 교우들에 대해서 이렇게 말할 수 없다. 오히려 너무나 모른다. 그만큼 사랑이 결핍되어 있다. 하느님은 양들을 위해 당신 목숨을 내놓으셨는데, 나에게는 이같은 사랑이 있는가?

또 아버지께서 내게 주신 것, 곧 받은 것(사람들)이 가장 소중하다. 아무도 내 손에서 빼앗아 가지 못한다. 나는 이만큼 교구민을 소중히 여기는가? "그분이 자기 나라에 오셨지만 백성들은 그분을 맞아 주지 않았다."(요한 1,11) 나도 지금까지 그분을 맞아들이지 않았다. 그분의 정신과 동떨어진 삶을 살아 왔다. 이렇게 그리스도는 배척을 받았고, 그 결과 십자가에 죽임을 당하셨다. 나도 그를 죽인 한 사람이다.

2월 2일 | 금

아침에 세수할 때, 나 자신 안에 여전히 사심(邪心)이 잡초처럼 무성하며 뿌리가 깊다는 것을 다시 깨달았다. 예수님을 따르는 데 있어서 나는 그 동안 자기 십자가를 기쁜 마음으로 지지 않고 늘 뒤를 돌아보듯(쟁기를 잡고서도) 딴 길을 생각하며 살아 왔다. '내가 본시 원하지 않았는데…' 하면서 예수님이 나를 부르셨다는 것을 깊이 깨닫지 않았다.

이제는 따른다. 나를 믿고서가 아니라 "나에게 당신의 뜻에 맞는 일을 하고자 하는 마음을 일으켜 주시고, 그 일을 할 힘을 주시는 분은 하느님이시다"(필립서 2,13) 라는 말씀에 확신을 갖고, "나에게 능력을 주시는 분을 힘입어 나는 무슨 일이든지 할 수 있습니다"(필립 4,13) 라는 신념을 갖고 모든 것을 주님께 맡긴다. 그분의 손에 나를 내던진다. 그분의 사랑과 은총에 마음의 문을 활짝 열자. 그분이 내 안에서 자유로이 일할 수 있도록 하자(지금까지 나는 그분이 내 안에서 일을 못하게 막아 온 것이나 같다).

오늘 미사 강론은 천국의 비유이다.

천국은 예수님이다. 예수님과 함께 있는 것이 천국이다. 그리고 누룩은 곧 예수님, 변화시켜 주신다. 그래서 나를 누룩으로 만드신다. 나는 주교로서 누구보다도 이 누룩이 되어야 한다. 곧 예수님과 함께 사는 것이다. 그 분이 내 안에 충만하도록. 오늘 기도 중 말씀이 어두움을 밝히는 빛이심을 더 깊이 깨달은 것 같다.

저녁기도를 바치면서 지금까지 부르심에 참으로 충실치 못했음을 거듭 반성했다. 이제부터는 새 마음으로 주님의 부르심에 충실하고자 한다. 내가 달리 할 수 있는 것이 아니라 주님의 뜻에 완전히 내맡기는 것이다. 그리고 나서 그리스도 수난에의 참여 문제가 잠깐 스쳐 갔다. 그래서 또 생각해 보았다. 내가 그리스도를 알고 사랑한다면, 그분의 수난에 동참하지 않을 수 있는가? 없다. 동참해야 한다. 또 내가 그리스도를 이 시대, 이 사회 속에서 구현해야 하는 사명을 진 사람으로서 형제, 동포들, 나아가 온 인류를 위해 진정 사랑으로 할 수 있는 일은 무엇인가? 목숨 바쳐 사랑하는 것이다. 다시 말해, "벗을 위해서 자기 생명을 바치는 것보다 더 큰사랑은 없다"고 하신 그 사랑을 사는 것이다. 그 길만이 나를 가장 참된 인간으로 만드는 길이다. 참된 자유인, 해방된 자로 만드는 길이다. "누구든지 자기 생명을 아끼면 잃을 것이요, 버리면 얻으리라"는 말씀은 맞다.

2월 3일 ㅣ 토

오늘로서 피정 2주일을 마친다. 지금은 확실히 구도자가 된 느낌이다. 그래서인지 오늘 이곳에서 열린 강습회에 온 수녀님들이 모여서 기도하고 노래하는 소리를 들을 때, 나는 그들이 들어가 있는 하느님의 집 앞에 서 있는 것 같았다.

나는 길을 찾고 있다. 그리스도를 찾고 있다. 그리스도처럼 가난한 자가 되고 싶다. 가난한 자 중에서도 가난한 자, 모든 사람의 종이 될 수 있을 만큼 가난한 자가 되고 싶다. 그럴려면 그리스도와 함께 살아야 한다. 그분을 떠나서는 아무 것도 될 수 없다. 그분을 떠나서 나는 하느님이 창조하실 때 준 그 모습대로의 나 자신이 될 수 없다.

오전기도 중에는 하느님이 나의 존재의 바탕이며 그리스도께서 내 존재의 내적 핵이라는 것을 깊이 터득하고 싶었다. 그런데 기도는 여전히 힘든 일인 것 같다. 주님과의 대화이어야 할 텐데, 아직도 나의 생각에서 벗어나지 못하고 있다.

2월 4일 | 일

아침에 동네 이발관에 다녀 왔다. 시골 이발관이니까 서민들의 이발관이다. 머리를 깎고 면도만 했다. 돌아와 내 방에 들어서면서(임시 머무는 곳이지만) 문득 이발소 사람이 '내가 이런 좋은 집, 큰 방에 사는 줄 알면 놀랄 것'이라는 우월감이 들었다.

참으로 기막힌 일이다. 일종의 '귀족의식'이 몸에 배여 있는 것이다. 지금의 신분, 내가 사는 환경, 받는 대접, 모든 것이 무의식중에 나를 이른바 '귀하신 몸'으로 만들고 있다. 참으로 슬픈 일이다. 그리스도의 복음에 살아야 할 주교로서 근본적으로 가져서는 안 될 의식구조가 내 안에 깊이 형성되고 있는 것이다.

어제 저녁기도 때, 나는 '가난한 자 중에서도 가난한 자가 되고 싶습니다. 그리스도처럼 모든 사람의 종이 될 만큼 가난한 자 되고 싶습니다'라고 말했다. 이 얼마나 엄청난 자기모순이냐? 나는 출신이 서민이다. 가난한 집의 자식이다. 여러 해 동안 셋방에도 살았다. 그 뒤에는 오두막집과 같은 작은 집에서 살았다. 그런데 신부가 되면서부터 점점 서민의식은 사라지고 '주교' '대주교'에다가 '추기경'이 되면서 명실공히 '귀족'이 된 것이다.

내가 다시 참으로 서민이 될 수 없는가? 생활환경을 내 마음대로 바꾸기는 힘들다 할지라도 주교일수록 서민과 같은 마음의 소박함, 가난을 가질 수 없는가? 다시금 본시 하느님이면서 우리를 구하기 위해 당신을 완전히 비우고 가난한 자 중에서도 가난한 자 되신 그리스도의 겸손의

현실적 의미를 생각하게 된다. 겸손 자체이신 그리스도를 닮지 않고서
는 크리스찬 정신, 복음정신에 젖은 주교, 가난하고 봉사하는 주교가 될
수 없다.

우리에 대한 그리스도의 사랑은 겸손이다. 십자가에 죽기까지 당신을
낮추신 그 겸손이다. 그리고 이 비하(卑下)에서 우리에 대한 그리스도의
사랑의 지극한 위대함을 볼 수 있다. 그리스도에 대한 우리의 사랑도 겸
손이다. 왜냐하면, 겸손은 우리로 하여금 자신을 완전히 떠나 그리스도
의 손에 내맡기는 것이기 때문이다. 완전히 자신을 잊는 몰아(沒我)는 우
리를 이기적이요 교만한 자아에서 해방시키고 남에 대한 사랑에 자신을
완전히 내놓는다.

겸손은 3단계로 나뉘어진다.

제1단계 겸손은 하느님 앞에 자신의 죄와 하찮은 존재임을 인정하는
것이다. 하느님 없이 나는 아무 것도 아님을 깊이 깨닫는 것이다. 하느님
의 사랑 앞에 나는 무엇으로 응답했느냐?

제2단계 겸손은 그리스도를 본받아 겸손되이 하느님께 자신을 낮추고
그 뜻을 따르기로 완전 투항하는 것이다. 하느님의 뜻에 대한 순종, 하느
님 뜻을 채우는 것이 '음식'(요한 4,34)이다. 이 음식은 나의 삶 전체를 말
한다. 음식 없이 살 수 없다. 마찬가지로 하느님의 뜻에 따르지 않고 참생
명을 살 수 없다. 사랑으로 겸손하지 않고는 살 수 없다.

제3단계 겸손은 십자가상의 그리스도, 즉 버림받고 모욕당하고 가난
한 자같이 완전히 헐벗은 그리스도를 닮고 그리스도와 같이 박해와 모욕
받기를 원하는 것이다. 사랑으로 십자가상의 그리스도와 하나가 되기를
원하는 것이다(모든 겸손이 사랑에서 온다).

저녁기도에서 성모님처럼 주님의 뜻이 내게 이루어지기를 기도하고,

그 뜻 앞에 자신을 완전 투항하도록 마음의 문을 열기로 했다. 그리스도의 충만은 나를 비울 때 가능하다. 잠시 쉬고 다시 기도할 때 사제적 기도(요한 17)를 읽었다.

아버지, 때가 왔습니다. 제가 그리스도를 알고 보고 따를 때가 왔습니다. 그리스도 안에, 당신께 회두할 때가 왔습니다. 그리스도와 함께 매일의 십자가를 질 때가 왔습니다. 저도 아버지의 뜻에 따라서, 그 뜻에 완전히 순종하며 그 뜻에 완전히 투항할 때가 왔습니다.

예수님이 아버지의 뜻인 인류 구원을 위해 십자가를 지고 십자가에 죽으실 때가 지금 저에게 와 있습니다. 저도 예수님의 수난에 참여하여, 아버지의 영광이 아들을 통해서 드러났듯이 아버지의 영광을 드러낼 수 있게 하소서.

2월 5일 | 월

하느님이 나를 사랑하셨기에 내가 존재한다. 내가 존재하기 때문에 하느님이 나를 사랑하시는 것이 아니다. 하느님은 내가 잘나서 또는 나의 업적을 보고 사랑하시는 것이 아니다. 나 그대로를 사랑하신다.

나를 지어내신 하느님은 나를 잘 아신다. 내가 나 자신에게보다 나에게 더 내적으로 가까이 계신다. 그래서 내 죄까지 아신다. 그런데도 하느님은 나를 사랑하신다. 나는 하느님의 사랑을 잃을 염려가 없다. 하느님은 충실한 분이시니까.

그분은 사랑에 진실하시다. "우리는 진실하지 못해도 그분은 언제나 진실하시니 약속을 어길 줄 모르시는 분이시다."(2디모 2,13) 진실하신 당신 자신은, 하느님은 부정하실 수 없다. "내가 말하는 사랑은 하느님에

육필 신앙고백 | 263

대한 우리의 사랑이 아니라 우리에 대한 하느님의 사랑입니다."(1요한 4,10) 사실 이 사랑이 문제의 중심이다.

하느님은 나를 지으실 때 당신의 모습대로 지으셨다. 나에게 고유의 특별한 사랑으로 나의 이름을 부르시며 존재로 불러내셨다. 이것은 모든 이와 보편적으로 같으면서도, 동시에 나에게 특별한 것이다. 때문에 나는 수십억 사람들 중에서 전에 없었고 앞으로도 다시 없을 유일무이한 '나'이다.

하느님은 또 나에게 당신 고유의 뜻과 계획을 가지고 계신다. 이것 역시 모든 이와 보편적이면서 동시에 나에게 고유한 것이다. 그래서 '천지 창조 이전부터 하늘의 온갖 영적 축복을 주셨다.'(에페 1,3) 그리스도를 닮도록, 그리스도처럼, 그리스도 안에 그분과 함께 삶으로써 빛이신 그분의 빛으로 빛나도록(태양같이 빛나도록).

하느님의 사랑, 즉 하느님이 우리를 사랑하신다는 것. 나를 사랑하신다는 것, 이것이 가장 중요하다. 내가 그분을 사랑하는 것은 좋은 일이고 마땅한 일이다. 그러나 결정적인 것은 아니다. 결정적인 것은 하느님이 나를 사랑하시는 것이다. 하느님이 나를 사랑하시니, 나도 나를 받아들일 만하지 않은가? 그 이상 내가 나에게 바랄 수 있는 것은 없다.

모든 생명, 모든 선, 모든 진리, 모든 아름다움의 원천이신 하느님, 우주만물을 창조하신 그분이 나를 사랑하시는데, 나의 약함과 죄, 모든 부족함과 못난 것을 다 아시면서도 사랑으로 나를 구원하시는데, 나에게 부족한 것이 무엇 있겠느냐? 그리고 예수님 말씀대로(요한 17,23; 26) 하느님은 당신의 아들 그리스도를 사랑하시는 그 사랑으로 나를 사랑하시는데 부족한 것이 무엇이냐?

"성모님처럼 전능하신 분, 하느님은 이 비천한 자를 돌보셨으며 큰 은

264

혜를 주셨습니다." 이 사실은 진실로 나의 기쁨의 원천이다. 나는 기뻐해야 한다. 좋은 사람이든 나쁜 사람이든, 어떤 사람이 나를 사랑해도 나는 기쁠 것이 아니냐? 하물며 하느님이 나를 사랑하시는데, 영원한 생명, 영원한 영광, 불멸의 빛을 주시는데 기뻐하지 않겠느냐?

2월 6일 ｜ 화

기도가 깊어지지 않고 제자리걸음을 하고 있다. 오후 강론 주제인 '포도나무의 비유'(요한 15,1-9)를 따라서 또 이번 피정 전체의 소망을 따라서 그리스도 안에 살고 그리스도께 나의 삶, 나의 모든 것을 맡기고 살겠다는 지향을 갖고서 하느님 현존 앞에서 기도했으나 때때로 잡념이 들어 방에 돌아와 담배를 피웠다. 그리고 다시 성당으로 가서 기도 드렸다. 역시 평온한 편이면서도 깊이 들어가지 못하는 느낌이었다.

기도시간이 다 되어 갈 무렵, 어제 저녁과 같이 현존 속에 잠기는 느낌이 들기 시작했다. 감사하는 마음으로 '주님께 더 있겠습니다' 말씀드리고 좀더 있었다. 그 동안 몇몇 분을 위해서 주님께 그들의 영혼에 유익이 되도록, 인도해 주시도록 청하기만 하고 찬미를 드리지 않은 것 같아서 잠시 찬미를 드리고 내려왔다.

2월 7일 ｜ 수

오늘 묵상의 초점은 예수님과의 만남이기에, 저녁기도 때 은근히 기대를 갖고 기도하였다. 예수님과의 만남은 어제 저녁 잠시였지만, 현존을 느끼는 것도 실은 주님의 뜻에 달린 것이니 내가 원한다고 그대로 될 것은 아니라는 생각도 했으나 역시 기대가 있었다.

연수회에 참석한 수녀님들이 기도하러 들락날락했지만 비교적 평온함 속에서 바칠 수 있었다. 하지만 오늘 저녁에는 그런 은혜가 없었다. 없으면 없는 대로 '주님의 뜻 앞에 복종할 줄 알아야지, 그리고 감사드려야지' 생각하고 나왔다.

2월 8일 | 목

예수의 수난! 이사야가 예언했듯이 그의 모습은 사람의 모습이라 할수 없을 만큼 육체적·정신적 학대와 모욕으로 찌그러져 있었다. 가시관을 쓴 얼굴, 매맞은 몸, 구멍 뚫린 수족에는 선혈이 줄줄 흐르고 있었다.

아! 수난은 마음속이 더 컸다.

여기 진짜 수난극이 벌어지고 있었다. 그 마음은 피를 흘리고 있었다. 말할 수 없이 큰 고통에 쌓여 있었다. 모든 이로부터 버림받았다. 아버지로부터도 버림받은 것 같은 느낌이었다. 하지만 그 마음은 모든 고통을 그대로 받아들이고 있었다. 깊은 침묵 속에, 누구에 대해서도 아무런 원한도 미움도 없이…. 그래서 그 마음은 자신 안에 닫혀 있지 않았다. 남김없이 자신을 내주는 사랑으로 모든 이에게 열려 있었다.

동시에 모든 이의 죄와, 그 죄의 어두움, 모든 이의 고독과 슬픔, 마음의 상처를 자신의 마음속에 받아들이고 그 때문에 자신은 더욱 괴로워지고 마음이 찢어지고 어두움에 갇히면서도 모든 것을 한없이 깊은 사랑의 침묵 속에, 사랑의 따스함 속에 모두에게 마음의 문을 열고, 모두를 용서하고 다른 이의 마음의 상처는 자신의 피 흘리는 마음, 그 사랑으로 감싸주고 고쳐주고 있었다.

빌라도는 매질한 후에 가시관을 쓴 예수를 보고 조롱조로 "보라! 이 사람을!" 했지만, 사실 거기에 참인간이 있었다. 참된 사랑을 가진, 진실로 사랑할 줄 아는 순결하고 거룩한 사랑의 소유자인 참인간이 있었다.

참인간은 남을 위해 자신을 남김없이 주는 사람이다. 그렇게 몰아적일 수 없고, 그렇게 배타적일 수 없다. 그 사랑에서 소외된 사람은 아무도 없다. 가난하고 찢어진 마음일수록, 고통에 짓눌린 인간일수록, 죄에 울고 고독에 울고 세상의 멸시와 천대에 좌절한 인간일수록, 한마디로 모든 상처받는 인간이 위로를 받고 치유되고 참된 마음의 평화를 얻을 수 있는 사람이 바로 예수이다. 그야말로 진실된 인간이다. 진실 자체이다. 때문에 그는 모든 인간을 구하는 메시아이다.

오후 묵상 중에 기도에 관하여 이런 생각이 떠올랐다. 기도는 사랑이신 하느님 앞에 마음의 문을 열고 주시는 사랑을 흠뻑 받는 것이다. 사랑을 베푸시는 성부와, 은총을 내리시는 예수 그리스도와, 친교를 이루는 성령 앞에서 마음의 문을 여는 것이다. 하느님은 당신의 사랑으로 우리 마음을 충만케 하시기를 원하시고 우리를 사랑하신다. 우리 마음이 이 사랑에 넘쳐흘러야만 예수님이 우리를 사랑하듯이 진정 이웃을 사랑할 수 있다. 이렇게 우리 모두가 하느님의 사랑을 받고 서로 나눌 때(서로 사랑할 때) 성삼위(聖三位)의 사랑의 일치 안에 우리 모두 하나가 된다. 교회란 이 사랑의 친교이다.

우리는 기도 중에 분심도 들고, 또 많은 말을 두서없이 하느님께 드릴 수 있다. 남을 위해서 청원도 한다. 그러나 가장 깊은 기도, 하느님이 즐기는 기도는 깊은 침묵 속에 있다. 왜냐하면, 하느님은 침묵이시다. 침묵은 하느님이 지닌 여러 가지 이름 중의 하나이다.

사랑이 깊을 때는 사랑하는 사람들 사이에 말이 없다. 진실히 사랑하는 사람들은 침묵 속에 더욱 사랑을 느낀다. 이 침묵은 창조적 침묵이요 영혼을 순화시키고 거룩하게 만드는 침묵이다(예수님은 수난 때 온갖 고통에도 불구하고 침묵 속에서 가장 큰 사랑으로 우리를 구원하셨다). 이 침묵은 폐쇄적이 아니라 개방적이다. 모든 사람에게 열려 있는 마음의 침묵, 사랑의 침묵이다.

2월 9일 | 금

오전에 예수님의 수난, 특히 '우도(右盜)'의 회두와 예수님의 용서(루가 23,39-43)에 대해 묵상했다.

나는 50년 넘게 신자였고 25년 넘게 사제, 거기다 주교까지 되어 있지만 '우도'가 예수님을 만나고 가진 그 신앙, 통회, 회두를 아직 갖지 못한 처지라는 것을 절감했다. 그리고 예수님은 그 수난의 고통 중에서도 어제와 같이 당신 자신보다 잃은 양 한 마리를 찾아 얻으시려는 착한 목자의 사랑으로 '우도'를 감싸주심을 생각할 때, 이른바 목자인 나는 아직도 이 사랑을 모르고 있음을 고백하지 않을 수 없다. 예수님의 사랑이 내 마음에 흘러 들어오도록 마음의 문을 열고 있어야 한다. 그 사랑이 내 마음에 차야만 남을 참으로 사랑할 수 있을 것이다.

오후에는 "나의 하느님, 나의 하느님! 어찌하여 나를 버리셨나이까?" (마태 27,47)라는 대목을 묵상했다.

예수님이 수난 때 받은 가장 큰 고통은 이 시간이었을 것이다. 아버지 하느님의 침묵, 사람들로부터 버림받고 사랑하는 제자들은 다 도망치고, 그 중의 하나는 배반하고, 당신의 사랑이 실패로 끝날 것 같은 그 실패감도 큰 데다가 아버지로부터 버림받은 것 같은 실망, 어두움, 절망에서의 절규이다. 이보다 더 큰 고통은 세상에 없다. 그러나 히브리서(12,2)의 말씀대로 믿음의 시원자(始原者)요 완성자이신 예수님은 절망의 어두움 속에서도 오직 아버지 하느님만을 믿고 "당신 손에 내 영혼을 맡깁니다"라고 바닥 모를 심연에 뛰어내렸다. 이것이 신앙이다.

나도 지금 기도 중에서 큰 위로가 없다. 비교적 고요한 마음으로 기도를 바칠 수 있었으나 빛이 보이는 것 같지 않다.

주님, 믿습니다. 당신을 믿고 어디로 인도하실지 모르지만 저도 뛰어내릴 수 있는 용기를 갖게 하소서.

2월 10일 | 토

하느님은 아직 내게 오실 때가 되지 않은 모양이다. 아니, 하느님은 이미 와 계신다. 아직 내 눈이 열리지 않아 보지 못할 뿐이다. 마음의 문을 열어야 한다. 그런데 나는 마음의 문을 연 것 같은데 왜 아직 열려 있지 않은 것일까?

기도는 기다리는 것이란다. 그분을 기다리자. 오실 때까지.

"이제 다 이루었다 하시고 고개를 떨어뜨리시며 숨을 거두셨다."(요한 19,30) 나의 내적 인간이 나날이 하느님의 사랑으로 새로워져 갈 때, 그것이 완성되면 나도 "주님께 바쳤습니다" 하고 영혼을 그분께 완전히 바칠 수 있다. 그것이 죽음이다. 새 생명이다. 나도 하느님으로부터 왔으니(그 손에서 창조되었으니) 하느님 품으로 돌아가야 한다. 하느님이 나를 세상에 보내실 때(존재케 했을 때) 주신 사명은 사랑의 삶을 다하고 사랑을 내주는 것이었다. 사랑으로 나를 주고 또 주고, 겉의 것부터 벗고(벗기고) 순수

육필 신앙고백 | 269

알몸의 나 자신까지 하느님의 사랑의 손에 그대로 바친다.

껍질을 벗은 순수한 나!

아무런 허식도 가식도 없는 진실된 나!

바로 하느님이 원하시는 '나'이다. 이것을 바친다. 아니, 돌려 드린다. 본시 하느님에서 왔고 하느님이 주신 '나'이니까…. 세상에서 겪는 여러 가지 시련, 고통은 이 순수한 '나'를 만들어 내기 위해서이다. 하느님은 종자같이 내 안에 심은 이 '나'를 사랑하고 계속 가꾸시며 필요 없는 것은 자르시고, 보석처럼 갈고 닦으시며 정화시켜 가신다. 그리스도와 같아질 수 있도록. 내가 이렇게 되기 위해서는 나 자신을 하느님 손에 내맡기고 그분을 바라보고 그분 뜻에 투항해야 한다.

누가 나를 보고서 '예수님을 보았느냐?'라고 물으면 보았다거나 만났다고 말할 수는 없다. 그러나 그분이 내 안에 계시다는 것을 부정할 수 없는 느낌이 든다. 소리내지 않고 조용히 계시는 것 같다. 침묵 속에 일하는 모양이다.

오늘로써 피정 3주일이 끝났다. 저녁기도 때 마지막 일정 소개(부활)에 대한 유인물을 읽고 묵상했다. 무언지 부활의 기쁨을 맛보는 것 같았다. 부활하신 그리스도는 우주를 새로운 불멸의 생명으로 가득히 채우신다. 십자가의 죽음, 그 사랑으로 죽음을 이기시고 우리에게 불멸의 생명을 주시고 구원의 원천이 되셨다. 우리 안에는 이미 이 생명이 있다.

2월 11일 | 부활

예수님이 수난하심으로 모든 것을 빼앗겼을 때, 그의 인간 존엄성, 품위가 짓밟히고 인간의 가치 기준에서 남은 것이란 하나도 없이 알몸이 되었을 때, 목숨까지 빼앗겼을 때, 거기서 그이 안에 숨은 하느님 사랑의 광채가 죽음의 어두움을 뚫고 온 우주를 생명의 빛으로 가득히 채우며 빛나기 시작했다. 이에 비해, 우리는 알몸이 되었을 때 오직 처참하기만 할 것이다. 우리에게도 빛날 수 있는 것이 있다면, 나 자신의 무엇이 아니고 나 안에 있는 하느님의 사랑뿐이다.

저녁기도 중 부활하신 예수님이 수난 때와 마찬가지로 얼마나 큰 사랑으로 당신을 드러내 주시는지를 묵상했다. 수난 때도 모든 것을 사랑으로 받아들이시고 부활한 후에도 마리아 막달레나에게는 물론이요, 엠마오로 가는 두 제자에게도(비록 그들의 믿음이 느린 데 충고를 주셨지만) 친절히 믿음으로 인도하셨다.

예수님에게는 진실히 몰아적인 사랑이 있다. 거기에 비해, 나는 너무나 겸손과 사랑이 부족하다. 다른 이들이 나의 부족과 결함을 얼마나 인내로서 받아들이고 있는지, 나는 지금까지 생각해 본 일조차 없었던 것 같다. 부활하신 예수님을 보는 믿음의 눈이 아직 나에게 열리지 않았다.

주여, 저에게 믿음을 주소서. 부활하신 주님이 저 안에 사시고 형제들 안에 모든 사람들과 온 우주에 사시며 부활의 생명으로 가득히 채우시고 계시는 주님의 현존을 보는 눈을 주소서.

2월 12일 | 월

이제 한 달 피정도 거의 끝나 가는 무렵인데, 그동안 느꼈던 마음의 평화가 죄의식과 함께 뿌리 깊은 불안이 다시 눈을 뜬다. 그러나 심란해진 것은 아니다. 지금 부활을 주제로 묵상하고 있으니 부활을 맛보는 기쁨이 있어야 할 텐데….

그리스도의 현존, 하느님의 현존 앞에 서 있다는 믿음의 확신이 나에게는 서서히 올 모양이다. 미사 전 50분 가량의 기도 시간에 정신 집중이 비교적 잘된 것 같고, 하느님의 현존 앞에 자신을 여는 것이 무엇인지 좀 알아들은 것 같았다. 나의 오관(五官), 전 존재, 마음과 육신이 하느님을 향해 있는 느낌이었다. 그러나 현존의 실감은 아직 아닌 것 같았다. 이것은 확실히 주시는 은혜이다.

저녁기도 중 하느님 또는 예수님의 현존을 실감하든지 못하든지 그분이 내 안, 내 앞에 계신다는 사실 자체에는 변함이 없다는 믿음을 굳게 가져 보았다. "우리는 하느님 앞에 하느님과 함께 있으면서 동시에 하느님 없이(현존을 실감치 못하면서) 있다"는 본 회퍼의 말이 상기된다.

아무튼 하느님께 나의 삶의 모든 것이 달려 있다. 생명, 빛, 기쁨, 사랑, 평화 등 모든 것이 그분과 함께 있음으로 가능하다. 예수님은 포도나무요 나는 그 가지이다. 가지는 포도나무에 붙어 있어야 한다. 나는 예수님의 그 생명의 핏줄로써만 살 수 있다. 예수님을 떠나면 죽음이다.

주여, 제가 당신 안에 살게 하소서. 당신을 떠나지 않게 잡아 주소서. 저도 사도 바오로처럼 당신께 사로잡힌 몸이 되고 싶습니다.

"내 주 그리스도 예수를 아는 지식이 무엇보다도 존귀하기" 때문에 나는 과연 모든 것을 손실로 여깁니다. "나는 그리스도를 위해서 모든 것을 잃었습니다." 적어도 잃고 싶습니다. "그것들을 모두 쓰레기로 여기고 있습니다." 나도 쓰레기로 보고 싶습니다. "그것은 내가 그리스도를 얻고 그리스도와 하나가 되려는 것입니다."(필립 3,8-9)

주여, 저도 사도 바오로처럼 이렇게 말할 수 있게 되기를 바랍니다. 간절히 소망합니다. 그리하여 저도 "나는 그리스도와 함께 십자가에 달려 죽었습니다. 이제는 내가 사는 것이 아니라 그리스도가 내 안에서 사시는 것입니다"(갈라 2,20) 라고 말씀드릴 수 있게 되기를 소망합니다. 아울러 "누가 우리를 그리스도의 사랑에서 뗄 수 있으랴!" 라고, 주님의 사랑에서 오는 기쁨, 주님을 통해서 드러난 하느님의 사랑을 체험하는 기쁨에 살고, 또한 이를 형제들에게 확신을 가지고 말할 수 있게 하여 주소서. 오늘 오전 강론의 내용대로 주님은 저를 이 지역에 주님의 그릇으로 보내셨습니다. 이 빈 그릇을 주님으로 가득 차게 하여 주소서.

저녁기도에서 예수님이 십자가상에서 '목마르다'고 하신 말씀이 생각났다. 육체적으로도 피땀을 다 흘리셨으니 목이 마르셨을 것이다. 하지만 예수님은 사마리아 여인에게 "내가 주는 물을 마시는 사람은 영원히 목마르지 않을 것이다. 내가 주는 물은 그 사람 속에서 샘물처럼 솟아올라 영원히 살게 할 것이다"(요한 4,14) 라고 하셨고, "나를 믿는 사람은 성서의 말씀대로 그 속에서 샘솟는 물이 강물처럼 흘러 나올 것이다"(요한 7,38) 라고 하셨다. 이는 당신을 믿는 사람들이 받을 성령을 가리켜 한 말씀이었다. 이렇게 볼 때, 예수님은 당신 자신이 영원히 목마르지 않는 생명수에 비유하여 말씀하셨다.

그런데 지금은 '목마르다'고 하신다. 단지 육체적으로 목이 마르신 것만이 아닌 느낌이 든다. 예수님은 십자가상에서 우리를 위해 사랑으로 남김없이 주셨다. 우리를 위해 생명의 물인 당신의 사랑을 비울 대로 비우셨다. 그렇게 비우셨기에 당신 자신은 목이 마르셨다. 사랑의 갈증이다. 성부께서도 그 시간에는 침묵을 지키시어 사랑의 물줄기가 끊긴 것 같은 절박한 갈증을 느끼셨다.

육필 신앙고백 | 273

2월 13일 | 화

문제는 주님께 대하여 내가 얼마나 진실하냐 하는 진실성 여부에 있다. 주님은 나를 1백 퍼센트 사랑하신다. 내가 잘나서가 아니라 '나'이기 때문에 있는 그대로의 '나'를 사랑하신다. 나도 주님을 1백 퍼센트 사랑해야 한다. 그럼 이웃에 대한 사랑도 1백 퍼센트여야 하지 않은가? "내가 너희를 사랑하듯이 너희도 서로 사랑하라"고 하셨으니….

사랑의 길은 아름답다. 하지만 자기 목숨을 내걸어야 갈 수 있는 길이다. 이 길에는 '적당히'라는 것은 없다. 사랑의 길은 골고타 언덕으로의 길이다. 주님이, 나를 따르고자 하는 사람은 자신의 십자가를 지고 따르라고 하신 것은 이 때문인가 보다.

주여, 저는 이것저것 생각하지 않겠습니다. 주님께 대한 저의 사랑도 재지 않겠습니다. 그저 주님만 바라보고 주님과 함께 걸어가겠습니다. 어디로 가시든지, 인도하시든지 주님과 함께 걸어가고 싶습니다.
주여, 저를 받아 주소서. 본시 모든 것이 당신의 것이오니 있는 그대로 당신께 맡깁니다. 생긴 그대로 바칩니다.

마음의 가난과 순명의 정신으로 하느님 앞에 있는 그대로의 자신을 받아들이고(하느님이 나를 있는 그대로 받아들이니) 또한 하느님께 완전히 승복하자. 승복! 이것이 한 달 피정의 결론이나 같다.

오전에 예수님이 갈릴레아 호숫가에 발현하신 대목에 대해 묵상했다. 예수님의 인간적인 풍모, 부활하신 후에도 얼마나 다정하신가.

"너는 나를 사랑하냐?"

시몬 베드로에게 던진 이 질문은 나의 심장, 삶 전체에 대한 물음이다. 이것에 대한 답에 모든 것이 달려 있다. 특히 사제인 나에게. 예수님께 대한 사랑 없이 사제일 수 없고 크리스찬일 수 없고 인간다워질 수 없다. 구원이 없다. 예수님의 사랑에서 모든 힘과 삶의 의미, 빛, 사랑, 믿음, 희망, 생명 자체, 구원이 온다.

오후에 피정의 마지막 결론, 그리고 앞으로의 삶을 위해서 사랑에 대하여 묵상했다. 하느님은 사랑이시다. 성자 예수 그리스도께 드러났다. 그리고 성경을 통해 우리들 마음속에 심어졌다.

"성령께서 우리의 마음속에 하느님의 사랑을 부어 주셨다."(로마 5,5)

사랑의 포로가 되기 위하여

—

8일 피정

1월 15일 | 금

올해에는 인생을 재발견하고 싶은 마음이 간절하다. 그런 뜻으로 오늘부터 8일간의 피정을 시작한다. 그분께 죄로 물들어 있던 나의 지난 세월과 나 자신을 그대로 내놓자. 그분만이 내 죄를 없이하여 주실 수 있다. 그런데 내가 죄의 사함을 받기 위해서 마음을 고쳐먹는 것 외에 무엇을 더 할 수 있겠는가? 그분 앞에 마음을 편안히 갖자. 이것이 신뢰이다.

1월 16일 | 토

오늘 묵상은 사울이 하느님으로부터 이스라엘의 왕으로 선택받은 것(사무엘 상 9; 10,1)과 레위의 부르심(마르 2,13-17)에 대해서이다. 이들 대목에서 두드러진 것은, 하느님은 세상 사람들의 눈에 하찮게 보이는 벤자민 지파, 그 중에서도 문벌이 낮은 자에서 왕을 뽑으셨고, 또 예수님은 레위 같이 죄인으로 멸시받는 자를 당신의 사도로 뽑으셨다는 것이다. 이것은 사도 바오로가 "하느님은 지혜 있고 힘있다는 자들을 부끄럽게 하려고 어리석고 약한 자를 뽑았다"(1고린 1,27)는 말씀에서 그 뜻을 잘 볼 수 있다. 또 하나 두드러진 것은 사울이나 레위 모두 하느님을 알기 전에 하느님이 이미 그들을 아시고 뽑으셨다는 것이다. 하느님은 그들과 언제나 함께 계셨다. 이와 같이 내가 하느님을 알기 전에 하느님은 나를 아시고 뽑으셨다. 그러면 그분은 언제나 나와 함께 계신다. 하지만 나는 아직 그분을 찾고 있다.

성령께서 저의 이 피정을 지도하여 주소서. 저의 마음을 밝혀 주시고, 저의 귀를 열어 주소서. 주님의 말씀을 받아들이고 그 말씀이 저 안에서 살과 피를 취할 수 있게끔, 저를 온전히 당신이 원하시는 대로 당신 손에 내맡길 수 있게 하소서. 지나친 욕심인지는 모르겠습니다만, 저 안에서 그리스도께서 커 가시고 저 자신은 아주 작아지면 좋겠습니다. 그리하여 드디어 저는 사라지고 그리스도께서 완전히 저를 차지하시면 좋겠습니다.

1월 17일 | 일

아침식사 후, 방으로 돌아오는 길에 층계에서 만난 지도신부님은 사무엘 상서(10,1-9)를 다시 읽어보라고 권했다.

하느님은 사울을 왕으로 선택하셨다. 사무엘이 사울에게 기름을 부어 축성하였고, 그리고 말씀하였다. 즉, '사울은 백성을 모든 원수로부터 지켜야 한다. 사울이 찾는 것은 이미 이루어졌다. 아버지가 걱정하는 것은 암나귀가 아니고 사울 자신이며, 아버지는 걱정한 나머지 "내 아들이 어찌 되었느냐?" 라고 거듭 말한다. 사울은 하느님의 성령에 사로잡혀 아주 다른 사람이 될 것이라고 하였는데, 이와 같이 사울이 행하자 하느님께서 사울의 속마음을 새롭게 하셨다. 그는 성령에 사로잡힌 몸이 되었다.' 하느님은 나도 사울과 비슷하게 뽑으셨다. 내가 축성된 목자로서 해야 할 일은 하느님의 백성을 원수(죄악)에서 지키는 일이며, 내가 이 뜻에 따라서 살면 내가 걱정하며 찾는 것은 주께서 나 모르는 사이에 다 이루어 주신다. 주께서 걱정하는 것은 바로 나이다. 그분은 나를 당신의 성령으로 새롭게 해주실 것이다.

이 피정을 시작할 때, 지도신부님은 '너, 어디 있느냐?'고 하였다. 하느님에 대한 나의 관계를 들은 것이다. 사실 이 관계는 올바르지 않았다. 나는 불충실했다. 만일 내가 먼저 하느님을 온전한 마음으로 사랑하고 그의 나라와 그의 의(義)를 찾았더라면 기타의 것은 다 이루어 주셨을 것이다(마태 6,33). 또한 "내일 일을 걱정하지 마라. 내일 걱정은 내일에 맡겨라. 하루의 괴로움은 그날에 겪는 것만으로 족하다." (마태 6,34) 때문에 예수님은 언제나 아버지의 뜻을 먼저 찾았고, 아버지의 뜻이 있는 곳에 그분은 언제나 계셨다.

"너, 어디 있느냐?"의 질문을 예수님이 받았다면(12세 때, 성전에서 학자들과 함께 있을 때, 그를 찾아 헤매다 만난 성모님과 같이 물었다면) 예수님은 항상 아버지의 뜻이 있는 곳에 내가 있다고 답하실 것이다.

오전엔 방안 공기가 너무 따뜻한 때문인지, 졸음기가 있고 기도하기에 좋지 않았다. 필립서(3,7-16)를 읽어보고 예수님을 안다는 것에 대해서 생각해 보았다. 이 '안다는 것'은 물론 지적(知的)으로 아는 것은 아니라 사

278

귐으로써 아는 것이다. 우정과 사랑에서 아는 것이다. 그런데 나는 예수님과 깊은 우정을 나누며 살아온 것 같지 않다. 물론 그분은 나를 사랑하셨고, 지금도 사랑하고 계시지만, 내가 깊이 느끼지 못한다.

성령이여, 제가 예수님을 알고 싶어하도록 저의 마음을 인도하여 주십시오. 그분만이 나의 전부라고 확신할 만큼 당신이 저의 마음을 흔들어 주십시오.

주님의 성령의 불길이 아쉽다.

예수님은 어딘가 계시겠지만, 아니 내 옆, 내 안에 계실 터인데….

점심을 먹고 산을 한바퀴 돌고 내려오는 길에 잠시 고독하다는 생각을 가졌다가 시편 139장을 떠올렸다. 그분의 현존이 만물 안에 계실 터이고, 나는 그분의 얼굴을 피하여 아무 데도 갈 수 없는데, 언제나 그분 안에서 숨쉬고 살고 있는데, 하느님은 왜 현존을 느끼지 못할 만큼 감추어 계실까? 오관 때문에 그분을 보는 마음의 눈이 더 어두워졌는가?

묵상 1 : 영신 수련의 목적은 사람이 아무런 사욕편정(邪慾偏情)도 없이 자기를 이기고 자기의 생활을 정리하기 위함이다.

묵상 2 : 영혼을 풍족케 하고 만족케 하는 것은 풍부한 지식이 아니라 사물의 내용을 깊이 깨닫고 맛보는 것이다.

묵상 3 : 피정하는 이는 자기의 창조주에 대하여 관대하고 아낌없는 마음으로 피정을 시작하는 동시에, 자기의 모든 욕망과 자유를 하느님께 맡겨 하느님께서 자기와, 자기가 지니고 있는 모든 것에 대하여 당신의 거룩한 뜻대로 하시도록 맡기는 것이 크게 유익하다.

저녁 7시 반부터 9시까지 처음으로 기도 속에 잠적하는 것을 체험했다. 3년 전, 한 달 피정 때 경험하고 처음인 것 같다. 주님께 진심으로 감사한다. 기도가 잘 되니, 그 다음에 바친 저녁기도의 시편 말씀들이 더 생생하게 살아나는 것 같다.

인도하소서, 부드러운 빛이여.
사방은 어두움에 잠기오니
그대 나를 인도하소서.
밤은 깊고 집까지는 길이 멉니다.
나를 인도하소서.
내 발을 지켜 주소서.
먼 경치를 보려고 구하는 것이 아니오니
한발치만 밝혀 주시면 족하나이다.

전에는 이렇지 않았습니다.
네 빛이 나를 인도해 달라고 기도한 적도 없었습니다.
나는 스스로 택하고 나의 길을 가기를 좋아하였습니다.
하지만 이젠 나를 인도하소서.

나는 화려한 날을 좋아했고
두려움에도 불구하고 나의 뜻은 교만에 차 있었습니다.
하지만 과거일랑 기억하지 말아 주소서.

당신의 힘이 나를 축복하여 주셨사오니
그 힘이 나를 아직도 인도하여 주시리다.

늪과 울타리를 넘고 개울과 자갈길을 넘어
밤이 가고 날이 밝을 때까지 나를 인도해 주시리다.
아침이 되면 그토록 보고자 하였건만 잠시 잊었던
저 천사들이 밝게 미소 지으리이다. (J. H. 뉴먼의 시)

1월 18일 | 월

오늘 읽은 성서(애가서와 에제키엘 16장)에서 하느님의 자비와 용서가 무한한 것임을 알 수 있다. 참으로 '죄가 많은 곳에 은총도 많다.' 그런데 나는 이렇게 큰 죄를 짓지 않았다는 것인지…. 나의 죄도 본질적으로는 같은데, 아직도 그 죄의 깊이를 깨닫지 못하고 있다. 때문에 하느님의 용서와 은총이 얼마나 많은지를 역시 깨닫지 못하고 있다. 이론적으로는 알지만, 영혼의 눈으로 보지 못한다.

오후에 기도하면서 성령께 다 맡기기로 하였다. "나도 언젠가는 죄의 깊이를 깨닫고, 따라서 은총의 깊이도 깨닫게 하여 주십시오" 라는 기도를 드렸다. 아직도 그 깨달음에 이르지 못하였다. 단지 느낌의 문제인가? 그렇지만은 않은 것 같다. 언제 이 깨달음의 은혜를 주실 것인지? 임종 때? 그 죽음의 고통과 어두움 속에서 주실런지?

주여, '새 인간'으로 다시 태어나는 은혜를 주소서. 오래 살고자 함이 아니옵니다. 육십 년을 살았는데, 길게 살지는 못할 줄 아옵니다. 하오나, 얼마를 더 살든지 새 인간으로, 당신의 아들로 진실되이 살고 싶습니다. 제가 당신으로부터 죄의 사함을 받았다는 기쁨, 당신의 그 한량없는 자비를 받은 기쁨, 그 기쁨에서 마음 끓을 수 있는 그 눈물의 은사를 주소서.

육필 신앙고백 | 281

저녁기도를 하면서 어제와 다른, 약간 힘든 기도 시간이었다고 느꼈다. 처음에는 "주님의 뜻이 있는 곳에 있다"는 말씀(묵주기도, 환희 5단 끝 묵상)에서 미로(迷路)에 침전할 것 같더니, 그렇게 되지 않았다.

하느님의 사랑에 사로잡힌 사람이 된다면 얼마나 좋을까?

사랑에 사로잡힌다. 곧 사랑의 포로가 되는 것이다. 그렇다면 투항해야 한다. 조건 없는 투항! 제네바협정 같은 것은 없다. 그 협정보다도 더 큰 약속이 있다. 하느님은 나를 사랑으로 다시 태어나게 하고, 당신의 아들 그리스도를 닮은 사람으로 만들어 그리스도와 같이 십자가를 지고 죽고, 그리스도와 같이 부활하는 것이다. 십자가를 지고 죽는 것이 문제이다. 하지만 조건 없는 투항일 때에는 이것을 받아들여야 한다.

잠시 이것과 연결되어 종신서원의 의미에 대한 생각들이 잡념 속에 흘러 왔다. 그런 다음에는 좀처럼 기도가 잘 안 되고 시간이 지루하게 느껴졌다. 자세를 몇 번이나 고쳤다. 기도의 의미에 대한 생각이 다시 잡념처럼 일어났다. 문득 기도에서는 그 어느 것도 구하는 것이 아니라는 말이 떠올랐다.

그렇다면 왜 기도하는가? 기도에서 직접 위로와 빛 등을 얻지 못하는 경우가 많다. 기도는 시간 낭비처럼 생각될 만큼 무미건조할 때가 많다. 그러나 기도를 오래 궐(闕)한 생활과 무미건조한 것 같은 기도이지만 줄곧 행한 생활과의 차이는 분명히 있다. 전자의 경우에는 마음이 메말라진다. 후자의 경우에는 마음이 젖어 있다. 확실히 기도는 비록 얻는 것이 없어 보여도 믿음의 삶의 힘이다. 마음이 넓어지고 사랑의 힘이 생긴다. 하느님은 무언중에 기도를 통하여 당신을 열어 주시는가 보다.

영국의 누군가가 하느님을 '사냥개'에 비유했다.

무엄하게도 사냥개라니? 하지만 오늘 읽은 애가서 3장에서는 하느님을 '곰, 사자'로도 비유하지 않았던가? 아무튼 '사냥개'는 의미심장하다. 사냥개는 반드시 쫓는 동물을 찾아낸다. 아무리 도망쳐도 사냥개에 걸리면 도망칠 가망은 없다. 이처럼 내가 아무리 도망친다 해도 그분은 나를 기어이 잡고 말 것이다. 이것은 하느님의 '사랑의 충만'의 기막힌 표현이다.

다시 기도의 의미에 대해 생각했다.

이런 기도를 하느님이 원하시는 것일까? 그러면서 당장에는 아무 것도 느끼는 것이 없지만 꾸준히 할 때 얻는 마음의 젖음, 살찌움, 풍요가 분명 있다는 것을 다시 깨달았다. 성령세미나 같은 데와 같이 무언가 감동, 기쁨을 주는 기도도 좋은 점이 없지 않지만, 위험도 크다. 사람들은 항상 무언가 느끼고 체험하기를 원하게 되고, 그런 것 없이 무미건조한 기도는 하지 않게 될 위험이 있다. 그러면 하느님은 당신의 깊은 신비를 마음속 깊이 전달할 수 없게 된다.

오늘날 한국의 그리스도 교인들이(가톨릭이든 프로테스탄트이든) 당장의 위로가 없더라도 묵묵히 하느님 앞에 나와 있는 기도, 무미건조해도 꾸준히 이어가는 기도를 할 수 있다면, 신앙생활이 좀더 깊어지지 않겠는가? 교회 또한 내실화 되지 않겠는가?

미사중에 아주 고약한 냄새가 났다. 내 충치에서인가 했는데 그것은 아닌 것 같다. 옆 사람에서였는지, 아니면 외부에서였는지 알 수 없으나, 아무튼 역겨운 것이었다. 하마터면 구토증이 날 정도였다.

문득 사람한테서 이런 냄새가 난다면 그 사람을 사랑할 수 있을까 하는 생각이 들었다. 사랑하는 사이라도 이런 냄새가 계속 나면 옆에 가기도 싫어질 것이고, 나중에는 사람조차 싫어져서 사랑 자체가 사라지지 않겠는가? 내외간의 사랑은 지속(?)되겠지만, 결코 유쾌하지는 않을 것

육필 신앙고백 | 283

이다. 그렇다면 도대체 인간의 사랑이란 얼마나 부서지고 무너지기 쉬운 것인가? 몸에서 나는 냄새도 고약할 때(그것이 그 사람의 인물됨과 관계없어도) 이렇게 사랑하기 힘들다면, 인간의 사랑이란 대체 무엇인가?

내가 이런 냄새를 풍기지 않으리라는 보장은 없다. 몸이 병들면 썩는 부분이 있고, 그럼 냄새도 나기 마련이고…. 우리 영혼은 죄로 썩고 악취가 말할 수 없는 형편이기 쉬울 것이다. 그런데 하느님은 이 모든 것을 참고 받아 주신다. 하느님 사랑의 성실성은 참으로 놀랍다.

나야말로 사제 성소를 택한 사람이 아니다. "너희가 나를 택한 것이 아니라 내가 너희를 택하였다"는 예수님의 말씀이 내게는 그대로 적중되는 것 같다.

내가 본시 원한 것은 그야말로 범부의 인생이었다. 초가삼간이라도 내 것으로 지니고 처자식과 함께 따뜻하게 사는 것을 원했다. 그래서인지 신부가 되고서도 기차나 자동차 여행길에 저녁 때 연기가 오르는 마을을 지나가면 그 중 어느 집이 내 집이었다면 얼마나 좋을까 하는 생각을 자주 가졌다.

그런데 나의 길은 이것과 아주 다른 인생길이 되고 말았다. 초가삼간도, 원하는 아내도 자식도 없다. 그 때문인지, 부르심에 1백 퍼센트 "네!" 한 것 같지 않다. 또한 그 때문에 마음의 방황도 많았다. 이제 나이 육십이 되어 그런 희망도 없지만, 참으로 1백 퍼센트 "네!" 하고 답해야겠다고 생각한다. 정말 늦게 드리는 답이다. 이렇게까지 늦은 부르심에 1백 퍼센트 "네!" 해야겠다고 마음먹는 사람이 있을까? 참으로 주님은 오래 참아 주는 분인 것 같다.

그럼 이제부터라도 1백 퍼센트 "네!" 라는 답이 죽기까지 지켜질까? 물론 내 힘만으로는 안 될 것이다. 지금까지 불충실한 데도 꾸준히 지켜 주고 보호해 주신 것처럼 그분이 해주셔야 가능할 것이다. 예전에도 간혹 1백 퍼센트 "네!" 하고 싶다는 생각은 가졌고 표명도 했지만, 또다시 떨어졌으니, 마음 구석에는 유보한 무엇이 있었던 모양이다.

1월 19일 | 화

이제부터는 '현재'를 더 소중하게 여기고 살자. 과거는 이미 돌이킬 수 없이 지났고 미래는 내 것이 아니다. 내 것은 현재뿐이다.

그 동안 나의 기도는 메마른 것이었다. 이유는 너무나 자기중심적이었다. 먼저 하느님을 찬미하고 이웃 형제를 기도중에 생각하라. 남을 위한 기도, 가난한 이와 고통받는 이를 위한 기도가 있어야 한다. 그리스도의 마음은 형제들을 위해 찌들었고 형제들을 위해 못 박혔다. 나도 이와 닮고자 할 때에 기도가 잘 될 것이다.

가난한 이들, 병자들, 옥에 갇힌 이들을 방문하면 마음속에 그들의 고통이 와 닿는다. 그럼으로써 무딘 마음도 부드러워진다. 이들과 가까워지면 그만큼 예수님과 가까워진다. 예수님과 이들은 하나이기 때문이다. 이기주의적으로 자신의 위로와 빛을 구하기만 하는 기도는 좋은 성과를 내기 힘들다. 그것은 또 하느님을 찾지 않고 자기 이익만을 찾는다.

우리 아버지는 참으로 좋으신 분이다. 우리의 과거를 묻지 않고, 내가 당신에게 돌아온 것만을 기뻐하시며 살찐 송아지로 잔치를 벌려 주신다(루가 15,11-32). 나는 오늘 이 아버지의 품에 안겨 어린이같이 마음 푹 놓고 쉬자. 아버지께는 돈 없이도 얼마든지 먹고 마실 음식이 있다(이사 55,1-3 참조).

오후 기도에서, 먼저 성령께서 기도를 인도해 주시도록 빌었다. 로마

육필 신앙고백 | 285

서의 말씀대로 어떻게 기도하면 좋을지 모르는 우리를 위해서 기도해
주시는 분이 성령이시니….

모든 신부님들이 그리스도를 더 알고 사랑하고 따르는 사제 되게 하여 주십
시오. 하긴 당신이 더 걱정하시는 일이겠습니다. 그래서 어떤 형식의 피정을
하든지, 모두가 피정을 통해서 깊이 예수님을 닮을 수 있도록 해주십시오.
수도자들 역시 지금 피정을 함께 하는 분이든지 아니든지, 모두 예수님을 더
알고 사랑하고 따르는 수도자 되게 하여 주십시오. 그래서 그들이 수도 가족
으로 믿음과 사랑의 공동체를 이루어, 주께서 우리 안에 부활하여 현존해 계
심을 증거하는 사람들이 되도록 도와주십시오.
우리 교구의 모든 신자들이 믿음과 사랑 속에 하나 될 수 있을 만큼 신앙이
깊어지도록, 서로간에 모든 차별을 넘어서 형제적 사랑으로 나눌 줄 알게 되
도록 해주십시오. 이것을 위해서 교구장인 제가 참으로 주님처럼 저 자신을
제물로 바쳐야 한다면 바칠 수 있는 마음가짐을 주십시오.
그리고 가난한 이, 고통받는 이, 병고에 신음하는 이, 불의, 부정, 억압 때문에
고통받고 있는 이들, 이 추운 겨울에 집이 없는 사람, 굶주리는 사람, 감옥에
갇힌 사람 등 그 모두를 위해서 기도 드립니다.
북한의 공산압제 하에 고통받고 있는 동포들을 위해서, 아시아 여러 지역, 티
모르 같은 곳에서 학살당하고 있는 원주민을 위해, 월남 피난민, 캄보디아 사
람들, 폴란드 사람들, 과테말라, 엘살바도르, 그밖에 중남미에서 좌우익간에
벌이는 살상, 그 가운데 무고한 희생자들을 위해서도 기도 드립니다. 도대체
그곳의 근본 원인은 우익독재에 있고, 그들이 다 명색은 가톨릭이니….
주여, 당신이 다 아시지 않습니까? 우익이 죽고, 좌익 게릴라가 죽는 데는 이
유가 있지만, 그들 사이에서 무고하게 죽음을 당하는 사람들은 무슨 이유에

서입니까?

그 외에 당신만이 아는 불행한 모든 이, 버림받은 모든 이, 당신이 그들과 일체화시키는 그 모든 이를 위해 기도 드리오며, 저도 당신을 본받아 그들과 일체화시킬 수 있게 하소서. 당신과 함께 당신처럼 고난을 당하고, 죽음을 겪을 수 있게 하소서.

이제 제가 말씀 드리고 싶은 것은 다 말씀 드린 것 같습니다. 참, 이 시간 외로이 임종하는 이를 위해서…. 하긴 그들 곁에는 당신이 계셔 주시겠지요. 그렇더라도 본인들이 이를 깨닫지 못하고 외로움 속에 버려져 있다면, 주여, 그들을 도와주소서.

이제 당신 차례입니다. 제 상상으로서가 아니고 당신의 말씀으로서, 당신이 무엇을 특별히 제게 원하시는지 말씀해 주십시오. 주님이 주시는 것인지 아닌지 모르지만, 몇 사람의 얼굴이 떠오릅니다. 내가 평소 형제로서 대하기 힘든 사람들…. 그래요. 그들에게 제가 무언가 해야지요. 그들을 위해 기도라도…. 하지만 당신도 해주셔야 하지 않습니까? "나는 하고 있다. 네가 해야 할 일이나 그들을 위해 해라!" 라고 하시는 것 같습니다.

그리스도를 더 알고, 더 사랑하고 더 따르는 길은 무엇인가? 성경을 통해서인가, 기도를 통해서인가, 아니면 현실 속의 인간관계를 통해서인가? 셋 다 필요하다. 그런데 특히 셋째 것이 내게 필요한 것 같다.

일상생활에서 형제들을 더 알고, 더 사랑하고, 더 봉사하는 것, 그 중에서도 내가 평소 형제로 대하기 힘든 이들에게, 또는 가난한 이, 버림받은 이들에게 더 사랑으로 봉사하는 것이 그리스도를 더 알고 사랑하고 따르는 길인 것 같다. 그리스도는 그들 안에 현존해 계신다. 특히 내가 마음으로 '버리다시피'(?)한 사람들과 일체가 되어 계실 것이다. 버리다시

피 하다? 그럴 정도는 아니겠지만, 왜 그들과 대하기가 힘든가?

다음은 당신 차례입니다. 무언가 말씀하십시오.

'네가 계속 말하니까 내가 말할 여지가 있느냐? 내적 침묵을 배워라!'

내적 침묵! 15~20분 가량 내적 침묵을 시도해 보았다. 기도 속에 잠적해 들어가는 것 같은 느낌이다. 내적 침묵, 이것이 중요하다. 하느님은 본질적으로 침묵이신가 보다. 그래서 침묵 속에서만 당신을 깊이 풍성히 주시는 것 같다.

오늘밤에는 기도의 과제에 대해서 루가복음에 나오는 '탕자의 비유'에 대해 생각해 본다. 하느님은 너무나 자비롭다. 아무런 탓도 안 하시고, 방탕에서 돌아온 자식이 살아서 돌아왔다는 사실 하나로만 반가워 잔치를 베푼다.

나는 큰아들과 같다. 도저히 그런 형제를 용서하지 못한다. 교회공동체 안에 그런 사람이 있을 때 용서할 수 있을까? 없을 것이다. 그런데 나 자신이 그 탕아라면…. 나도 교회공동체로부터 용서받으리라는 기대는 하지 않을 것이다. 또 추방은 당연하다고 생각할 것이다. 그러면서도 누군가 용서하고 받아주기를 갈망할 것이다. 그분은 하느님뿐이다.

나와 탕자를 동일시하기란 힘들지 모르겠다.

그럼 나는 루가복음(18,9-14)에 나오는 바리사이와 비슷하다. 그는 스스로 의롭다고 생각하는 자이다. 그런데 나는 "내 죄 내가 알고 있사오며 내 잘못 항상 눈앞에 아른거립니다"(시편 51,3) 라고 말할 수밖에 없지 않는가? 그럼에도 탕자와 나를 동일시하지 못한다면 나는 근본적으로 탕자보다 더 죄에 젖어 있다. 결론적으로 "나는 죄인입니다. 죄에 푹 젖어 있어서 죄인인 줄조차 모릅니다" 라고 해야 한다. 하지만 말뿐이 아니고 깊이 속에서 느낌으로 우러나야 하는데 그것이 아직 안 된다. 이것을 모르면 하느님의 자비와 은총의 깊이를 아직 잘 모르는 것이다.

하느님은 침묵! 내적 침묵의 기도를 더욱 배우자. '하느님만이 참으로 존재이시다. 참존재만이 마음을 채워 줄 수 있다. 그것은 하느님뿐이다. 다른 것은 다 지나가는 것이다' 라는 것을 침묵 속에서 느꼈다. 침묵의 기도 중 만남이 있을 것 같다. 다 맡겨 드리자.

바닷가의 파도는 힘차게 밀려와서 바닷가의 모든 것을 쓸어 간다. 깨끗이 씻어 준다. 이와 같이 하해(河海) 같은 하느님의 사랑의 파도도 모든 죄를 씻어 간다. 누군가가 '하느님의 사랑의 바다 속에 죄가 익사했다'고 했다.

침묵 속의 기도의 깊이는 어딘가? 끝없을 것 같다. 누군가, 기도는 인간이 할 수 있는 '마지막 말'이라 했다. 침묵의 기도가 그런 것 같다. 왜냐하면, 그 기도의 끝은 하느님 속에 용해되는 것이기 때문이다.

1월 20일 | 수

나의 죄를 생각해 본다.

나는 육십 평생을 살아오면서 하느님의 부르심과 뜻에 'Yes'보다는 'No'를 더 하며 살아왔다. 'No'는 하느님을 결과적으로 거부한 것이 아닌가? 생명과 사랑의 원천인 그분을 거부하면, 나에게 남는 것은 죽음이다. 사랑이 없는 곳, 지옥밖에 남는 것이 무엇이냐?

오늘날 세상은 죄로 가득 차 있다. 얼마나 많은 불행이 이 죄로 말미암아서인가? 살인, 무고한 죽음, 학살, 압박, 고문, 거짓, 허위, 간계, 모략, 간음, 강간, 미색, 질투, 미움, 다툼…. 이런 것으로 말미암아 세상은 얼마나 비인간화되어 가고 있는가? 이런 세상 속에서 나는 어디에 있느

육필 신앙고백 | 289

냐? 나는 죄인이냐, 아니냐?

주여, 어떻게 하면 좋겠습니까? 죄인이면서 죄의 무거움을, 죄의 부끄러움을 마음으로부터 깨닫지 못하고 있으니 어찌하면 좋습니까? 저는 암만 해도 제 안에 바리사이즘이 너무 깊이 뿌리를 내리고 있는 것 같습니다.

바리사이들은 당신의 기쁜 소식을 듣고도 듣지 못하였고, 당신이 행하시는 기적을 보고도 놀라움도 감동도 받지 못하였습니다. 오히려 당신을 무고(誣告)하고 제거할 구실을 찾았습니다. 안식일에 병자를 고쳤다고…. 바리사이들은 결코 악인들이 아니었습니다. 오히려 율법을 잘 지키고 종교에 경건한 사람들이었습니다. 그들은 성서도 잘 알고, 지식도 많았습니다. 그들은 그 시대에 존경받는 사람들이었습니다.

저도 그렇습니다. 존경받는 존재입니다. 성서도 제법 알고 신학 지식도 제법 있습니다. 저는 이른바 종교 지도자입니다. 주교이요 추기경입니다. 그런데 바로 그 때문인지 죄인이요 '내 죄를 잘 알면서' 죄의식이 거의 없습니다. 그러면 회개가 제 안에 일어나지 않고, 당신의 구원의 은총을 받을 수 없지요.

어떻게 해서든지 죄인으로서 죄의식을 갖고 뉘우치고 회개해야만 구원을 받는다. 루가복음에 나오는 세리와 같이, 성전에서 "주여, 저는 죄인이오니 불쌍히 여기소서"라고 진심으로 뉘우치고 죄의 용서를 빌어야 한다. 그래야만 아버지의 용서를 받는다.

복음을 보면, 구원의 은혜를 입은 사람들은 이같이 자기 죄를 알고 뉘우치고 회개한 사람들이다. 세리가 그렇고, 일곱 마귀가 들었던 막달레나 여자 마리아, 간음한 여인이 그렇다. 사도 베드로도 "주여, 죄인이오니 저에게서 떠나 주소서"할 만큼 예수님 앞에서 자기가 죄인임을 고백했다. 그리고 후에 배반한 뒤 뉘우치며 통절히 울었다. 그런데 나는? 하느님 현존 앞에 나의 죄와 나를 속속들이 아시는 그분 현존 앞에 나는?

주여, 변명할 여지가 없습니다.
비옵나니, 제 마음속에 통회의 눈물을 주소서.

사랑의 결핍?
그런 것 같다. 그리스도께 대한 사랑이 없는 것 같다. 내가 그분을 사랑한다면 이렇게까지 무기력할 수는 없을 것이다. 왜 이렇게 사랑이 없는가? 그분이 나를 얼마나 사랑하고 계시는지를 깨닫지 못해서가 아닌가? 우선 내가 받은 은혜만도 얼마인가? '나'라는 존재, 지금 이 시간 숨을 쉬는 것 등 어느 것이든 내 힘으로 된 것이 없다. 전부 얻은 것이다.

하느님, 사실 당신의 사랑은 너무 커서 우리가 깨닫지 못하는 것입니다. 사랑속에 잠겨 있다는 것이 사실일 것입니다. 왜냐하면, 그 사랑에 틈이라도 났다면 거기서 오는 고통, 당신이 사랑의 손길을 거두심으로 인하여 일어날 고통을 누가 감당할 수 있겠습니까? 적어도 저는 그 사랑 부재의 고통을 도저히이겨낼 수 없을 것입니다. 그만큼 저는 당신 사랑 속에 젖어 살고 있는 것입니다. 어쩌면 그 때문에 너무나 큰사랑이기에, 마치 빛이 너무 강하면 눈이부셔서 도리어 그 빛을 못 보듯이, 당신의 사랑도 너무나 커서 제가 느끼지못하는 것일 것입니다.

주여, 이제부터는 죄를 범하지 않고, 당신이 십자가에 죽기까지 저를 사랑하신 것과 같이, 저도 죽기까지 당신을 사랑하고 싶습니다. 주여, 이 답은 제발저의 마음속 깊이에서 우러나오는 답이 되게 하소서. 지금 저에게는 통회의

육필 신앙고백 | 291

눈물이 흐르지 않습니다.

십자가 아래 서 계신 성모 어머니, 저를 도와주십시오. 어머니께서 예리한 칼날에 찔리듯 아파하심…. 성모 어머니, 그것을 깨닫게 하여 주소서. 그래서 세상의 죄뿐 아니라 저의 죄 때문에도 당신 아드님이 죽으셨음을 제가 깊이 깨닫고 그 깨달음이 저의 마음속 깊이에 새겨져 있게 하소서. 아마도 당신 아드님의 그 십자가의 선혈 때문에 당신 가슴속에서도 흘렸을, 그 아픔의 선혈이 저의 가슴속에도 흐르게 하소서.

누구보다도 그리스도여. 당신이 죽으셨음은 우리들 때문이 아닙니까? 그런데 왜 그 아픔을 저에게는 느끼지 못하게 하시는 겁니까? 주신다 해도 제가 감당할 수 없겠지요. 하지만 당신의 죽으심이 저의 죄 때문임을 깊이 깨닫게 하여 주소서. 다시 저의 죄를 알고 뉘우치도록 도와주소서. 할 수 있다면 참으로 슬피 울게 하소서.

하느님의 선하심과 나의 추함! 이것은 너무나 거리가 먼 이야기라서 말도 안 된다. 나는 주변의 사람들에게 봉사하기 위해 세워졌는데도 오히려 봉사를 받고 있다. 거의 모든 이가 나를 사랑으로 돌보아 주고 있다. 그런데 나는 이들을 위해 무엇을 하고 있는가? 기도나 제대로 한 일이 있는가? 그럼에도 아직도 참아 주시는 하느님께 감사할 뿐이다.

하느님께서 나에게 얼마나 선하신지, 나의 죄에도 불구하고 얼마나 큰 사랑으로 아직도 나를 살려 두고 받아 주고 은혜를 베푸는지, 내가 참으로 깊이 깨닫는다면 얼마나 다행이랴. 내적 침묵의 기도는 분명히 그분이 주시는 은혜이다. 임의로 되는 것은 아닌 성싶다. 침묵 속에 빠져들어 갈 때에는 현실에서의 도피가 아닌가(자기 기만에 걸려드는 것은 아닌가) 하는 두려움도 있었다.

성령이여, 저로 하여금 자기 기만이나 환상에 빠지지 않고 침묵 속에 기도할 수 있게 하소서. 저를 이 시대, 이 땅에 목자로 세우셨으니, 저로 하여금 그리스도의 사랑으로 모든 이를 위해 사는 자 되게 하소서.

특히 불행한 이를 위해 사는 자 되게 하소서. 오늘 저녁에는 옥에 갇힌 이들, 이태복과 함께 갇힌 학생, 근로자들, 김대중씨와 함께 같은 사건에 걸려 옥고를 치르는 이들과 '광주 사건' 때문에 아직도 옥중에 있는 이들 및 가족들을 위해서 사는 자 되게 하소서. 그리고 앞의 분들이 불의하게 옥고를 치르고 있는 것 같으니, 위정자들의 마음이 부드러워지고 잘못을 깨닫게 하소서.

또 이북의 교우를 위해서. 내가 이 모든 이의 목자로서, 주여, 무언가를 할 수 있게 하여 주소서. 저로서 더 할 수 있는 것이 없다면, 주여, 저로 하여금 병고로서도 당신의 사랑을 살 수 있게 하소서!

1월 21일 │ 목

죽음의 시간이 온다면 나는 어떻게 맞이하며 주님께 무엇을 구할 것인가? 60년을 살았으니, 이젠 죽음을 더 가까이 대면하며 살아가야 한다고 생각은 하고 있으나 죽음 앞에 두려움을 느낄 것은 분명하다. 아무쪼록 이 두려움이 크지 않기를 바라며 마음의 평화를 잃지 않는 은혜를 주시도록 기도하고 싶다.

내가 지금 죽는다면, 나의 전 생애를 다시 뉘우치고 싶을 것이다. 이 때는 진정으로 뉘우치고 싶은 것이다. 60년의 삶, 그 중에서도 후회스러운 일들과 죄가 내 마음을 짓누를지 모르겠다. 분명 그럴 것이다. 그저 하느님의 자비와 용서를 빌 뿐이다.

하느님의 자비는 하해와 같다. 그것만이 나의 위로요 힘이 될 것이다.

십자가 고상이 있으면 이를 꼭 붙잡고 주님의 용서를 청하고, 임종의 고통을 참아 내는 힘을 주십사 하고 청할 것이다. 성모님과 모든 성인들과 호수천사의 전구(轉求)를, 임종자의 주보(主保)이신 성 요셉의 전구를 구할 것이다.

만약 유언의 시간이 있다면, 먼저 형제들의 용서를 청할 것이다. 특히 나로 말미암아 마음 상한 이들, 알게 모르게 영육간의 손해를 입힌 모든 이의 용서를 구할 것이다.

무엇보다도 나의 죽음이 그리스도의 죽음과 일치되도록 그리스도의 수난과 죽음에 동참하게 되었으면 하고 바랄 것이다. 그리스도께서 온 세상 모든 이를 위해 당신 생명을 아버지 손에 바쳤듯이, 나도 그렇게 나의 생명을 바칠 수 있기를 간절히 바란다. 언제 죽든, 이렇게 죽기를 바란다. "아버지, 아버지의 뜻이 이루어지소서", 그리고 "아버지, 당신 성자와 함께 당신 손에 저의 영혼을 맡기나이다" 하며 눈을 감고 싶다.

이제부터는 '너희와 모든 이를 위하여' 라는 모토 그대로 모든 이를 위해 그리스도와 함께 바친 몸이 되도록 살자. 특히 주께서 성체성사 안에서 "너희와 모든 이를 위하여" 하며 당신의 살과 피를 내주었듯이 나도 나를 내줄 수 있도록 하자.

1월 22일 | 금

"60세의 인간 '김수환'은 죽었다. 세상은 그를 높이 평가할지 모르지만, 하느님은 그가 얼마나 약하고 죄 많고 이기적이고 허영스럽고, 겸손한 체하면서 실은 교만한 지를 잘 아신다. 그는 참으로 질그릇같이 깨어지기 쉬운 인간이다. 그는 죽었다! 거듭나기 위해서! 그를 위해 수난하

시고 죽으시고 부활하신 예수 그리스도와 다시 나기 위해 '묵은 인간 김
수환'은 죽어야 한다."   — 1982년 1월 22일 수원 '말씀의 집'에서

　오늘이 때마침 주께서 수난하시고 죽으신 금요일이다. 점심 먹고 산에
가서 '묵은 인간 김수환'을 주님 안에 죽고 묻고 오는 뜻으로, 이 글을 적
은 종이를 태웠다.

　잠시 그리스도의 수난에 대해 묵상해 본다. 소크라테스는 철인(哲人)답
게 당당하고 떳떳하게 죽음을 맞이했다. 양심에 꺼리는 것이 없어서도
그랬을 것이다. 우리 순교자들 중에도 많은 이가 죽음 앞에서 오히려 희
열마저 나타내면서 형장으로 갔다. 죽음보다 그 뒤에 맞이할 영생을 믿
었기 때문일 것이다.

　나도 비록 살인강도 사형수였지만 신앙을 지니고, 특히 부활의 믿음
속에서 아무런 두려움 없이 교수대에 오른 사람을 안다. 최월갑! 그날,
그는 교수대가 부러지는 바람에 묶인 채 바닥에 떨어졌고, 그가 보는 앞
에서 교수대가 수리되고 다시 또 죽음의 교수대 위에 올라서야 했다. 두
번 교수를 당한 것이다. 그럼에도 그는 시종 마음의 평온을 잃지 않았다.
옆에서 보는 이로 하여금 오히려 죄송한 감을 금치 못하게 했고, 그런 우
리를 그는 위로까지 했다. 부활의 믿음 속에 죽으니 안심해 달라고….

　이렇게 세상에는 신앙, 신념 때문에 죽음 앞에 태연자약한 사람들이
적지 않았다. 그런데 예수는 그렇지 않았다. "이제 때가 되었으니, 자!
일어나 가자"라고 할만큼 수난 앞에 태연히 기도했고, 그 모습은 장엄하
기조차 하다. 그러면서 마지막 만찬 때 또는 올리브 동산(게쎄마니 동산)에
서는 죽기까지 괴롭다고 하였다. 루가에 의하면, 피땀이 땅을 적셨다고
까지 하였다. 뿐더러 "아버지, 아버지께서는 하시고자 하시면 이 잔을 멀

육필 신앙고백 | 295

리 할 수 있습니다" "아버지, 제가 이 잔을 꼭 마셔야 아버지의 뜻이 이루어지는 것입니까?"라고 슬피 통곡하며 기도하였다.

'그러나 제 뜻대로 마시고 아버지의 뜻대로 하소서.'

예수는 왜 이렇게까지 괴로워했던가? 죽음의 고통 자체 때문인가? 죽음 앞에 겪을 수난 때문인가? 한 인간으로서 충분히 그럴 수 있다. 예수는 우리와 똑같은 약한 인성을 취하셨다. 약한 인성의 인간으로서 죽음과 수난 앞에 두렵지 않고 괴롭지 않은 자가 누가 있겠는가? 그러나 예수에게는 우리가 말하는 신앙 이상의 것이 있지 않았는가? 그런데도 어떻게 그렇게까지 괴로워했어야 했는가?

그 고통은 예수가 져야 할 죄의 무게 때문이다. 내가 만일 평생의 죄의 무게를 그대로 지닌 채 죽음 앞에, 하느님의 심판 앞에 섰다고 하자. 어떻겠는가? 하느님이 내 죄를 당신의 자비로 용서하여 주신다는 것을 믿지 못한다든지, 또는 하느님으로부터 버림받았다고 생각할 때, 그것은 참으로 처참하지 않겠는가? 바로 지옥의 고통이 아니겠는가?

그렇다! 예수는 우리들 하나하나가 겪어야 할 이 고통을 혼자서 하느님 앞에서 그분이 버리신 가운데 겪어야 했다. 우리 중의 누가 우리 나라 또는 서울 시민이 범하는 모든 죄, 불의, 부정, 살인, 강도 등 이루 말할 수 없이 비인간적이고 비양심적인 모든 죄를 하느님 앞에서 홀로 심판을 받고 져야 한다면, 그는 죽음과 수난 앞에서 어떻겠는가? 더구나 하느님으로부터 버림받은 자와 같이 져야 한다면?

예수는 실로 아담으로부터 시작하여 세상 마칠 때까지의 모든 인간의 죄를 하느님 앞에서 홀로 져야 했다. 그것도 아버지로부터 '버림받은 자'되어서….

예수는 마음이 산란하고 어둡고 죽기까지 괴로워할 수밖에 없었다. 수난에서 겪은 모욕, 편태(鞭笞), 가시관, 십자가에 못 박힘 등 모든 고통은 게쎄마니 동산에서 죄를 지고 아버지 앞에 홀로 꿇어 있을 때에 이미 있었다. 예수는 모든 인간의 형제로서, 이 고난의 잔을 마셨다. 모든 인간, 그 중에서도 강도의 형제, 창녀의 형제, 비열한 인간, 야수 같은 인간의 형제, 악마 같은 인간의 형제로서, 이들 모두의 맏형으로, 그리고 이들 모두의 죄를 지신 분이다.

참으로 "세상의 죄를 없이 하시는 어린 양"이신 분이다. 그래서 이사야는 "무리가 그를 보고 기막혀 했었지, 그의 몰골은 망가져 사람이라고 할 수가 없었고 인간의 모습은 찾아볼 수가 없었다"(이사 52,14)고 하지 않았던가.

"보라, 이 사람을!" 빌라도는 말했다. 그는 아마 "보아라. 너희가 꼭 죽여야겠다는 자, 유다인의 왕이라는 자의 꼴이 얼마나 가련하냐. 이렇게 처참한데도 꼭 죽여야겠다는 것이냐?"는 뜻으로 말했을 것이다. 그러나 우리는 빌라도의 의도야 어떠했든, 진실로 인간 중에서도 가장 인간다운 분의 모습을 볼 수 있다.

누가 이렇게까지 모든 인간을 사랑한 나머지, 그 모든 인간의 죄를 대신 진 이를 예수 외에 또 볼 수 있는가? 이분이야말로 모든 인간의 상처, 미움, 질투, 시기, 간교, 불의, 부정으로 말미암은 상처와 비애를 치유하고 있지 않느냐? 참으로 당신의 상처로 우리 상처를 고쳐 주는 분이다.

1월 23일 │ 토

"스테파노야! 너는 여기 있는 사람들보다 더 나를 사랑하느냐?"
"스테파노야, 너는 나를 사랑하느냐?"

육필 신앙고백 │ 297

주님, 제가 다른 이들보다도 주님을 더 사랑한다고 감히 말씀드릴 수 없사오나, 더 사랑하고 싶습니다. 한국에서는 제일 큰 목자로서 주께서 저를 세우셨으니 제가 응당 누구보다도 주님을 더 사랑하는 자이어야 합니다.

그런데 저는 주께서 아시다시피 주님을 사랑해 오지 않았습니다. 너무나 불충실하였습니다. 주여, 저는 주님을 참으로 사랑하고 싶습니다. 모든 이 위에, 모든 것 위에 사랑하고 싶습니다. 사랑하겠습니다. 약속드립니다. 굳게 다짐합니다. 주여, 저의 마음의 약함을 도와주소서. 당신 성령으로 당신의 사랑을 제 마음속에 가득히 부어 주소서.

근본 문제는 무엇인가? 그리스도께서 내게 본질적으로 요구하시는 것은 무엇인가? 지식이 아니다. 업적도 아니다. 훌륭한 강론, 자선사업, 사회사업, 복지사업, 인권운동, 해방운동도 아니다. 다 좋은 일이겠으나 사랑이 없으면 소용없다. 본질적인 것은 사랑이다. 주님을 사랑하는 것, 마음을 다하고 뜻을 다하고 힘을 다하여 사랑하는 것이다.

주님은 나를 당신 자신처럼 사랑하신다. 주님은 나를 당신의 몸과 같이 생각하신다. 그러기에 나를 위해 당신을 바치셨다. 주님은 조건 없이 나를 사랑하신다. 전적으로 용서하시고 전적으로 사랑하신다.

그런데 나는? 이 사랑을 아직 깊이 느끼지 못하고 있다. 이것이 근본 문제이다. 내가 그분의 사랑을 깊이 깨닫는다면, 나를 얼마나 아끼시는지, 얼마나 돌보아 주시는지, 내 잘못을 얼마나 자비로이 용서하여 주시는지를 깊이 깨닫는다면, 나의 이 둔한 마음도 그 사랑에 감동되리라. 이 돌같이 굳은 마음도 살같이 부드러운 마음으로 변화되리라.

많은 용서를 받는 사람이 많이 사랑한다. 사실 나는 많은 용서를 받았다. 주님을 사랑하자. 이것이 나의 생명이다. 나의 인간으로서의 사명, 신자로서의 사명, 주교로서의 사명, 이 모든 것이 주님을 사랑함으로써 완수된다. 그리고 주님과 함께 죽고 함께 부활하여 산다.

1월 24일 | 일

오늘 피정을 마치면서 미사주례로서 강론을 해야 했는데, 괜히 눈물을 보였다. 베드로와 같이 눈물의 은사를 바랬지만 또 내 죄를 뉘우치는 눈물을 통절히 흘리고 싶었지만 그것에 미치지 못하는 것이었다. 왜 울었는가? 미사 전부터 그렇게 되지 말기를 바랬는데도 말을 잇지 못할 정도가 두 번 있었다. 피정하는 이들 중 어떤 이는 따라서 울기도 했지만, 좀 쑥스럽고 부끄럽기조차 했다.

집에 돌아와 저녁기도를 했다. 과거 경험으로 보아서 어려움이 적지 않을 줄 알지만, 주님께 도움을 구하면서 성령의 인도에 따라 천천히 그리고 조용히 나가고 싶다. 소망하는 것은 하느님의 사랑을 깊이 깨닫고, 나도 그 하해 같은 사랑 속에 사는 사람, 형제들을 참으로 마음으로부터 사랑할 줄 아는 사람이 되고 싶다.

※ '총고해'는 고해성사의 하나. 고해성사는 지은 죄에 대해 하느님의 용서를 받는 성사이며, 총고해는 일생 동안 지은 죄를 한꺼번에 반복하여 고백하고 용서받는 것을 말한다.

육필 신앙고백 | 299

이 책을 읽는 이들에게

일 년 전, 김수환 추기경이 서울대교구장에서 물러나시고 서울 혜화동에 있는 가톨릭대학 구내 주교관으로 이사하신 직후, 인사차 그곳을 찾아간 나는 다시 한 번 놀라지 않을 수 없었다. 거처하시는 방이 여느 교수신부와 다를 바 없이 소박할 뿐더러, 이삿짐의 규모가 너무나 단출했기 때문이다.

강론이나 강연 말씀의 원고 뭉치를 빼놓고는 책이며, 옷가지, 장식품 등 짐이랄 것이 거의 없었다. 사제 생활 48년, 그것도 추기경으로서 서울교구장 30년을 살아온 일상의 잔재가 이토록 가난할 줄은 범부(凡夫)의 눈으로 볼 때 무척 이해하기 어려웠다.

참으로 추기경은 마음이 가난한 성직자였다. 그것은 물론 이분이 자주 인용한 그리스도의 말씀에 근거한 당연한 것이기도 하지만, 나로서는 생각과 말과 행동의 일관성을 드러낸 것이기에 더욱 신선한 충격을 받았다.

그 동안, 우리는 이분을 1970~80년대의 격동기 속에서 인간 존엄과 인간회복을 위한 인권과 정의 구현, 민주화의 푯대를 높이 든 분으로만 기억하고 있었다. 외롭고 힘들 때, 혹은 번민의 긴 터널을 지날 때 마음의 등불이 되어 주었고, 양심의 소리로 우리의 잠든 영혼을 일깨워주었으며 용기와 희망을 북돋으면서 메마른 마음에 한줄기 단비를 내려주었다.

그러나 이분의 진면목은 오히려 당연한 것이 당연한 것으로 인정받지 못한 세태 속에서, 진정으로 그리스도 안에서 살고자 끊임없이 자기를 낮추고 비우며, 동시에 반성하는 통회의 삶을 꾸밈없이 그대로 드러내고 있다는 점이다. 가난하고 고통받고 외로운 이 안에 현존하는 그리스도에 대한 관상, 끊임없이 그리스도를 만나고 싶어하는 신앙고백, 그리고 마음이 가난한 이들과 함께 살지 못한 '인간 김수환'을 질책하는 진솔한 회개는 삶의 진정한 의미와 가치, 덕목을 외면하거나 잃어버린 채 물질주의와 배금주의, 편안함에 젖어 살고 있는 우리들에게 인간의 참됨과 생의 순수함, 삶의 지혜로움을 일깨워 주는 빛이다. 엮은이가 이 책을 펴내기로 한 이유도 바로 이런 맥락에서이다.

5년 전, 김수환 추기경이 추기경을 서임 받은 25주년을 맞아 『참으로 사람답게 살기 위하여』를 출간한 이후, 엮은이는 이분을 '종교의 지도자' 또는 '사회의 원로'라는 관점이 아니라 70여 년을 열심히 살아온 한 인간의 삶의 철학을 조명할 필요가 있음을 절감했다.

이분에게는 단순히 성직자 또는 존경받는 인물이라는 면으로만 치부될 수 없는 그 무엇이 담겨 있음을 느꼈기 때문이다. 이 책을 읽는 독자들은 이분의 인생철학과 신앙고백에서 참으로 인간다운 삶의 향기, 그리고 정체성을 찾아가는 진지함을 맛볼 수 있을 것이라 기대한다.

이 책에는 추기경이 살아온 삶의 진솔한 고백과 인생철학을 중심으로, 오늘을 살아가는 우리들이 반추해야 할 삶의 가치와 덕목들, 즉 가족사랑과 고통, 화해와 용서, 생명의 존엄성, 이웃사랑, 나눔의 미덕, 그리고 인간 회복과 인간의 존엄성을 비롯하여 존재의 자리매김과 생의 근원을 되살펴 보는데 초점을 맞추었다. 특히 부록으로 1979년과 1982년 두 번에 걸친 피정 일기는 원문 그대로 게재함으로써 추기경의 신앙고백을 생생하게 드러내도록 했다.

이 책을 읽는 분들 모두 느낄 수 있듯이, 이분의 표현은 참으로 소박하다. 쉬운 용어와 간결한 문체, 그리고 내용에서도 이론적 교의가 아닌 구체적 삶을 이야기한다. 이러한 단순성 속에서도 우리는 신선한 깨우침과 깊은 영성을 깨닫는다. 그것은 끊임없이 그리스도와의 일치 속에 살고자 하는 이분의 삶에서 우러나오는 것이기 때문이리라.

이분의 깊은 영성과 비상한 사랑을 한두 권에 모두 담을 수 없다는 점이 송구스러울 따름이다. 본시 이 책은 추기경 서임 30주년을 맞아 금년 5월에 펴낼 예정이었으나 말씀의 자료가 너무 광범할 뿐더러 워낙 주옥같은 내용인지라 지체되어 이제 펴내게 되었다. 엮은이는 김수환 추기경의 모든 말씀을 담은 『김수환 추기경 전집』(전 16권 예정) 출간 작업을 준비하고 있는데, 이 책은 전집에서 일반인들에게 도움이 되는 내용을 뽑은 것이다.

참고로 가톨릭 형제자매들을 위한 김수환 추기경의 신앙고백록 『너희와 모든 이를 위하여』도 동시에 펴낸다. 내용에 따라서는 전문에서 일부 발췌했으며, 자료의 출처 또한 군더더기가 될 것 같아 생략했음을 밝힌다. 그리고 발표 당시의 원문 그대로 싣는 것을 원칙으로 했으나 시제상의 차이점 등을 고려하여 손질한 부분도 있음을 첨언해 둔다.

끝으로 김수환 추기경의 삶의 좌표와 신앙적 깊이가 21세기를 눈앞에 둔 모든 이들에게 흘러 들어가 뜻 있는 삶으로 열매맺기를 바라 마지않는다. 나아가 이 책으로 신앙인들은 보다 더 깊은 신앙의 깊이를 얻고, 아직 믿음을 갖지 않은 이들에게는 삶의 지혜가 스며들어 참으로 인간다운 삶을 영위하는 이정표가 되기를 간절히 바란다.

1999년 9월

엮은이 신 치 구

엮은이 | 신치구
국방대학원 졸업, 육군 중장으로 전역, 국방부 차관 역임
로마 교황청 성 그레고리오 십자기사훈장을 수장(1983)
현재 가톨릭신앙생활연구소장
저서로『성서와 전설로 본 열두 사도의 생애』
역서로『성모의 생애』『나자렛의 요셉』등 다수

김수환 추기경의 명상록
우리가 서로 사랑한다는 것

글 · 김수환 | 엮음 · 신치구

펴낸곳 | 도서출판 사람과 사람
펴낸이 | 김성호

제1쇄 발행 | 1999년 10월 25일
제4쇄 발행 | 1999년 12월 1일

등록번호 | 제1-1224호
등록일자 | 1991년 5월 29일
주소 | 서울 마포구 대흥동 801-4 2F(우 121-080)
대표전화 | (02)702-1874~5 팩스 | (02)702-1876

값은 표지 뒷면에 있습니다

ⓒ Shin Chi Goo, 1999, Printed In Korea
판권 본사소유/잘못된 책은 바꿔 드립니다.
ISBN 89-85541-52-8 04810
ISBN 89-85541-51-X 04810(전2권 세트)